国际学术论丛 第 **9** 辑

差异
Difference

主编 金惠敏

 四川大学出版社

项目策划：陈 蓉
责任编辑：陈 蓉
责任校对：罗永平
封面设计：墨创文化
责任印制：王 炜

图书在版编目（CIP）数据

差异. 第九辑 / 金惠敏主编 . — 成都 ：四川大学
出版社，2020.12
　ISBN 978-7-5690-4002-9

　Ⅰ. ①差… Ⅱ . ①金… Ⅲ . ①社会科学－丛刊 Ⅳ .
① C55

中国版本图书馆 CIP 数据核字（2020）第 244844 号

书名	差异 第九辑
	CHAYI DIJIUJI
主　　编	金惠敏
出　　版	四川大学出版社
地　　址	成都市一环路南一段 24 号（610065）
发　　行	四川大学出版社
书　　号	ISBN 978-7-5690-4002-9
印前制作	四川胜翔数码印务设计有限公司
印　　刷	郫县犀浦印刷厂
成品尺寸	170mm×240mm
印　　张	17.5
字　　数	325 千字
版　　次	2021 年 3 月第 1 版
印　　次	2021 年 3 月第 1 次印刷
定　　价	69.00 元

◆ 读者邮购本书，请与本社发行科联系。
　电话：(028)85408408/(028)85401670/
　(028)86408023　邮政编码：610065
◆ 本社图书如有印装质量问题，请寄回出版社调换。
◆ 网址：http://press.scu.edu.cn

四川大学出版社
微信公众号

编委会

执行主编：寇淑婷（四川大学）

本辑值班编辑：陈杨（四川大学）

编辑部投稿信箱：

scdx-cy@163. com

目　录

特　稿

与时俱进　创新文化

"文化与自我"高层学术论坛开幕式（2018 年 11 月 28 日）致辞

汝　信①

主持人，各位教授、专家、学者：

早上好！

非常高兴有机会参加这次"文化与自我"高层学术论坛，对我来说这是一次很好的向大家学习的机会。我对于文化学没有专门的研究，但是认识到文化建设在当前新时代中国特色社会主义建设中的重大意义。因此，会议主持人金惠敏同志要我在会上讲几句话，我就不得不从命，讲一些粗浅的意见，供各位参考并批评指教。

首先，我觉得这次论坛的题目出得很好，体现了党中央提出的"以人为本"的思想，就是通过文化和文化教育促进人的自我完善，提高人的素质，推动社会进步，使人得到自由而全面的发展。这正是马克思主义所指引的社会发展的方向。文化和文化教育不仅关系到当代中国的社会发展，而且关系到一代代新人的健康成长，关系到中华民族发展的未来和前途。

其实，从中外历史上看，人们对文化和文化教育与个人自我关系都相当重视，只是由于历史的局限性和阶级社会的不平等，文化成为社会上少数人的特权和专利。在我国古代典籍《周易》中就有这样的说法："观乎天文，以察时变；观乎人文，以化成天下。"中国古代最早的文化教育是通过

---

① 作者简介：汝信，中国社会科学院学部委员、研究员。

礼乐来进行的。后来，长期统治中国教育的儒家思想，重视通过文化教育来塑造人格，从个人的自我开始，推及整个国家社会，修身齐家治国平天下，使人区别于禽兽，成为君子而有别于小人，培养中国封建社会所需要的合格人才。在西方，古希腊所谓"派地亚"（paideia）也是要通过文化的教化使当时希腊城邦里的人成为合格公民，以区别于周围在他们看来不开化的野蛮人。古罗马西塞罗提出要通过学习一些文化科目使人达到符合人性的标准，成为罗马社会公民，而奴隶只是没有自由的能说话的工具，不被当作真正的人。后来，到中世纪，基督教占了绝对统治地位，神学垄断了文化，人的个性、自我完全受到压制。直到文艺复兴和启蒙运动，思想得到大解放，对人本身进行了重新审视。15世纪，皮科·米朗多拉（Pico Mirandola）在《论人的尊严》的著名演说中指出：人是不能被赋予任何固有的品质的，所以上帝把人作为具有不确定本性的生物来对待；人有选择的自由，不受限制地按照自由意志把自己铸造成自己想要的那个样子，可以堕落成野兽，也有力量上升为神明。因此，人的尊严在于他有自决的能力，能自由地发展自己，选择自己的道路。这一思想，布克哈特（Burkhardt）称之为"那个伟大时代的最高贵的遗产之一"。康德（Immanuel Kant）在《什么是启蒙运动？》中说：启蒙运动就是人类脱离加在自己身上的不成熟状态，就是不经别人引导，有勇气运用你自己的理智。文化教育就是要使人成熟，用自己的理智发挥独立自主的创造性。

历史上的有些思想是可以吸收借鉴的：文化教育的教化作用，使人成其为人，从自然状态下实现人性，自己塑造人格、自我发展，人是目的而不是手段，人的本质不是固定的，有自主选择的自由，充分发展自己，创造和实现自身的价值，等等。这些思想若加以马克思主义的合理改造，是可以发挥出积极作用的。

当前，在文化与自我的讨论上，建议注意：

一是根据习近平新时代中国特色社会主义思想的要求和当代我国的实际，通过文化和文化教育培养人成为合格的公民和社会主义建设者，教育人怎样做人，怎样对待人，怎样对待社会和对待自己。要以人为本，把人民放在第一的主体地位，处处考虑人民的利益和需要，爱护人、尊重人，重视人的价值，维护人的尊严、权利和自由，创造使人得到自由、全面发展的条件。

二是在当代经济全球化的语境下，在努力构建人类命运共同体的同时，文化教育要教人怎样做一个中国人，正确对待自己民族的文化传统，维护文化特性，要有高度文化自信，大力弘扬中华优秀传统文化，要维护民族的精神支柱，即赫尔德（Herder）所说的"国民精神"。只有增强民族文化自信，中华文化才能屹立于世界先进文化之林。

三是文化要与时俱进，努力创造既符合中国国情，又充分体现时代精神的社会主义新文化，作为建设中国特色社会主义的精神动力。社会主义新文化既要以开放的心态充分吸收借鉴世界上一切优秀文化成果，又要超越过去中外旧的传统文化的局限性和缺陷。这种社会主义新文化要在共产主义远大理想的指引下，提出适合新时代的高尚的人格理想和追求目标，提高个人的素质和精神境界，促进人的真正自由而全面的发展。

衷心祝愿这次论坛取得圆满成功！

间性理论与当代文化政治

间在文化自信

——文化特殊性的对话性生成与建构

金惠敏①

　　中国之和平崛起，进而中国之参与全球治理，以中国智慧、中国方案、中国力量解决世界乃至人类普遍性问题，远不再是从前那种国际主义和浪漫主义的豪言壮语，而是切切实实地正在发生着的伟大历史事件。与经济、科技、军事和政治上大国地位之日益凸显的过程相呼应，从 20 世纪八九十年代在民间开始酝酿，到中央层面上 2011 年胡锦涛首开关注②，2016 年习近平两次隆重阐述③，接着 2017 年在党的十九大开幕会上庄严昭告④，文化自信逐渐演变为现今政治宣传、学术研究和日常生活最活跃的话题之一。四大自信——"道路自信、理论自信、制度自信、文化自信"中，文化自信荣居其一，而且与其他自信相比，它被渥晒为"一个国家、一个民族发

　　①　作者简介：金惠敏，四川大学教授、博士生导师，近年来主要研究文化理论、间在理论。

　　②　胡锦涛：《在庆祝中国共产党成立90周年大会上的讲话》（2011 年 7 月 1 日），《人民日报》，2011 年 7 月 2 日，第 2 版。
　　③　习近平：《在哲学社会科学工作座谈会上的讲话》（2016 年 5 月 17 日），《人民日报》，2016 年 5 月 19 日，第 2 版；习近平：《在庆祝中国共产党成立 95 周年大会上的讲话》（2016 年 7 月 1 日），《人民日报》，2016 年 7 月 2 日，第 2 版。
　　④　习近平：《决胜全面建成小康社会　夺取新时代中国特色社会主义伟大胜利——在中国共产党第十九次全国代表大会上的报告》，北京：人民出版社，2017 年版。

展中更基本、更深沉、更持久的力量"，其重要性攀升至从未有过的历史高度。①

　　文化自信"信"什么？当然是信"自"了，是对自身抱持信心与骄傲。但"自""自身"又是什么呢？对此，习近平在党的十九大报告中作出了最新、最权威的表述。他指出，文化自信就是对于"中国特色社会主义文化"的自信。这种文化首先由两大成分构成：一是"中华民族五千多年文明历史所孕育的中华优秀传统文化"，二是中国共产党"领导人民在革命、建设、改革中创造的革命文化和社会主义先进文化"。然则更重要的是，这种文化绝不停留于一种观念或话语的形态；相反，它"植根于中国特色社会主义伟大实践"②。由于其实践性品格，由于其从而被宣示的"不忘本来、吸收外来""和而不同、兼收并蓄"，以及"尊重世界文明多样性""文明交流""文明互鉴""文明共存"而非"文明隔阂""文明冲突""文明优越"等基本原则，这样的文化当然也是"立足当代中国现实，结合当今时代条件"，"创造性转化、创新性发展"了包括外来优秀文明成果在内的一切人类优秀文明成果，是本来文化的当代化，是外来文化的在地化，是作为话语的人类一切优秀文化的具身化和现实化。③ 对此，《党的十九大报告辅导读本》讲得非常清晰，不存在歧义和歧解的空间："创新创造是文化的生命所在，是文化的本质特征。任何一个国家和民族文化的发展，都离不开继承传统和借鉴外来，更离不开创造性转化和创新性发展。凡是源远流长、历久弥新的文化，既渗透着历史基因又浸润着时代精神，**既延续着本土文化的血脉又吸纳着外来文明的精华**。"④ 这即是说，如果就其来源而论，

---

　　① 习近平：《决胜全面建成小康社会　夺取新时代中国特色社会主义伟大胜利——在中国共产党第十九次全国代表大会上的报告》，北京：人民出版社，2017 年版，第 23 页，以及第 5、17、19、41 等页。

　　② 习近平：《决胜全面建成小康社会　夺取新时代中国特色社会主义伟大胜利——在中国共产党第十九次全国代表大会上的报告》，北京：人民出版社，2017 年版，第 41 页。

　　③ 习近平：《决胜全面建成小康社会　夺取新时代中国特色社会主义伟大胜利——在中国共产党第十九次全国代表大会上的报告》，北京：人民出版社，2017 年版，第 23、25、59 页。

　　④ 刘奇葆：《推动社会主义文化繁荣兴盛》，载本书编写组：《党的十九大报告辅导读本》，北京：人民出版社，2017 年版，第 38 页。黑体引加。

中国特色社会主义文化也一定是"我中有他""我中有异"的，当然此时的"我"中之"他"、"我"中之"异"已非先前之"他"、之"异"，它们因脱离其原先的语境而不再是其自身。它们获得了新的归属，即成为中国特色社会主义文化的一个有机部分。

按理说，有党的十九大报告之权威表述，以及近年来数以千万计的阐释类文章，关于什么是"文化自信"这样基础性的问题应该不再有什么讨论的余地了。但事实是，我们发现，文化自信并非不言而喻，而是言人人殊，莫衷一是，甚或言之即非。这其中，对文化自信的民族主义和复古主义的偏执理解尤为刿目怵心①，似乎早已氤氲成一种公共阐释乃至社会情绪。例如，每逢中外某种摩擦或冲突之发生，文化自信便经常火爆为网络口水大战，甚至有时还被倾泻为一场场街头闹剧或悲剧，以至于官方总是不得不出面提醒"理性爱国"云云。

文化自信事关国家命运、民族强盛，事关人类命运共同体的建构。换言之，文化自信既是中国的问题，也是世界的问题，甚或是全人类的问题。文化自信是显示一个国家软实力的核心标志，或简言之，文化自信即文化软实力。众所周知，"提高文化软实力，不仅关系到一个国家在世界文化格局中的地位，而且关系到一个国家的国际影响力、感召力、塑造力"②。一个被扭曲了的文化自信如文化民族主义不是文化软实力，它是文化破坏力，必将误国误民，并殃及世界。职是之故，如何正确把握、熔铸和传扬我们的文化自信便是一项亟待研究的政治课题和学术课题了。

正确理解文化自信，关键在于正确理解一个"自"字，即正确理解什

① 国学专家郭齐勇先生指出："当下，中国文化的复兴已成大势，又有人不加分析地歌颂传统文化，陷入一种'文化自恋'情结，好像凡是国学、传统的都是好的。"（郭齐勇：《论文化自信》，载《孔学堂》，2017年第4期，第6页）这种对于极端文化民族主义和复古主义的批评真可谓一针见血。不过，默认或声言"中国文化的复兴已成大势"也有可能滑入季羡林的河东河西论，即认为21世纪中华文化一统世界，成为一种隐蔽的"文化自恋"情结。需要澄清，"中华民族伟大复兴"不等于新儒家如梁漱溟、牟宗三等以及时下某些国学专家所宣扬的"中国文化复兴论"。单凭中国文化无法支撑当前的中华民族伟大复兴。正确地说，这一复兴的文化支撑是"中国特色社会主义文化"，而中华优秀传统文化只是其中的一个部分，非其全部。

② 刘奇葆：《推动社会主义文化繁荣兴盛》，载本书编写组：《党的十九大报告辅导读本》，北京：人民出版社，2017年版，第36页。

么是文化自我和文化特殊性。基于这一认识,本文将针对文化民族主义和文化原教旨主义的文化特殊论,从能动自我、结构自我两个创新概念,从苏联文论家巴赫金 (M. M. Bakhtin) 的外位性理论,重新界定自我和特殊性,将其作为一种对话性的生成和建构,提出自我即对话、特殊性即对话的理论命题。文化自信由此而得以成为一个开放的而非封闭的、动态的而非静止的、生活的而非教条的、当代的而非复古的概念,即一个对话性的或曰间性的概念。建设新时代中国特色社会主义文化,我们需要这样的文化自信!

一、能动自我、结构自我与文化"自"信

谈论文化自信,继承和发扬中华优秀文化传统当是其首要所指。毫无疑问,重振文化自信就是恢复我们对于自身文化传统的自信,凝聚我们的自我文化身份。尽管在结构主义者看来,自我是各种话语和体制的想象性建构,但这仅仅是就其构件而言的;一旦这些构件得以形成一个有机体,发挥其功能,那么它便不再是构件而成结构了。结构主义一个致命的弱点是在自我中只看见构件,而不见结构,不见构件之结合而成一新的功能体,更不见此结构实乃一生命。作为结构 (structure) 的自我也是生命的自我,是能动 (agency) 的自我。[1] 凡结构必有生命隐含于其间,反过来说,无生命则不成结构。试想,假使不存在能动的言说者,那么究竟是谁在推动德里达 (Jacques Derrida) 所谓的能指的"延异"? 能指无能,能指自身无能于

---

① 在当代社会学中,结构指社会对个体的影响,而能动则是个体行动和改变社会的自由。套用马克思的话,说人们自己创造自己的历史,这叫"能动";但说他们并不能随心所欲地创造,而必须是在一定的历史条件下创造,则指的是"结构" (See Anthony Giddens & Philip W. Sutton, *Essential Concepts in Sociology*, Cambridge: Polity, 2014, pp. 23 - 26)。笔者的"能动"概念要宽泛一些,不仅指个体的行动 (表面上),更指个体的生命及其能量 (深层里),因为有生命,而后才有行动,行动的本质是生命的冲动和运动。此外,笔者还特别强调结构的能动性,即结构而成生命,及能动的结构性 (起源上或构成上) 和结构化 (对外在资源的整合),于是结构与能动的二元对立被彻底打破。不过在具体使用中,笔者有时也保留了能动的积极性和结构的消极性,二者仍是各有其意义侧重点的术语。

"延异"，能指的"延异"根本上是言说者为了实现其最终意指的"延异"。

　　与结构主义将主体风干于虚无缥缈的符号世界不同，吉登斯（Anthony Giddens）夫子自道："就社会理论而言，最重要的进展并非与一个语言转向多么相关，而是更系乎这样一种被修正过来的观点，即主张言说（或意指）与行动相交接，这一修正提供了一种崭新的**实践**（praxis）概念。"① 其"结构化"（structuration）理论若就字面上看似乎不过是符号自身的游戏性展开，仍然闭锁在结构主义的深宅大院中，但实际上由于他将结构置于鲜活的实践之中，让言说与行动相交接，因而结构不只是对行动者的限制，也是行动者借以行事的规则和资源，那么了无生命迹象的结构便进入了生命的过程："结构并不'外在'于个体：作为记忆的雪泥鸿爪，作为在社会实践中的具体显现，它在某种意义上毋宁说是'内在'于，而非如涂尔干（Émile Durkheim）所假定的，是外在于个体的活动。结构绝不等同于限制，它永远是限制与使动（enabling）兼而有之。"② 吉登斯虽非完全否认结构例如在涂尔干看来（"社会事实"③）对于行动者的制约作用，但他更愿意做的显然是，赋予结构以生命，让结构具有"使动"因而具有生命的功能。不过，在此需要明确一下，结构之"使动"并非意味着结构本身自动地给予行动者以行动的能力，而是行动者将死的结构（规则和资源）使用为活的生命，使其在为生命活动的服务中转化为生命的一个组成部分。对此，吉登斯未作严格而清晰的界分，其如此解说即"结构与能动相互包含。结

① Anthony Giddens, *The Constitution of Society: An Outline of the Theory of Structuration*, Cambridge: Polity, 1986 [1984], p. xxii.

② Anthony Giddens, *The Constitution of Society: An Outline of the Theory of Structuration*, Cambridge: Polity, 1986 [1984], p. 25.

③ 涂尔干以"社会事实"（social facts）指称符号系统、意识形态、经济制度、道德义务、宗教信仰及其实践，它们对于个体的构成和行动具有"外在性"（exteriority）和"制约性"（constraint）。此外，涂尔干还提出**将社会事实视作物**（consider social facts as things），意在突出社会"事实"具有坚硬如自然之"物"，即轻易不为直觉所透视、不为个人意志所塑造的特性（See Anthony Giddens, *Capitalism and Modern Social Theory: An Analysis of the Writings of Marx, Durkheim and Max Weber*, Cambridge: Cambridge University Press, 1971, pp. 86–91）。在否定的意义上，涂尔干的"社会事实"也是吉登斯结构化理论的来源之一。

构是**使动**，而非只是限制，它使创造性行动得以可能"① 歧义丛生，读者极易陷进"结构本身在行动"这样的错误观念之中。准确地说，作为规则和资源的结构只是**有助于**行动者达到其目的，其本身无能行动，"使动"的是行动者。但无论如何，在吉登斯的结构化理论中，结构与能动不再是两个对立的范畴，不再是结构取消能动，或者能动无视于结构，它们在实践中合二为一：接合，并融合。吉登斯之引结构入能动或者说化结构为能动的这种理论努力，在结构主义深入人心的20世纪80年代里，实属难能可贵！

对于我们的命题，结构即生命，即能动，吉登斯道出了它的第一重意义，即结构融入能动而获得能动，换言之，是能动赋予结构以生命或生命的力量；更根本的则是其另一重含义，即结构化（让我们继续使用吉登斯这一未尽其用的术语吧！）在起源上即产生能动。这里我们不必谈论生命在其原初出现时便是各种元素的阴阳化育，每一种文化——其身份，其特殊性——的形成较之自然生命的诞生都更显其在来源上、构造上的复合性。没有哪种文化不是结构而成的。结构化，更准确地说，趋向于结构，乃生命之形成过程，结聚、构造而成生命。我们不是生命的先在论者，即坚持先有生命而后再有生命对结构的使用这样庸常的论点，而是认为自然的生命是自然的结构化，文化的生命是文化的结构化。此乃其一。但是，其二，一旦结构而成生命，那么生命便以其能动而对自然进行积极的回应和改造。在人的生命这个层次上，文化以人作用于自然的方式，更以在人作用于自然的过程中与其他人建立互动关系即主体间性的方式被创造出来。是人的生命创造了人的文化，这一创造物为文化生命；而既然作为生命体，它便一定要继续外突、外显、抢占和入侵，这仍是一个结构化过程，即是说，它仍需不断地吸纳其身外的自然和社会语境以及与其相遇的其他文化，如同滚雪球一般把一切能够吸附的东西都碾压进来。这样的文化就更显其结构化之本质特征了！可以认为，文化从来都是结构性的，无论其在始源上抑或在表现形态上。

然而，揭示和坐实文化的结构性特征，并不必然导向对其作为生命的

---

① Anthony Giddens & Philip W. Sutton, *Essential Concepts in Sociology*, Cambridge：Polity，2014，p. 25.

否定。叔本华（Arthur Schopenhauer）以剥洋葱为喻，说寻找人生的意义如同剥洋葱，剥到最后一无所有。罗兰·巴特（Roland Barthes）也使用过这一比喻，认为根本不存在作品或作品的内核，而只有一层层叠加的文本或文本间性，文本之内无一物。延展这一比喻，也许结构主义者会说，寻求文化的生命，或者界定文化的特殊性，就像剥洋葱一样，但见一层层的结构，而不见生命本身。其错误显而易见，即如前所谓，结构主义者不了解结构与构件的不同：结构是有机的，而构件则是无机的。例如在个体的结构中，若是删除其文化、其肢体等构件，那么个体及其生命亦将不复存在。也就是说，生命是整个的洋葱，而非某一层面的洋葱。同理，文化是结构的，但也是结构整体的或结构有机体的。

既然结构即生命，结构即能动，那么结构自我与能动自我的关系，在二者作为生命、自主和独立个体的意义上也就没有必要"划江而治"了，它们本就是一家。自我可以还原为结构，而结构亦可构变为自我。**结构自我同时即能动自我，反之不谬**。据此命题，我们可以从容不迫地断言，中华文化既是结构性的，也是生命性的。无论其构成多么混杂，其来源如何多样，如历史学家所证明的，中华文化都仍然具有其区别于其他文化的特殊身份，都是一个有机能、有意志的生命存在。就像将主体风干为语言符号，以结构来解构中华文化特殊性的尝试，也注定是劳而无功的。作为生命，每一种文化都有其基因般的存在。不要不相信文化的生命性存在，即便在吉登斯之结构化的意义上。

中华文化产生于中华民族的生活实践和社会实践，能够满足中华民族的文化需求，包括日常伦理需求和形而上之精神需求以至信仰需求，生生不息而成所谓之"传统"，薪火相传，绵延不绝。传统是活着的历史，而遗产则是有待复活的历史。至于人们让哪些遗产复活，或者让哪些遗产继续冷藏，则取决于其不停躁动着的生命欲望及其所外化的社会实践。我们热爱自己的文化传统，并非表明我们多么地恋旧、念旧，而是我们所置身其中的文化体，即我们的生命与其形式比较牢固地黏合。因而必须指出，人不是文化的形式主义者，其所秉承的总是文化现实主义。现实流变，文化亦相应地跟着变化。就其决定性作用而言，文化其实并不重要，重要的是人的生命和实践。这本来是经典马克思主义的观点，物质决定精神，经济基础决定上层建筑。推及文化内部，即视文化由生命与其外化（而为所谓的"文化"）两部分构成，这一马克思主义的经典命题仍然有效。人们常常是错把文化的**话语维度**当成其**生命维度**。其实，文化的话语以及话语实践维度之所以重要，只是因为它附着于生命，是生命的表征；然滑稽的是，它有时竟俨然代表着生命，以生命本尊自居！因此，我们不能抽象地谈论继承和发扬中华文化传统，而是要立足于当代文化之现实需要来取其精华、去其糟粕。文化复古主义者忘记了脚下的大地，其实质是形式主义和教条主义。

强调中华文化的自我性、自我能动性，或者作为能动自我的中华文化，绝不意味着一个自我封闭的单子世界；相反，它是一个自我敞开的"大同"世界，因为生命在于能动，在于运动，而运动则必须是离开自身而向外伸张，伸张到身外的世界、异在的世界。生命有赖于异在和他者！趁便指出，古人所谓的"大同世界"并非同一性的世界，而是美好的"相与"世界，是我"与"你而非我"驭"你的世界，进一步，也是我"予"你的世界，相互赠予，彼此得益；用英语说，是"Great With-ness"的世界，是"Great With-Win"的世界。

结构主义的自我观并非全无道理。自我首先是生命的自我、身体的自我、物理的自我，人生功名利禄无不托于此身。故老子有云："吾所以有大患者，为吾有身。及吾无身，吾有何患？"（《老子》第13章）① 诚哉斯言也！身体是自我之根柢，它们一体不二，是以习谓"身体自我"亦为不谬。但另一方面，自我也是，或许应该更是，象征秩序的自我，认识论的自我，话语的自我，社会的自我，等等。前者处于一种无意识状态，是盲目和盲动的存在；后者则是对自我的认识，即是说，自我认识到了他的自我存在。当自我成为自我意识的对象时，自我遂开始成型。自我是一种意识现象，自我是自我意识。然而处于意识中的自我不是孤立的自我、浑噩的质料，而是关系中的自我，进入象征秩序的自我。"我"是谁？"我"自身是无法

---

① 清黄元吉在注解此章时甚至"推而言之，'为天地立心，为万物立命，为往圣继绝学，为万世开太平'，无非此身为之主宰"（黄元吉撰、蒋门马校注：《道德经注释》，北京：中华书局，2015年版，第54页）。

定位"我"自身的，自我的出显必须借助物、他人，在与他者所构成的关系网中确定自身的位置。拉康（Jacques Lacan）说，这个他者在人之初是镜像，婴儿在镜子里发现其自我；及其长也，镜像被替换为语言，是语言符号构造了其之为自我。

德国语言分析哲学家图根德哈特（Ernst Tugendhat）反对经典近代传统将自我意识与客体意识对立起来的做法，他从第一人称"我"的出现及其意谓角度揭示了呈现在意识中的自我与世界（其他客体）之间一存俱存、一亡俱亡的相互依赖关系："通过述谓语言，对**其他**客体的意识和将**自己**作为其中的一个客体的意识**统一**起来，两者都处于对一个客观**世界**的意识关联之中，'我'和其他人在这个世界中都有各自的位置。"① 这就是说，自我同时意识到其自身和不属于其自身的其他客体。更为关键的是，图根德哈特进一步指出："如果一个命题言说者没有对一切事物即对一个客观世界的意识，他就不可能有自我意识。同样，如果他不能够指称自己的话，他就不可能有对客观世界的意识。"② 自我与世界相生相克、相反相成。浅近言之，以"我"所标志的自我是区别性的，而所谓区别也就是同时假定了两个事物的存在，在此即自我和世界的存在。"我"在世界之中，"我"从世界中走出即与世界相揖别而后出显为自我。在命题语言中，"我根本不是用'我'来确认我自己"③，"我"无法做到这一点，"我"必须经由对"我"的述谓即作为主语"我"的谓词部分将"我"表述出来。那谓词部分表述的固然是"我"之性状，但此表述所借用的种种元素则不属于

---

① 恩斯特·图根德哈特：《自我中心性与神秘主义：一项人类学研究》，郑辟瑞译，上海：上海译文出版社，2007年版，第22页。引文根据该书德文版（Ernst Tugendhat, *Egozentrizität und Mystik：Eine anthropologische Studie*, München：Verlag C. H. Beck, 2. Auflage 2004，S. 28 – 29）有所改动，下同。

② 恩斯特·图根德哈特：《自我中心性与神秘主义：一项人类学研究》，郑辟瑞译，上海：上海译文出版社，2007年版，第22页（Ernst Tugendhat, *Egozentrizität und Mystik：Eine anthropologische Studie*, München：Verlag C. H. Beck, 2. Auflage 2004，S. 29）。

③ 恩斯特·图根德哈特：《自我中心性与神秘主义：一项人类学研究》，郑辟瑞译，上海：上海译文出版社，2007年版，第21页（Ernst Tugendhat, *Egozentrizität und Mystik：Eine anthropologische Studie*, München：Verlag C. H. Beck, 2. Auflage 2004，S. 28）。"确认我自己"（mich … identifiziere）可以理解为"建构自我的身份"。

"我"，即"我"是被"我"之外的事物（作为能指）确认和建构的。

这就回到了拉康和海德格尔（Martin Heidegger）多次说过的"不是我在说语言，而是语言在说我"的著名论断。自我的确立及其意义需要通过外在于它的符号体系来完成。在此意义上，一旦说到"自我"，也就先已说到了他者；同理，一旦说到"主体"，也就先已说到了"交互主体"。依据图根德哈特的表述，一旦有人说"我"，他也就是说到了与其相同的多个说"我"者：

> 没有人会单单为了自己而说"我"，理解这个词，意味着理解了，每个人说出"我"时，他指涉他自己（……），而一旦我会对自己说"我"，那么，对我来说，诸多其他的说"我"者就是实际存在的了。这样，不仅一个独立存在的客观宇宙为我而构造起来，我是其中的一部分，而且，这个宇宙中的一部分也由彼此独立的感知着的说"我"者构造起来，每一个言说者都具有自己的感受、愿望、意见等等。①

由此而言，自我的确立也同时带有了伦理的意义。萨特（Jean Paul Sartre）是错的，他人不是地狱。兰波（Arthur Rimbaud）是对的，兰波说，"我就是一个他人"（Je est un autre）②。他人是自我的成就者，自我需要依赖他人而成就自身。自我从来就不是单纯的自我，打开看，它就是社会的

---

① 恩斯特·图根德哈特：《自我中心性与神秘主义：一项人类学研究》，郑辟瑞译，上海：上海译文出版社，2007 年版，第 22 页（Ernst Tugendhat, *Egozentrizität und Mystik：Eine anthropologische Studie*, München：Verlag C. H. Beck, 2. Auflage 2004, S. 29）。

② Arthur Rimbaud, *Œuvres complètes*, éd. Antoine Adam, Paris：Gallimard, 1972, p. 250. 诡异的是，当兰波说"Je est un autre"时，他没有遵循语法规则使用与第一人称相对应的系词"suis"，而用了第三人称"est"。这里的奥秘是，兰波反对将诗人当成显意的思想的化身，而认为其作品是无意识的产物，不接受理性主体的控制而与整个世界相接通，在这个意义上他称诗人为"voyant"（Arthur Rimbaud, *Oeuvres complètes*, éd. Antoine Adam, Paris：Gallimard, 1972, p. 251），即远游人、通灵者，即如在迷醉状态下，自我将其与外物相混淆，或言自失、自我的出离、移情，等等。在兰波看来，思想的自我枯瘦如柴，无意识的自我则血肉丰满，因为整个世界、宇宙都在养育着自我，它从而便不再只是其自身，而更是他人了。浪漫派（特别是德国浪漫派）扩大了自我的概念，但并未因此而像在法国结构主义那里，自我为语言所肢解。应当坚持，自我并不只是为语言所结构——被动，自我也是语言或经由语言的功能和行动——主动。结构绝不排除行动。

构造物。在其**现实性**上，即当其实现和展开之时，人是一切社会关系的总和。但自我也不会在这种总和中丧失自己、泯然众人，而且如图根德哈特所警示的，"如果他不能够指称自己的话，他就不可能有对客观世界的意识"。这种说法并不导向唯心主义，它指示的是，恰恰是因为有了主观之"我"，整个世界才可能被划分为自我的世界与自我之外的世界，后者无论是自然抑或社会都具有不轻易服从于"我"的主观意志的外在性。自我是重要的，自我带出了世界；当然，它同时也为世界所带出，二者相携而出。

在图根德哈特所演示的语言哲学和拉康等人的后结构主义视野中，如果从复古主义和教条主义角度来要求和期待文化自信，那么其中的自我就会像自言自语地说"我"是谁、"我"怎样一样显得不可思议，因为如图根德哈特所发现的："没有人会单单为了自己而说'我'"，即便是疯人的自说自话，然一经使用语言，其表达便不再属于自我而进入世界了，尽管疯言疯语中的世界是被扭曲了的世界。不存在私人语言，如维特根斯坦（Johann Wittgenstein）所坚持的，这个我们好理解，任何语言都是公共的，语言的世界是公共的世界；不过遗憾的是，许多人并不十分了解，即使语言被私人化地使用，私人言说于是具有特定的内容和风格，这样的言说也仍然是公共的，其公共性在于言说总是言说给他人，言说根本上是交往性的，言说时听众的多寡无法撼动语言的公共性。个人日记也不是私人言说。或许在某些情况下，一份日记除却其作者本人没有任何其他读者，但记日记的过程则是一个与理性对话的过程，是**整理**、**清理**、**梳理**个人化的活动、感受和感想，通过付诸言说这样的行为，私密的空间先已为理性所探视、检阅和规制，即原则上已成为公共的空间，而后只要作者本人同意，他人是可以阅读和分享的，不存在任何根本性的障碍。海德格尔讲得好："依其意义而论，每一言说都是**向他人且与他人之言说**。至于在此是否实际地存在面向某一具体之他人的一种特定的致辞，对于言说的本质结构是无关紧要的。"[1] 由此而论，"作 为 此 在 即 共 在 的 存 在 方 式，言 说 在 本 质 上 就 是 共 享

---

① Martin Heidegger, *Prolegomena zur Geschichte des Zeitbegriffs*, *Gesamtausgabe*, Band 20, Frankfurt am Main: Vittorio Klostermann, 1979, S. 362.

（Mitteilung）"①，换言之，**"言说即造成公共"**②，无待乎言说什么，以及以什么方式言说。同样道理，一种文化，无论其如何宣称、强调自己的特殊性，只要其特殊性一经言说，也无论是自己言说还是由他人言说，就已经进入话语、翻译、交往和他者领域了，因而也就一定是公共的、共享的和世界性的。

文化复古主义和教条主义总是在念叨，中华文化是特殊的、独一无二的、不可转译的，具有不可与外人道哉的微妙。例如，有中国学人就放言，汉学者，西学也，即其以西方的话语和方法得出此话语和方法所预定的结论，与真实的中国及其文化毫不相干。面对来自中国同行的轻视，作为外人的法国汉学家朱利安表现出有节制的抱怨，似乎深得"怨而不怒"的中国古训："对于并未成长在其文化氛围中的外国人能否进入其中，他们表现得有所保留。"③ 再者，这些国学激进主义者还坚持，在一个对话主义时代，若是没有自身的特殊性，不凝聚自我的身份，中国文明也将失去与世界文明对话的资本与前提。

这些听起来都很在理，文化确乎是特殊的，是在一定的地域中生活的人们所建构起来的生活方式以及支撑这一生活方式的价值、精神、信仰和制度。但是，让我们再次从能动自我及其结构化属性的角度来驳难吧。众所周知，文化特殊性以及由此而形成的文化身份并非一开始就是特殊的，任何一种文化从其起源处便是混杂、融合的结果，西方文化如此，中华文化亦非例外；而且文化是流动的，在其发展过程中，它总是不断地为我所用地汲取外来文化营养。文化不挑食，它是杂食者，故能成其葳蕤。据《国语》之记言，中国古人早就明白杂合之于生命成长的重要性："夫和实生物，同则不继。以他平他谓之和，故能丰长而物归之。若以同裨同，尽乃弃矣。故先王以土与金木水火杂，以成百物。"④ 杂合是万物生长的规律，

---

① Martin Heidegger, *Prolegomena zur Geschichte des Zeitbegriffs*, *Gesamtausgabe*, Band 20, Frankfurt am Main: Vittorio Klostermann, 1979, S. 362.

② Martin Heidegger, *Prolegomena zur Geschichte des Zeitbegriffs*, *Gesamtausgabe*, Band 20, Frankfurt am Main: Vittorio Klostermann, 1979, S. 361.

③ 弗朗索瓦·朱利安：《美，这奇特的理念》，高枫枫译，北京：北京大学出版社，2016 年版，第 144 页。在此朱利安说的是能否深入中国传统"美学"渊源。

④ 徐元诰：《国语集解》，王树民、沈长云点校，北京：中华书局，2002 年版，第 470 页。

是人丁兴旺的规律①，进而也是诸如调口、卫体、聪耳、役心、成人、立纯德、训百体（百官之体）②的规律，而这一切（它已经是全部的人类生活）说的不也是文化吗?! 即是说，杂合同样是文化生长的规律。和而不同，天下大同："夫如是，其和之至也。"③

秦相李斯更是直击杂合之于文化发展的意义。在其《谏逐客书》中，他以音乐为例："夫击瓮叩缶，弹筝搏髀，而歌呼呜呜，快耳目者，真秦之声也。郑卫桑间，韶虞武象者，异国之乐也。今弃击瓮叩缶而就郑卫，退弹筝而取韶虞，若是者何也? 快意当前，适观而已矣。"倘使只是固守一种本地音乐，如秦乐，"真"则"真"矣，纯则纯矣，然如此便不能"快意""适观"即满足视听等感官的"当前"需求了! 在传统和需求之间，需求总是被优先考虑的。在此文中，李斯之"孝公用商鞅之法，**移风易俗**，民以殷盛，国以富强"云云，也同样是暗示说，一切风俗即文化形式都必须让道于民富国强这个坚硬的指标，以此为鹄的，则没有什么文化是不可移易的，即便是"真秦"之文化。显然，李斯看到了文化以杂合的方式向前发展，如太山之不让土壤，河海之不择细流，而且他透彻地体悟到文化的存废兴替悉以人之需要为转移，并不株守某一传统而不放。如果说《谏逐客书》之"客"乃文化之他者或一切异质的因素，那么李斯所呼吁的便是一种容异、用异、融异的文化理念，如《国语》所示，这也是一种文化之所以能够生生不息、历久弥新的根本原因。

我们承认文化的特殊性，而且坚持文化特殊性之作为文化对话的前提或必要条件——例如，越是特殊的，便越是普遍的。在这两点上，我们的立场与文化复古主义没有什么不同。我们与复古主义者的分歧在于：复古主义者逡巡于特殊性，将特殊性绝对化、先验化、单子化、神秘化、神圣化、禁忌化，不敢越雷池半步，他们不知道"时缤纷其变易兮，又何可以

① 认识到"同则不继"这一规律，"于是乎先王聘后于异姓"。（徐元诰：《国语集解》，王树民、沈长云点校，北京：中华书局，2002 年版，第 472 页）

② 徐元诰：《国语集解》，王树民、沈长云点校，北京：中华书局，2002 年版，第 470－471 页。

③ 徐元诰：《国语集解》，王树民、沈长云点校，北京：中华书局，2002 年版，第 472 页。

淹留"这一屈骚之问，于是其特殊性成了独断论的、僵尸般的特殊性。而**我们，如前所示，则以特殊性为起点，将特殊性移置到能动自我和结构自我这一双重变奏的理论框架之内，特殊性从而变身为流变不居，具有开放性、互文性和对话性的概念了。**前文有所提及，能动自我不偏嗜任何一种指意形式，它唯根据自己的实际需要来做出指意的抉择。任何符指、话语均在其身外，并作为其可能的营养物。甚至，能动自我之特殊性一旦成型，它便成为外在，成为传统，成为话语了，故而在永不消歇的能动自我面前，没有什么比自我之当前的、应身的需求更有发言权和决定权了。能动自我在不断地寻找能够满足自体需求之新的表意符号，并形成新的表意系统，即形成新的文化或者新的身份、新的特殊性。但能动自我就其作为能动自我而言，其对新的表意符号的寻求和对接从而形成新的文化这一过程具有无意识的特点，是之谓"文化无意识"。然而它仍可被称为一种对话，即于存在论意义上的对话，作为特殊性的文化在不言不语中汲取他者而丰富和强健自身。

能动自我一旦能够自我反思、自我界定，那它便即刻成为结构自我、意识自我、话语自我、述谓自我、互文自我等称谓的那种自我了。与能动自我不同，结构自我是自由自觉地与身外的世界进行对话，通过此对话而建构出自我的身份和特殊性。无论是能动自我抑或结构自我，在本质上，自我即他者，自我即对话。其区别仅在于：在前者，自我是无意识生成的；在后者，自我则是有意识地建构起来的。在我们看来，结构主义对自我之建构性的揭示并不必然意味着自我的组合和拼贴且因而是被动的、惰性的。与多数结构主义理论家不同，我们把结构理解为"机"构（institution），即功能性构成，这种功能性也是结构主义所矢口否认的自主性。

从能动自我和结构自我出发，我们将自我和自我的特殊性视作对话，即是说，自我既具有本体论意义上的对话性，也具有认识论意义上的对话性。离开了他者和异质，自我亦不复存在。自我与他者相异相成。依据以对话性为其本质属性的能动自我和结构自我，文化"自"信既然以自我的文化或者其文化的自我性和特殊性为根本，那么毫无疑问它也必然将是对话性的，生成于对话，显露于对话，璀璨于对话！

以能动自我和结构自我界定对话，并以被如此界定的对话理解文化自信，就其基本原则而言，这一理论并非晚近社会学、人类学、结构主义以及文化研究的独门秘籍，其实苏联文论家和哲学家巴赫金早在20世纪20年代写作的《论行为哲学》《审美活动中的作者与主人公》《陀思妥耶夫斯基创作问题》等著作中就已提出了成体系的对话主义学说，且其一生都在深化之、拓展之，终成20世纪西方对话理论的集大成者。完全可以期待，检视、捡拾巴赫金的对话主义遗产，将强化和更新我们对文化自信之对话性的认识。然而，令人不无遗憾的是，在已然是硕果累累的巴赫金研究界，这份珍贵的资源并未得到令人满意的开掘和使用。那么我们就勉力为之吧！我们不拟研究巴赫金全部的对话理论，而是仅仅聚焦在自我、差异、特殊性这些与文化"自"信密切相关的要素上；我们将追随巴赫金，将其悉数植入对话，并以如此被充实的对话校正那种对文化自信的教条主义和原教旨主义的理解偏差。

二、巴赫金：外位性作为对话

特殊性或者说文化的特殊性在巴赫金那里主要体现为两个方面。其一是作为特殊性之根的自我的唯一性。特殊性虽然是在比较中显出，是观念性的，但决定这一显出有别于其他物之显出的基质则是其本身的特殊存在。如果说前者是文化这棵大树的枝叶或花朵，那么在一定的历史语境中形成的文化本身，即仿佛作为有机体的文化，其唯一性，则是它不在我们视野之内的根须。其二是由这种唯一性所给定的自我对于其认识对象的外位性，反过来说，被认识的对象也同样具有唯一性，因而也具有其对于自我的外位性。

巴赫金在其《论行为哲学》中的原话是这样的："我存在着"，"我的的确确存在着（整个地）"，"我以唯一而不可重复的方式参与存在，我在唯一的存在中占据着唯一的、不可重复的、他人无法进入……的位置。现在我身处的这一唯一之点，是任何他人在唯一存在中的唯一时间和唯一空间里所没有置身过的。围绕这个唯一之点，以唯一时间和唯一而不可重复的方式展开着整个唯一的存在。我所能做的一切，任何他人永远都不可能做。实有存在的唯一性质是绝对无法排除的"，总之，"任何人都处在唯一而不可重复的位置上，任何的存在都是唯一性的"。①

这种自我存在的唯一性，巴赫金在别处也称其为"内在的积极性"，并毫不含糊地指出，是自我之"内在的积极性"造成了自我对于其身外世界的外位性："对我自己来说，我不能整个地与外部世界共生共存，我身上总是存在着**某种重要的东西**可与外部世界相对立。这就是**我的内在积极性**，我与客体的外部世界相悖而不融合的主观性。我的这种内在的积极性，是外于自然和世界的。"② 自我与世界之所以不能完全一致，是因为自我与生俱来的存在的唯一性或其"内在的积极性"。在自我存在的"唯一性"与"内在的积极性"两种说法之间，如果有人不满足于其同，即它们同属于人本身或其实体性存在，还有兴趣于其异，那么我们愿意且并不冒险地发挥说：自我的存在是一种"主观性"（即主体性）和"积极性"的存在，主体性或积极性是自我存在的本质特点。在此不能想当然地以为，自我存在的"唯一性"是对自我存在的静态描述，而"内在的积极性"是对自我存在的动态追摹。应该说，自我以其积极性或主体性而存在。甚至也可以说，离开了其积极性或主体性，自我便不复存在。我积极，亦即我行动，故而我存在。自我总是意味着躁动、外冲、显现、有为，自我在其活动中塑造自身，而这种不停歇的自我塑造总是使之表现出与其周遭世界不同的形象和特色来。"内在的积极性"即差异化，而差异化则成就了自我的永远的唯一性。

关于自我的性质，巴赫金语意清晰而连贯：我存在，我唯一，我积极，我外位，且我之外的任何人均为此性质。然则，依据巴赫金的理论，这种密不透风、坚如磐石、独往独来、标新立异的自我并不妨碍其与他我，即另一个自我之间的相互理解、认识和交流；相反，自我的唯一性及其外位性倒是实现、达成在原本彼此有其特殊存在的个体之间对话性"表接"（articulation）的必要条件。所谓"表接"，就是对话语与生命的表述性链接。

---

① 巴赫金：《论行为哲学》，载《巴赫金全集》第1卷，晓河、贾泽林、张杰等译，石家庄：河北教育出版社，2009年版，第40－41页。

② 巴赫金：《审美活动中的作者与主人公》，载《巴赫金全集》第1卷，晓河、贾泽林、张杰等译，石家庄：河北教育出版社，2009年版，第137页。黑体引加。

在其《论行为哲学》中，巴赫金是在考察"审美移情"现象时带出个体的唯一性及其外位性的，不过需要指出，这在逻辑上绝对是前者以后者为前提，即巴赫金是从审美个体的唯一性和外位性来看待和要求"移情"的。巴赫金知道，"审美观照的一个重要（但不是唯一）方面，就是对观赏的个体对象进行移情，即从对象的内部，置身其间进行观察"①。不错，所谓"移情"当然就是移入、进入对象内部的情感和认识游历，这一直以来便是移情的基本语义。但是，且慢，巴赫金从中区分出两种情况，或者说，存在两种性质的移情：一是积极的移情，一是消极的移情。积极的移情是观赏主体在其中永远活跃地存在着的行为，而消极的移情则是在观赏过程中主体放弃自我而与对象合二为一。关于积极的移情，巴赫金有生动的描述："我**积极地**移情于个体（即作为个体的对象——引注），因而也就一刻都不完全忘掉我自己和我在个体身外所处的唯一位置。不是对象突然控制了消极的我，而是**我**积极地移情于他。移情是我的行为。"② 与此相反，消极的移情，他也称之为"单纯的移情"③，其特点是"与他者重合、失掉自己在唯一存在中的唯一位置"④。但他又认为"单纯的移情根本是不可能的"，因为"假如我真的淹没在他人之中（两个参与者变成了一个——是存在的贫乏化），即不再是唯一的，那么我不存在这一点就永远不会成为我的意识的一部分，不存在不可能成为意识存在中的一个因素，对我来说根本没有这个意识存在，换言之，存在此刻不能通过我得以实现。消极的移情，沉迷、淹没自我——这些与摆脱自己或自我摆脱的负责行为毫无共同之处；在自我摆脱中，我是以最大的主动性充分地实现自己在存在中的唯一位

---

① 巴赫金：《论行为哲学》，载《巴赫金全集》第1卷，晓河、贾泽林、张杰等译，石家庄：河北教育出版社，2009年版，第17页。
② 巴赫金：《论行为哲学》，载《巴赫金全集》第1卷，晓河、贾泽林、张杰等译，石家庄：河北教育出版社，2009年版，第18页。
③ 巴赫金：《论行为哲学》，载《巴赫金全集》第1卷，晓河、贾泽林、张杰等译，石家庄：河北教育出版社，2009年版，第18页。
④ 巴赫金：《论行为哲学》，载《巴赫金全集》第1卷，晓河、贾泽林、张杰等译，石家庄：河北教育出版社，2009年版，第18页。

置"①。这里有两点需要解释：第一，当"我"意识（移情）到作为对象的某物时，我之不存在也蕴涵在这一意识（移情）之中，因为"我"虽然不会意识（移情）到"不存在"，如胡塞尔（Albrecht Hussel）所发现的，意识总是关于某物的意识，但这"不存在"由于依附于"存在"即某物，于是便也显示出其存在，就像在中国山水画中，空白（留白）是因有物而存在的。在移情中，不存在是"我"的一种状况，因而意识到"我"之不存在也就是意识到了"我"的存在。在"我"意识到"我"不存在而意识中只有对象时，并不是"我"意识到了绝对的不存在，而是意识到了一种特殊的存在，即以一种不存在的方式而出显的存在。相反，如果"我"与对象完全化为一体，那么"我"和"我"的意识即将消失，对象亦随之烟消云散。要之，移情尽管看起来是"我不存在"，但实际上则是"我"自始至终意识到"我"之"不存在"。与此相关，第二，在移情中的放弃自我、拥入对象是表面上消极而实则积极的作为。移情的积极性在于：（a）"我"是主动地投奔对象的；（b）"我"始终意识到"我"的自我放弃即"我不存在"的；（c）在"我"意向于对象时，对象也在向"我"或"我"的意识而生成，即对象被揽入"我"的意识，成为"我"的意识的填充物。顺便指出，如果所有的移情都是主体之积极的移情，那么准确言之，便不再有两种移情现象，而只是存在两种不同的移情观了。进一步，那大约也便不

① 巴赫金：《论行为哲学》，载《巴赫金全集》第1卷，晓河、贾泽林、张杰等译，石家庄：河北教育出版社，2009年版，第18-19页。

再有王国维之借鉴叔本华而得出的"有我之境"与"无我之境"的区分了。① 是的，没有绝对的无我之境，若此，那是谁在意识、谁在想象、谁在体验呢?!

人们通常把移情理解为"入乎其内"，巴赫金提醒，移情还是"出乎其外"，而无论入乎其内或者出乎其外，他坚持，都始终是"我"之入、"我"之出，是主体之"我"的积极作为，而且正是由于这一点，存在才不再是僵死之物，而是人与物的相互作用，存在于是成为所谓的"事件"。也是在这个意义上，巴赫金称移情中若真是出现主客体的合二为一则是"存在的贫乏化"。这涉及移情的对话性和主体间性结构，本文随后再论。

我们习惯将"入乎其内"和"出乎其外"作为移情前后相继的两个阶段，而巴赫金认为，这只是一种理论抽象，并非实际的移情过程。他称前者为"移情"，后者为"客观化"："诚然，不应以为先有纯粹的移情因素，之后依序出现客观化、成形化的因素；这两个因素实际上是不可分的，纯粹的移情只是审美活动的统一行为中一个抽象的因素，不应把它理解为是一个时段；**移情与客观化两个因素是相互渗透的。**"② 面对千差万别的移情现象，区分移情和客观化似乎没有多少意义，它可能是同时发生的，也可能是交替出现的，可能是以移情为主、客观化为辅，或者相反，等等。然

---

① 王国维之言"有我之境，以我观物""无我之境，以物观物"（周锡山：《人间词话汇编汇校汇评》，太原：北岳文艺出版社，2004年版，第11页）本身即已透露，纵使客观性较强的"以物观物"也是有一"观"之主体的。在其作为"无我之境"示例的陶诗"采菊东篱下，悠然见南山"中，"见"无论是作为"出现"或"看见"解，都与主体有关：现于"我"之眼前，或者，"我"目之所见。故此，他时而又言："昔人论诗词，有景语、情语之别，不知一切景语皆情语也。"（周锡山：《人间词话汇编汇校汇评》，太原：北岳文艺出版社，2004年版，第202页）此话似与其境有我无我论正相抵牾，推度王国维曾忌惮于此，故删而不传。但若取同情式理解，我们想说，景语情语之别、有我无我之分并非一无是处的概念游戏：在本质上，我们坚持一切审美活动都是主体的或有主体参与的活动，但主体呈现的方式则时有不同，或直抒胸臆，或触景生情，或兼而有之，不一而足。因此，若想要言不烦，可以说"一切景语皆情语"；而要想凸显主体呈现方式之不同，则需留意境之有我和无我之不同。不可笼统定是非，而是要看其着眼点落在何处。

② 巴赫金：《论行为哲学》，载《巴赫金全集》第1卷，晓河、贾泽林、张杰等译，石家庄：河北教育出版社，2009年版，第17-18页。黑体引加。

而对于巴赫金的理论建构来说，这种区分却是至关紧要的：它使巴赫金得以将客观化作为较移情更加重要的审美元素，然后借此引出其外位性理论："在移情之后接踵而来的，总是客观化，即观赏者把通过移情所理解的个体置于自己身外，使个体与自己分开，复归于自我。**只有观赏者复归于自我的这个意识，才能从自己所处位置出发，对通过移情捕捉到的个体赋以审美的形态，使之成为统一的、完整的、具有特质的个体。**而所有这些审美因素：统一、完整、自足、独特——都是外在于所观察审美个体（指被观察的审美对象——引注）自身的；在他的自身内部，对他和他的生活来说，这些因素并不存在；……现实生活的审美反射，从原则上说并不是生活的自我反射，不是生活过程、生活的真实生命力的自我反射。**审美反射的前提，是要有一个外在的移情主体。**"① 客观化即观赏者的外位性之重要性在于：是它创造了审美对象，即对象呈现出具有审美性质的形象；审美对象不属于此对象本身，对象本身没有审美性可言，是一个外在于审美对象的"移情主体"赋予其审美的效果，即看起来是一个审美的对象。这种美学观有唯心主义的嫌疑，但巴赫金这里不关心美在本质上是主观的抑或客观的传统论争，而是强调审美效果的发生有赖于一个外在的观赏者或者观赏者的一个外位性。

如果有人一定要将巴赫金划归到主观派或客观派的营垒，那么我们毋宁视其为第三派——主－客观派。他超越了这种旧式的美学，而将移情作为使主客体相互作用从而使双方都有所增益的活动："通过移情可以实现某种东西，这既是移情对象所没有的，也是我在移情行为之前所没有的；这种东西丰富着**存在即事件**，存在已不再是原样了。"② 移情丰富了存在，使存在发生新的变化，成为充满意义的事件。但万勿忘记，这一切都是观赏者的外位性所带来的。如果说外位性在主客体之间创造了审美的效果，那么这也就是意味着它不仅没有阻隔，反倒是确保了主客体之间的往来交通的，进而这也意味着外位性还具有促成主客体之间、自我与他者之间构织

---

① 巴赫金：《论行为哲学》，载《巴赫金全集》第 1 卷，晓河、贾泽林、张杰等译，石家庄：河北教育出版社，2009 年版，第 17 页。黑体引加。
② 巴赫金：《论行为哲学》，载《巴赫金全集》第 1 卷，晓河、贾泽林、张杰等译，石家庄：河北教育出版社，2009 年版，第 18 页。黑体引加。

对话或主体间性的功能。移情是必然通向主体间性的，就像胡塞尔的"意向"之必然通向主体间性那样。就外物之充盈于、内化于主体或意识而论，移情与意向无异。

有学者称，巴赫金的文化外位性观点源自其关于审美活动的外位性观点即审美移情说，是审美移情说的延伸和运用，二者之间乃源与流的关系。① 我们不拟在事实上做此求证，因为如前指出，审美移情说的逻辑前提是自我的唯一性，且其同样为文化外位观的逻辑前提。这即意味着，文化外位观未必要绕道审美移情说才能取得其自身的合法性。在此我们只想坚持：自我的唯一性同时统领着以外位性为其枢机的审美移情说与文化外位观，而后两者之间并无统属关系，它们位处同一层级，于是就文化外位观而言，它亦可直承自我的唯一性。但是，必须承认，熟悉审美移情及其为巴赫金所突出的外位性特征，确乎能够为进入文化外位性的讨论提供便利。在技术层面上说，它提供了一个转入文化分析的工具箱，其中有积极移情、消极移情、客观化、存在即事件等。

为丰富和砥砺这些工具，现再次引入王国维的观点。前文未及时说明，"入乎其内"和"出乎其外"是王国维词话的关键词，流布甚广：

> 诗人对宇宙人生，须入乎其内，又须出乎其外。入乎其内，故能写之；出乎其外，故能观之。入乎其内，故有生气；出乎其外，故有高致。②

这说的不是接受，而是创作方面；这说的也不是面对艺术创作，而是社会人生。显然，在王国维看来，出和入的对象是没有限定的，因而我们可以把文化合理地包括进来，此其一也。其二，对于对象之或出或入在价值上并无高下之分，仅是所带来的效果不同而已：入则可写，体物状物，纤毫毕现，栩栩如生，是所谓"入乎其内，故有生气"者也。而"出乎其外"，其优点是可以"观之"。所谓"观"，乃居于对象之外而观之，故

---

① 程正民：《巴赫金的文化诗学》，北京：北京师范大学出版社，2001年版，第173－172页。

② 周锡山：《人间词话汇编汇校汇评》，太原：北岳文艺出版社，2004年版，第143页。

"观"便假定了主体与客体之间的距离。前引巴赫金谓移情之"客观化"，即让对象保持为对象，即客体，这同时也是让观者保持在一个主体的位置。观的本质是外位性的。

关于入乎其内和出乎其外，特别是观之外位性，王国维还说过："诗人必有轻视外物之意，故能以奴仆命风月。又必有重视外物之意，故能与花鸟共忧乐。"① 轻视外物是出于外物、居于外位，从而统观外物，故可能卓有高致；而重视外物则是入于外物，与外物一体，随物赋形，神与物游，是故俗趣盎然。前者迹近"有我之境"，后者则为"无我之境"。但无论轻视或重视，都始终不能是无"视"，其所指向的也始终都是"外"物。

这种被置于审美关系中的人物之论，简明言之，审美移情说，如前申明，虽然不是我们转向巴赫金文化外位观的逻辑前提，即是说，有无这个审美移情说，我们都可以从自我的唯一性顺顺当当地过渡到文化外位观，然而有了它，对于我们更好地完成这一过渡，还是不无助益的，因为自我的唯一性已经在审美移情说这里演练过一番，而对于文化外位观，它不过是重复演练一遍而已。现在我们有充分的准备来谈论巴赫金的文化外位观了。

下引是巴赫金谈论其文化外位观最集中、最完整的一次。作为引文，它是长了一些，但作为对一个重大论题的阐述，则又是言简意赅的，值得一气读完。若是采取边引边论的方法，自是中规中矩矣，然则于巴氏之语意，殆支支吾吾、支离破碎耳！我们且先试读之，论析随后：

> 存在着一种极为持久但却是片面的，因而也是错误的观念：为了更好地理解别人的文化，似乎应该融于其中，忘却自己的文化而用这别人文化的眼睛来看世界。这种观念，如我所说是片面的。诚然，在一定程度上融入到别人文化之中，可以用别人文化的眼睛观照世界——这些都是理解这一文化的过程中所必不可少的因素；然而如果理解仅限于这一个因素的话，那么理解也只不过是简单的重复，不会含有任何新意，不会起到丰富的作用。**创造性的理解**不排斥自身，不

---

① 周锡山：《人间词话汇编汇校汇评》，太原：北岳文艺出版社，2004 年版，第 148 页。

排斥自己在时间中所占的位置，不摒弃自己的文化，也不忘记任何东西。理解者针对他想创造性地加以理解的东西而保持**外位性**，时间上、空间上、文化上的外位性，对理解来说是件了不起的事。要知道，一个人甚至对自己的外表也不能真正地看清楚，不能整体地加以思考，任何镜子和照片都帮不了忙；只有他人才能看清和理解他那真正的外表，因为他人具有空间上的外位性，因为他们是**他人**。

在文化领域中，外位性是理解的最强大的推动力。别人的文化只有在他人文化的眼中才能较为充分和深刻地揭示自己（但也不是全部，因为还会有另外的他人文化到来，他们会见得更多，理解得更多）。一种涵义在与另一种涵义、他人涵义相遇交锋之后，就会显现出自己的深层底蕴，因为不同涵义之间仿佛开始了对话。这种对话消除了这些涵义、这些文化的封闭性与片面性。我们给别人文化提出它自己提不出的新问题，我们在别人文化中寻求对我们这些问题的答案；于是别人文化给我们以回答，在我们面前展现出**自己的**新层面，新的深层意义。倘若不提出自己的问题，便不可能创造性地理解任何他人和任何他人的东西（这当然应是严肃而认真的问题）。即使两种文化出现了这种对话的交锋，它们也不会相互融合，不会彼此混淆；每一文化仍然保持着自己的统一性和**开放的**完整性。然而它们却相互得到了丰富和充实。①

这多像从自我的唯一性出发对审美移情论展开的阐说啊！巴赫金坚决反对纯粹移情式的即入乎其内的对于他者文化的理解。他提出的理由是：融入他者文化，观其所观，言其所言，行其所行，入乎其内，与他者浑然一体，即完全地成为他者，虽为理解行为之必需，但这在获得一种视角（他者视角）的同时丢失了另一种视角（自我视角），也就是仅剩单一的视角，而使用任何单一视角的理解不过是对此视角之所见、之所习见的跟随和复制。

巴赫金的理想是"**创造性的理解**"，而要实现此创造性理解，则必得有

① 巴赫金：《答〈新世界〉编辑部问》，载《巴赫金全集》第4卷，白春仁、晓河、潘月琴等译，石家庄：河北教育出版社，2009年版，第410—411页。

另一种视角的存在，在此就是自我视角。保持而不放弃自我视角，就是在入乎其内的理解中同时能够出乎其外，保持一个外位性的位置。这一位置为自我所有，因而出乎其外也就是返回自我或自我的位置。外位性即自我的外位性，即自我面对其对象时所由以立其身的外位性。显然，对于巴赫金来说，理解的外位性意味着多重视角或多重视界。

这是外位性在理解活动中的第一项价值。其第二项价值是，外位性能够使主体对客体"整体地加以思考"，即对客体做整体的观照，将客体作为一个整体来把握。这也就是王国维所谓的"出乎其外，故能观之"。观，乃统观，统而观之。更精准地说，凡观皆为统观。那么，这种统观的性质是什么呢？或者说，统观能够使我们看到什么呢？巴赫金的回答是："只有他人才能看清和理解他（对象——引注）那真正的外表，因为他人具有空间上的外位性，因为他们是**他人**。"显然，统观之所观即内容乃对象之"真正的外表"。此观为外观，在外位之观，以及由此所得到的外观、外表。这尤其贴合西洋油画的观赏情况：近看是涂料，是死的物质；远观是图像，是活的艺术形象。也许读者早已看出，在巴赫金看来，这作为外表的外观并非与内蕴、本质相对立，它不是皮相、浅表，它是客体事物本身所呈现的表象，出自客体，不断裂于客体，虽经由主体的反映和建构，但在根本上仍归属于客体。一句话，所谓"真正的外表"就是对象本身的整体形象。没有外位之眼，便没有客体的整体形象。

然而，必须指出，这种外位性的整体形象、"整体地加以思考"或出乎其外的"观之"只是指向对象一方的。苏轼告诫，"不识庐山真面目，只缘身在此山中"，我们一直奉之为至理名言，但实际上即便跳出庐山的局限，人们亦未必就能获得庐山的"真面目"，那只是一种从外观中得到的庐山形象。因此，指向客体的所谓"整体地加以思考"仅仅是指向该客体**一方之整体**（多么悖论的措辞啊），而非包括了主客体以及超越了此两者的全能视角之下的整体。这样的统观、整体思考不过仍是一己之视角和一隅之所见。改借杜诗说，何以凌绝顶，一览众山小？在认识上没有绝顶，认识永远是被限定的认识。巴赫金对此早有认识："审美移情（不是指失掉自我的单纯的移情，而是引出客观化的移情）不可能提供关于唯一存在（在丰富的事件方面）的情形，而只能提供对外于主体的存在的审美观察（也包括观察主体本人，却是外在于自己主动性的主体，是消极的主体）。对事件参加者的审美移情，还不就是对事件的把握。"① 这就是说，审美移情即使有积极主体之主导而非消极主体之完全化入客体，即使能够始终坚持外位性的客观化、统观化，那至多也不过是触及了客体一方及其有限的内容。审美移情达不成一个"丰富的事件"，它无法做到对"事件"的整体把握。由此而言，外位性的根本价值仍在于其对自我本位及其视角进而对多重视角的保证和坚持，在于其反对纯粹移情论或"无我之境"的文化交流观。被限定的视角内含对多视角和全视界的吁求，进一步说，也是内含对交互透视、主体间性和对话主义的期盼。在对话主义者巴赫金看来，单独的任何一方都不可能完全把握我们共在于其间的作为事件的世界："即使我看透了我面前的这个人，我也了解自己，可我还应该掌握我们两人相互关系的实质，把我们联系在一起的统一而又唯一事件的实质；在这个唯一事件中，我们两个当事者，即我和我的审美观察的客体都应当在存在的统一体中得到评定。"② 所谓的"统一体"便是由对话建立起来的共在场。用巴赫金本人的定义说，"统一体不是指天然生成的一个唯一的单体，而是指互不溶合的两个或数个单体之间的对话性**协商**"③。在此，外位性自身已经无足轻重，其轻重将取决于能否导向进一步的对话。

因此，言及文化间之理解，重要的不是"别人的文化只有在**他人**文化的眼中才能较为充分和深刻地揭示自己"，也不是"一种涵义在与另一种涵义、他人涵义相遇交锋之后，就会显现出自己的深层底蕴"——的确是有此情况：旁观者清，当局者迷；重要的是，"不同涵义之间仿佛开始了对话"。同样道理，重要的不是"我们给别人文化提出它自己提不出的新问题，我们在别人文化中寻求对我们这些问题的答案；于是别人文化给我们以回答，在我们面前展现出自己的新层面，新的深层意义"，也不是"倘若

---

① 巴赫金：《论行为哲学》，载《巴赫金全集》第 1 卷，晓河、贾泽林、张杰等译，石家庄：河北教育出版社，2009 年版，第 20 页。

② 巴赫金：《论行为哲学》，载《巴赫金全集》第 1 卷，晓河、贾泽林、张杰等译，石家庄：河北教育出版社，2009 年版，第 20 页。

③ 巴赫金：《关于陀思妥耶夫斯基一书的修订》，载《巴赫金全集》第 5 卷，白春仁、顾亚铃译，石家庄：河北教育出版社，1998 年版，第 381 页。

不提出**自己的**问题，便不可能创造性地理解任何他人和任何他人的东西"，而是"我们"和我们"自己的问题"与他人和他人的问题构成了一种对话性关系。

　　显然，巴赫金之所以坚持外位性的奥秘在于对话，在于创造事件性的对话。不是为了安然于自我不受外物、外界干扰的存在状态，不是为了坚守自身文化的特殊性，当然更不是为了自得于其"文化的封闭性与片面性"，恰恰相反，坚持外位性最终是为了创造一种文化间的对话，在此对话中实现他所推崇的**"创造性的理解"**和彼此间均会发生的改变和增值。对话需要自我，需要自我的外位性，不过，说到底，对话需要的实则是其所必然意谓的多重视角。无多重视角，便无对话之可能。

　　不忘解决本文问题之初心，巴赫金的自我的唯一性和外位性，或可谓"外位自我"，说的就是文化的自身存在，其地方性，其历史性，其差异性，其特殊性，尤为可贵的是，巴赫金没有将这些硬化、石化、固化、无意识化，而是软化、气化、语言化、动态化，将个体之不可移易的身体性存在转变为一种视角，其方式就是将其牵引到对话的场域，一旦其开始对话，他们就不再是自身存在，而成了一种关系性存在，既是其自身，又非其自身，是对话个体，是赫尔曼斯（Adam Perou Hermans）所称扬的"对话自我"①。对话并不消灭个体，但也不保全个体，于是"即使两种文化出现了这种对话的交锋，它们也不会相互融合，不会彼此混淆；每一种文化仍然保持着自己的统一性和**开放的**完整性。然而它们相互得到了丰富和充实"。

---

　　①　荷兰当代心理学家赫尔曼斯反对笛卡尔在其"我思故我在"的命题中将意识（即反思的自我）看作不可分割的、非历史的、非文化的、非具身性的和中心化的精神实体。与笛卡尔的观点针锋相对，受巴赫金以及威廉·詹姆斯（William James）之启迪，他创制出"对话自我"这一概念，认为自我是社会化的、历史的、文化的、具身性的和非中心化的，是一个"小社会"（mini-society）或"意识的社会"（society of mind），即是说，自我内化了其身外的整个社会，自我内在地便是对话性的，在这一意义上，"对话自我"亦堪称"社会自我"（See Hubert J. M. Hermans, "The Construction and Reconstruction of A Dialogical Self", https：//doi. org/10. 1080/10720530390117902, published online, 10 Nov. 2010, and originally in *Journal of Constructivist Psychology*, vol. 16, 2003, issue 2, pp. 89 - 130. For a more extended discussion, please see H. J. M. Hermans & T. Gieser, *Handbook of Dialogical Self Theory*, Cambridge：Cambridge University Press, 2012）。

因为个体仍然坚执地存在着，故而总是能够"保持着自己的统一性"和"完整性"，但由于进入了对话，故而它又是开放的，处于无限的开放之中。在这个意义上，巴赫金指出："特定的文化的统一体，乃是**开放的统一体**。"① 这种开放既是历时性开放，也是共时性开放。

如果单从其对永不消逝的和坚硬的个体的坚持和张扬方面观之，抑或单从其对个体之间话语性连接的渴望和要求方面而言，即是说，单从以上之任何一方面考量，巴赫金在西方思想史上都不是前无古人后无来者独此一家，但能够将两者结合起来，要求个体进入话语性的对话，而在此对话中同时还应葆有个体的存在，这样的智者在 20 世纪的西方并不多见。

三、巴赫金的对话不是主体间性或文本间性，而是个体间性或言语间性

这里需要对巴赫金对话主义理论的一种结构主义，如在托多罗夫（Tzvetan Todorov）那里的读解略做澄清或修正。在托多罗夫看来，巴赫金对话主义的另一种说法是互文性，"为了表示每一述说（énoncé）与其他述说的这种关系，他使用的术语是**对话主义**"②，而"在最基本的层面上，两种述说之间的**一切**（tout）关系都是互文性的"③。托多罗夫引巴赫金原话为证："被并置的两种语言作品，两种述说，进入了一种特殊的语义关系，我们称其为对话关系。这种对话关系是在语言交际深处所有述说之间的（语义）关系。"④ 显而易见，在巴赫金看来，互文关系即对话关系，或者，互文性即对话性，反之亦然。而这进一步似乎是认为，对话仅仅漂浮在文

---

① 巴赫金：《答〈新世界〉编辑部问》，载《巴赫金全集》第 4 卷，白春仁、晓河、潘月琴等译，石家庄：河北教育出版社，2009 年版，第 409 页。

② Tzvetan Todorov, *Mikhaïl Bakhtine : Le Principe Dialogique*, Paris：Seuil, 1981, p. 95. 需要辨别："énoncé"指述说的结果或内容，"énonciation"指述说行为。

③ Tzvetan Todorov, *Mikhaïl Bakhtine : Le Principe Dialogique*, Paris：Seuil, 1981, p. 95. 请注意：此处托多罗夫说的是"一切"（原文以斜体强调）关系，即排除了存在其他关系的可能。

④ Tzvetan Todorov, *Mikhaïl Bakhtine : Le Principe Dialogique*, Paris：Seuil, 1981, pp. 95 – 96.

本、述说的表层，而非发生在其存在具有唯一性的自我或个体之间，简言之，似乎对话仅仅是话语性的。

对于这种可能的误导，结构主义的传译也许负有主要责任，但巴赫金本人恐亦难辞其咎。在其对话理论中，话语不时地蹿跃到最突出的位置，例如，成为一种对人进行本质界定的视角："人的存在本身（外部的和内部的存在）就是**最深刻的交际**""**存在**就意味着**交际**"① "人的行为是潜在的文本"② "人的身体行动应该当作**行为**来理解"——"而要理解行为，离开行为可能有的（我们再现的）符号表现（如动因、目的、促发因素、自觉程度等等），是不可能的"③ "生活就其本质说是对话的""生活意味着参与对话：提问、聆听、应答、赞同等等"④。巴赫金这种从"文本"或"文本间性"来界定对话从而界定人的存在的理论，无论怎么辩解都难逃其遮蔽人之物质性存在的嫌疑。这也许是巴赫金必须为其对话理论付出的代价。

再例如，当其对人文科学（或曰精神科学）与自然科学（或曰精密科学）进行区分时，巴赫金同样表现出浓重的文本中心主义甚而非物质主义的音色：

> 人文科学是研究人及其特性的科学，而不是研究**无声**之物和自然现象的科学。人带着他做人的特性，总是在表现自己（在说话），亦即创造文本（哪怕是潜在的文本）。如果在文本之外，不依赖文本而研究人，那么这已不是人文科学（如人体解剖学和生理学等等）。⑤

说人文科学研究人文，自然科学研究自然，从表面上看不会有什么问

---

① 巴赫金：《关于陀思妥耶夫斯基一书的修订》，载《巴赫金全集》第 5 卷，白春仁、顾亚铃译，石家庄：河北教育出版社，1998 年版，第 378 页。

② 巴赫金：《文本问题》，载《巴赫金全集》第 4 卷，白春仁、晓河、潘月琴等译，石家庄：河北教育出版社，2009 年版，第 301 页。

③ 巴赫金：《文本问题》，载《巴赫金全集》第 4 卷，白春仁、晓河、潘月琴等译，石家庄：河北教育出版社，2009 年版，第 313 页。

④ 巴赫金：《关于陀思妥耶夫斯基一书的修订》，载《巴赫金全集》第 5 卷，白春仁、顾亚铃译，石家庄：河北教育出版社，1998 年版，第 387 页。

⑤ 巴赫金：《文本问题》，载《巴赫金全集》第 4 卷，白春仁、晓河、潘月琴等译，石家庄：河北教育出版社，2009 年版，第 301 页。

题，但若是将人文仅仅等同于人所借以表达自己的**语言**、人所创造的**文本**，进而说，研究人文而不考虑其物质属性，那么这样的研究不啻与尸骸对话：无言说者的话语一如没有生命的尸骸。然而，世界上压根儿就没有这样的话语。一切话语都是人的话语，一切文本都是人的文本；而人不仅是话语的、文本的存在，也是现实的、生命的存在；总之，是欲求－言说的存在。人文科学固然以话语、文本为其对象，但它不是将其作为空洞的能指，而是作为活生生的人的符号表现。所有符号都是指示性的。有所指，有所透漏，或者有所藏匿，总之不是自我指涉的。德里达的"延异"是意指的延异，不是无所指的延异。我们不反对巴赫金斩钉截铁地断言，"文本不是物"[1]；不反对他将人文科学定性为文本研究；同样，我们也不反对他关于精神科学所说的："精神（无论自己的精神还是他人的精神）不能作为物（物是自然科学的直接对象）出现，无论对自己和他人来说都只能表现为符号，体现于文本中。"[2] 但是我们必须坚持，人文科学不是纯书斋式的学问，不是能指的游戏，而是探究文本对现实世界的种种意指。

巴赫金不是不明白这个道理，他多次表示过"作为话语的文本即表述"[3]（而表述总是意味着有所表述）、文本"是意识的表现，是反映某种事物的意识之表现"[4]（而根据胡塞尔，意识总是意向性的，即有对某物的意识）之类的意思，但毋庸为尊者讳，其对话理论未能将话语和作为生命的话语对谈者之从属关系清晰地展示出来，并使之勾连为一个严密的体系。不过这并不要紧；要紧的是，对于我们试图予以澄清、重构、发展的对话理论，巴赫金都已或东或西、或明或暗地触及和指示过了，借着他的指点我们可以毫不费力地迈向我们自己的结论。例如，如下的说法就足以使我

---

[1] 巴赫金：《文本问题》，载《巴赫金全集》第4卷，白春仁、晓河、潘月琴等译，石家庄：河北教育出版社，2009年版，第300页。

[2] 巴赫金：《文本问题》，载《巴赫金全集》第4卷，白春仁、晓河、潘月琴等译，石家庄：河北教育出版社，2009年版，第299页。

[3] 巴赫金：《文本问题》，载《巴赫金全集》第4卷，白春仁、晓河、潘月琴等译，石家庄：河北教育出版社，2009年版，第297页。表述一定意味着有所表述，无论是有意识的或无意识的表述（参见同上）。

[4] 巴赫金：《文本问题》，载《巴赫金全集》第4卷，白春仁、晓河、潘月琴等译，石家庄：河北教育出版社，2009年版，第312页。

们不再认为巴赫金的对话仅仅发生在文本或话语的层次："**语言与表述的对立，就如同社会与个人的对立。所以表述完全是个人的。**"① "一般来讲，要摆脱外位因素的实体存在恐怕是个无法实现的任务。"② "人作为一个完整的声音进入对话。他不仅以自己的思想，而且以自己的命运、自己的全部个性参与对话。"③ "人是整个地以其全部生活参与到这一对话之中，包括眼睛、嘴巴、双手、心灵、精神、整个躯体、行为。"④ 对巴赫金而言，显而易见，个体的不可言说的方面也是包含于对话之中的。是个体在言说，而非语言在言说。个体的表述（parole，通译"言语"）内蕴着言语（langage，通译"言语活动"）与语言（langue）之间的张力。语言之所以不言说，是因为语言不具备言说的意志和动力。索绪尔（Ferdinand de Saussure）讲得清楚："语言不是说话者个人的活动，……语言从来不允许有意图"⑤，"表述是一种意志和思维的个人行为"⑥。这些话，巴赫金都抄引其法语原文；

---

① 巴赫金：《马克思主义与语言哲学》，载《巴赫金全集》第 2 卷，李辉凡、张捷、张杰等译，石家庄：河北教育出版社，2009 年版，第 399 页。这句话是巴赫金/沃洛希诺夫对索绪尔观点的概括，其实也是巴赫金对话理论的题中应有之义。当然，从另一角度也可以说："表述是社会的。"（巴赫金：《马克思主义与语言哲学》，载《巴赫金全集》第 2 卷，李辉凡、张捷、张杰等译，石家庄：河北教育出版社，2009 年版，第 424 页）因为，任何个人言说若期待他人理解则必须遵从一定的语言体制。

② 巴赫金：《巴赫金的讲座》，载《巴赫金全集》第 7 卷，万海松、夏忠宪、周启超等译，石家庄：河北教育出版社，2009 年版，第 338 页。

③ 巴赫金：《关于陀思妥耶夫斯基一书的修订》，载《巴赫金全集》第 5 卷，白春仁、顾亚铃译，石家庄：河北教育出版社，1998 年版，第 387 页。

④ 巴赫金：《关于陀思妥耶夫斯基一书的修订》，载《巴赫金全集》第 5 卷，白春仁、顾亚铃译，石家庄：河北教育出版社，1998 年版，第 387 页。

⑤ 巴赫金：《马克思主义与语言哲学》，载《巴赫金全集》第 2 卷，李辉凡、张捷、张杰等译，石家庄：河北教育出版社，2009 年版，第 398 页。索绪尔的法文原文是："La langue n'est pas une fonction du sujet parlant, …elle ne suppose jamais de préméditation"，"La parole est au contraire un acte individuel de volonté et d'intelligence"（Ferdinand de Saussure, *Cours de Linguistique Générale*, publié par Charles Bally et Albert Sechehaye avec la collaboration de Albert Riedlinger, quatriéme édition, Paris：Payot, 1949［1916］, p. 30）. 注意：《巴赫金全集》中文版将"parole"翻译为"表述"而非"言语"，将"fonction"翻译为"活动"而非"功能"，原则上并不错，但与通用译法不同，需要读者鉴别。

⑥ 巴赫金：《马克思主义与语言哲学》，载《巴赫金全集》第 2 卷，李辉凡、张捷、张杰等译，石家庄：河北教育出版社，2009 年版，第 398 页。

此中之深意，他该是多么地心领神会啊！纯粹语言学可以不研究具体的言说，但对话哲学则必须将个体考虑进来，且许以一个始源的位置。

在谈到作者与其作品中的人物关系时，巴赫金区别了前者的两种主动性：

> 作者具有积极的主动性，但这个主动性带有特殊的**对话**性质。针对死物、不会说话的材料，是一种主动性，这种材料可以随心所欲地塑制和编织。而**针对活生生的、有充分权利的他人意识**，则是另一种主动性。这是提问、激发、应答、赞同、反对等等的主动性，即对话的主动性。①

在此，与巴赫金的着意点不同，我们并不担忧作者是否以己之意而强加于其笔下的人物，即以主客体关系的方式错待作为主体间性的对象；我们关心的是在巴赫金所倡导的作者与人物之间对话性关系的范型中已悄然透露出：其一，作为个体的作者具有对话的积极主动性，他是一场对话的发动者。我们知道，唯其作为个体，作者才有所谓的"主动性"。话语从不主动。其二，人物作为作者对话的对象不是未经形式化的质料，而是活生生的另一存在，是他人或他人意识。这也就决定了，对话是主体与主体之间的活动，而非主体与客体之间的活动，且主体又首先是作为个体而存在的。对话以个体存在为基础，而后寻找一种主体间性。在巴赫金看来，对话原则上就是主体间性。但如果说主体是话语的建构，如结构主义所坚持的那样，我们毋宁说创制一个更贴合巴赫金意谓的术语：个体间性。个体之间彼此寻找沟通，而他们能够沟通的则一定是话语。当然如果把主体理解为个体在言说中的符号延伸，那么说对话即主体间性亦无不可。但麻烦在于，现在的主体概念已经被结构主义"风化"为一具没有血肉的木乃伊了。严格说来，**巴赫金的对话是个体间性**，而非仅仅作为"文本间性"的主体间性；其个体间性的对话已经涵括了结构主义的主体间性。在此我们不由得感叹，那些声称是索绪尔子孙的法国结构主义者，其实对于索绪尔

---

① 巴赫金：《关于陀思妥耶夫斯基一书的修订》，载《巴赫金全集》第5卷，白春仁、顾亚铃译，石家庄：河北教育出版社，1998年版，第375页。

的遗产不过是各取所需罢了，他们丢弃了他的言语学，而单单拿走了其语言学。① 这当然不是学科对象意义上的，而是哲学意义上的，他们这样做造成了严重的哲学后果，即他们的哲学只能是荒无人烟的哲学，他们在能指的盛宴中饥毙。而巴赫金（此处是沃洛希诺夫）虽然难说对索绪尔多么满意，但无论如何，结果是他兼取其语言学和言语学，进而做了哲学上的混融，于是其对话既有话语又有个体，是个体间的对话。

这里有必要指出两点：其一，坚持马克思主义语言学哲学的沃洛希诺夫不完全等同于信奉个体间性对话的巴赫金；其二，沃洛希诺夫并未完整把握索绪尔的思想，而巴赫金却不动声色地抓住了索绪尔语言学的枢机：在"言语活动"中语言和言语的互动关系。"言语活动"是索绪尔语言学的直接对象或第一对象，而后他才从中抽象出"语言"和"言语"两个部分，并始终坚持其相互依存、浑然一体的实存状态。对于语言学来说，语言或言语，无论索绪尔委任何者占据一个更核心的位置，对他有一点是确定无疑的，即言语是对语言的个体性使用。因而言语活动或言语既是个体性的，也是社会性的。② 在这一意义上，我们完全可以说，**索绪尔的"言语活动"即巴赫金的"对话"**。如上证明，巴赫金的对话虽然时有偏向话语一维的嫌疑，但从其整个学术生涯观之，基本上是结合个体性的。其对话是个体间性，在个体之间寻求话语的沟通。

结　语

本文在引进能动自我、结构自我、外位自我等概念，从而界定文化自信之"自"即"自性""自我""特殊性"的过程中，实际上已经完成了对文化自信的理论认知和图绘。以下所谓的结语不过是对前文已经做出的结

---

①　索绪尔将语言学分为"语言的语言学和言语的语言学"（Ferdinand de Saussure, *Cours de Linguistique Générale*, p. 37）两个部类。

②　索绪尔警示："言语活动有个体性的一面，也有社会性的一面；我们无法离开这一方面而去设想另一面。"（Ferdinand de Saussure, *Cours de Linguistique Générale*, p. 24）合而言之，"言说主体利用语言符码以表达其个人的思想"（Ferdinand de Saussure, *Cours de Linguistique Générale*, p. 31）。

论做更简明的表述罢了：

· 能动自我告诉我们，一种文化的发展和变化总是以其当前的、现实的需要和状况为出发点，它原则上并不特别拣选自己的历史和遗产，也不特别排斥外来的文化和文明，一切都以其是否有用、有益为取舍。在此意义上，能动自我是不折不扣的现实主义者或功利主义者。

· 从结构自我可以得知，（a）文化自性、文化特殊性、文化身份在缘起上便是复合的、构成的、杂融的，（b）在认识论上都先已/同时假定了一个文化他者（客体）的存在，即是说，文化自我与文化他者（客体）被自我意识一道建构出来，它们相携而生，舍此则无彼。

· 能动和结构并非两个相对立的概念。文化因结构而成其自身，因结构而获得其能动，并以结构化的方式不断地发展和壮大自身，而所谓结构化乃是一个将身外文化（包括异质文化）引入自身系统并予以粉碎和整合的过程。文化因而在本质上即是对话性的。文化即文化间性。

· 外位自我实乃对话自我，它要求文化自信必须成为一种间性自信，一种对话自信，即一种文化对话主义，其中既有自我的存在，也有他者的进入，二者共同创造了一个事件性的空间，文化从而得以更新和发展。依据巴赫金外位性理论，文化自我或文化特殊性是要通向对话的，甚至可以说，是为对话而存在的。此乃打开流行格言"越是民族的，便越是世界的"之正确方式。

不言而喻，在能动自我、结构自我、外位自我或者对话自我面前，文化民族主义和复古主义据以抵抗从当代文化需要出发对传统文化进行创造性转化和创新性发展的主要堡垒（即文化特殊论）将灰飞烟灭。如果说从前的文化自信是后殖民的文化自信，是抵抗性的和二元对立性的文化自信，具有情感的合理性和历史的真实性，那么新时代的文化自信则应理性地、包容性地成为间性文化自信，其中的对话原则同时将文化特殊性作为本体论的存在和认识论的存在。一句话，文化自信是自我开放的对话性自信。

关于启蒙的理论问题

张海晏①

自 15 世纪以来，启蒙席卷西方社会，从根本上改变了人的生存状况和精神世界，创生了现代化与现代人。当然，启蒙现象并非囿于西方，它是数百年以来世界历史的共同主题，系人类史上古今划界的过程与标志。

侯外庐先生曾指出，中国自明中后期始已由中古社会渐入近代社会，由此以降至五四运动这三百年的思想发展历程，启蒙思潮贯穿始终。它以鸦片战争为分界，前为"启蒙者的先驱"和"早期启蒙思想"，后为"近代启蒙思想"。对中国启蒙思潮的进步性和历史功绩，侯外庐先生给予了充分肯定和高度评价。

这里拟围绕侯先生的中国启蒙思想研究，就学术界有关启蒙的热点话题，做些延展性的述介与讨论，以期进一步推进相关的理论问题。

一、启蒙思潮与文艺复兴

侯外庐先生的明清之际"早期启蒙说"，确立于抗战期间写的《中国近世思想学说史》一书，由重庆三友书店于 1944 年出版，1947 年更名为《近代中国思想学说史》，再版于上海生活书店。50 年代中期将该书自明末到鸦片战争前的部分单独修订成册，定名为《中国早期启蒙思想史——十七世纪至十九世纪四十年代》，并列为《中国思想通史》第五卷。同时，还有一

---

① 作者简介：张海晏，中国社会科学院古代史研究所研究员。

些相关的学术论文相继问世。侯外庐先生把早期启蒙思潮的理论形态归结为"个人自觉的近代人文主义",认为它集中体现为自由、平等和人权等观念,是近代启蒙思想的理论基石。

侯先生指出,中国早期启蒙思潮呈现出如下一些特点:

第一,新的社会经济关系及其矛盾,当时还只是在萌芽状态中。中国的启蒙者如何心隐、李贽以至王夫之、黄宗羲、顾炎武和颜元等人,都以各种表现方式,强烈地仇视农奴制度及依存于它的一切产物。他们在所谓"封建"和"郡县"的各种历史问题争辩之中,反对封建土地国有制和地主土地所有制,反对一切政治法律上的束缚,反对特权和等级制度,反对科举制度(时文)。

第二,中国的启蒙者拥护教育、自治和自由。如东林党的自由结社讲学主张,顾炎武等人的地方自治主张,黄宗羲等人的教育主张,都是代表。

第三,他们同情人民的利益,特别是农民的利益,尽管他们多数并不主张农民暴动。他们程度不等地表现出初期民主思想。他们对于农民所受的封建压迫的痛苦,无一例外地表示了控诉和抗议,王夫之的《黄书》《噩梦》便是代表作。但是,他们都把其理想和万年乐土或所谓"天地之道"与"百王之法"等同起来。

侯外庐的"早期启蒙说"在学术界反响甚大,其中也不乏否认明清之际存在早期启蒙思潮的声音。

近年,汤一介先生发表《启蒙在中国的艰难历程》①等文,亦对"早期启蒙说"提出了质疑。他认为:"在当代中国学术界,虽然常常把16世纪明末发生的反对封建专制的'存天理、灭人欲'的礼教,抨击禁欲主义,高扬个性,'独抒性灵,不拘格套'的'唯情主义',看做是新的价值观和人文主义的表现,并以'启蒙思潮'、'启蒙文化'、'启蒙思想'、'具有某种启蒙的质性'等等,来说明明末的这场社会运动。但是它和18世纪在欧洲发生的'启蒙运动'在性质上是不同的……"他赞同这样两种看法:"(1)虽然对16世纪明末的反封建礼教用了'启蒙文化运动'来说明,但认为它仅

---

① 汤一介:《启蒙在中国的艰难历程》,载《北京大学学报》(哲学社会科学版),2012年第2期,第5-11页。

仅相当于 14 世纪开始的'文艺复兴'，并不与 18 世纪的欧洲的'启蒙运动'相似，因此从思想上看并没有提出建立民主共和政体或君主立宪政体的要求；（2）这次'启蒙的文化运动'是土生土长的，它和西方'启蒙运动'、'要敢于运用理性'是大不相同的，而是以张扬'情感'的一种'唯情主义'的社会思潮的人性解放运动。"

我们知道，1784 年，在启蒙运动基本大功告成之际，康德在《答复这个问题：什么是启蒙运动?》一文中给"启蒙"下了经典性的定义。他说："启蒙运动就是人类脱离自己所加之于自己的不成熟状态。不成熟状态就是不经别人的引导，就对运用自己的理智无能为力。当其原因不在于缺乏理智，而在于不经别人的引导就缺乏勇气与决心去加以运用时，那么这种不成熟状态就是自己所加之于自己的了。Sapere aude（要敢于认识）！要有勇气运用你自己的理智！这就是启蒙运动的口号。"① 卡西尔则从方法论上界定启蒙运动，认为被启蒙运动树为旗帜的"理性"的真正功能在于分析还原和理智重建，此是启蒙哲学最根本的方法论特征。② 至于主张民主共和政体还是君主立宪政体，只是启蒙运动的一般性的政治倾向与理想，并非其本质规定，也没有普遍的概括性，如英国的启蒙思想家霍布斯就赞同君主专制，"法国三杰"之一的伏尔泰则渴望开明的或理性的专制。相形之下，中国历史上被称为"清初三大师"的王夫之、顾炎武和黄宗羲，他们对理性的推崇和对蒙昧主义、专制主义的批判，绝不逊色于欧洲的启蒙哲人。王夫之的《黄书》《噩梦》、顾炎武的《天下郡国利病书》、黄宗羲的《明夷待访录》等，都是精心结构、逻辑严谨而洋溢着理性精神和批判意识的政论经典著作。例如黄宗羲的《明夷待访录》，这部治国大纲以公私之辩为主线，从君为公与谋私、臣为万民与为一姓、"天下之法"与"一家之法"、"公其非是"与"自为非是"、"天下之利"与"天下之害"等不同理论层面展开讨论，辨名析理、追根溯源，最终得出"为天下之大害者，君而已

---

① 康德：《答复这个问题："什么是启蒙运动?"》，载《历史理性批判文集》，何兆武译，北京：商务印书馆，2017 年版，第 23 页。

② E. 卡西尔：《启蒙哲学》，顾伟铭等译，济南：山东人民出版社，2007 年版，第 3-4 页。

矢"① 的惊天结论，颠覆了维系数千年的"家天下"的官方意识形态，堪为理性批判的结晶。姑且不论把"重情主义"作为"文艺复兴"的时代标签是否恰当，用它冠之于明清早期启蒙思想，确有张冠李戴之嫌。将中国早期启蒙思潮比拟于欧洲文艺复兴并非什么时兴的说法，当年梁启超和胡适就曾说清代学术与文艺复兴相类，但"这充其量只是一种现象形态的类比"②。至于清代，诉诸情感的文学作品一度成为批判封建意识形态的主要形式，那是清统治者的文化专制致使启蒙受挫后的特定情势使然，亦非早期启蒙思想家常规的和主要的思想工具和话语表达方式。正如侯先生所说："十七世纪的启蒙运动虽然受了挫折，但它的政治的、社会的形式却被文学的形式所代替，例如《儒林外史》《红楼梦》《镜花缘》便是这个时代的代表创作。"③

　　一般来讲，西方从 14、15 世纪开始文艺复兴，16 世纪展开宗教改革，17 世纪迎来科学革命，17、18 世纪掀起启蒙运动④，这些思想运动有一个前后相续的大致的历史时段。但启蒙运动和文艺复兴作为近代思想解放运动，并非泾渭分明，判然两隔，西方学术界就有人将启蒙运动视为文艺复兴的最后一幕，有的又将启蒙运动向前扩展，认为始自文艺复兴。⑤ 文艺复兴兴起于意大利的佛罗伦萨和威尼斯等城市，并传播于西欧各国。它以复兴希腊、罗马的古典文化为旗号，摒弃中世纪"神本位"的世界观而确立

---

　　① 黄宗羲：《明夷待访录·原君》，上海中华书局据海山仙馆丛书本校刊。

　　② 萧萐父、许苏民：《"早期启蒙说"与中国现代化——纪念侯外庐先生百年诞辰》，载《江海学刊》，2003 年第 1 期，第 136 页。

　　③ 侯外庐：《中国早期启蒙思想史——十七世纪至十九世纪四十年代》，《中国思想通史》第 5 卷，北京：人民出版社，1956 年版，第 403 页。

　　④ 彼得·盖伊："传统的做法是把启蒙运动界定在英国革命和法国大革命之间的一百年。"见《启蒙时代：现代异教精神的兴起》（上），刘北成译，上海：上海人民出版社，2015 年版，第 13 页。《牛津哲学的伴侣》"启蒙运动"条："指称开始于 17 世纪的英国与发展于 18 世纪的法国和德国的思想运动，但实际上影响了欧洲各国以及生活和思想的各个方面。启蒙运动主导的时代被称为'启蒙时代'或'理性时代'。"见 Ted Honderich, "Enlightenment", in *The Oxford Companion to Philosophy*, Oxford：Oxford University Press, 1995, pp. 236 – 237.

　　⑤ 详见彼得·盖伊：《启蒙时代：现代异教精神的兴起》（上），刘北成译，上海：上海人民出版社，2015 年版，第 14 页。

"人本位"的人文主义精神，其以古典为借鉴、复古为形式开启了近代文化的转化进程。而启蒙哲人把科学革命的思维方法和世界观运用于对社会问题的剖析，崇尚理性、理性至上，坚信人类文明进步的进化论。启蒙运动对理性的高扬，将科学从宗教神学的束缚中解放出来，从而为工业革命的发生创造了条件。总之，从文艺复兴到启蒙运动的诸种思潮，一脉相承，前后相继，虽各有侧重，但又互相包含。

西方的"文艺复兴"和"启蒙运动"都是自我命名的①，均是从中世纪向近代转折中思想解放运动的具体体现。侯先生就是从广义上理解西方的启蒙思想，并将明清进步思潮与之相互对照的。侯外庐先生提出和使用的明清"早期启蒙思潮"的概念，所引以为参照的西方启蒙思想实则涵盖了从文艺复兴、宗教改革至启蒙运动的整个思想解放运动。在《中国思想通史》第五卷中，侯先生指出：黄宗羲的社会理想近似于欧洲宗教改革时代的城市平民反对派异端②；王夫之以外的清初学者的"复古制"之说，梁启超以文艺复兴的观点比拟说"复古即解放"，命题虽不正确，但接近事实③；欧洲宗教改革时代之上帝新诠，在中国则为先王新诠，顾炎武也尽其通经之能事以解释先王，从而发挥自己的新说④；文艺复兴时代的哲人一反过去，把生活看作美丽的存在，把人类看作最完善的创造者，把欲望看作生长发育的动力，颜元的世界观和人类观就富于这样的历史进步性⑤；颜元的知识论相似于培根（Francis Bacon）而更强调知识以实践为标准，培根曾反对当时经院学说的流派，颜元攻击道学的斗争精神比培根更要果敢而坚强些，三百年前中国出现了这样的人物，值得我们把培根姑且摆在他的近

---

① "文艺复兴"（Renaissance）一词为16世纪意大利艺术家瓦萨里首先使用；"启蒙运动"（Enlightenment）源自受牛顿力学和光学成就而启发的"光明"的隐喻。

② 侯外庐：《中国早期启蒙思想史——十七世纪至十九世纪四十年代》，《中国思想通史》第5卷，北京：人民出版社，1956年版，第145页。

③ 侯外庐：《中国早期启蒙思想史——十七世纪至十九世纪四十年代》，《中国思想通史》第5卷，北京：人民出版社，1956年版，第150-151页。

④ 侯外庐：《中国早期启蒙思想史——十七世纪至十九世纪四十年代》，《中国思想通史》第5卷，北京：人民出版社，1956年版，第251页。

⑤ 侯外庐：《中国早期启蒙思想史——十七世纪至十九世纪四十年代》，《中国思想通史》第5卷，北京：人民出版社，1956年版，第349页。

代地位之下。① 上述侯先生的这些论断就是将中国早期启蒙思想家与西方的文艺复兴、宗教改革、科学革命和启蒙思想交相比照，以凸显其启蒙的特质，即人文精神和理性主义。

侯先生此举看似有点大而化之，却又不失历史的真实。在异质文化的比较中，相似性也只能就大体的精神气质而言，而不能过分拘泥于细枝末节、硬性地对号入座。当然，西方近代以来的思想解放运动与明清之际的早期启蒙思潮之间的相似性毕竟大于相异性，这是进行比较的前提，否则，其相似性也只能是似是而非的相似，没有比较的意义。

二、资本主义萌芽与现代化初端

在思想史的研究中，侯外庐先生强调思想史与社会史的内在联系与矛盾运动，既注重从社会历史背景来把握和透视思想观念，同时又注重通过思想史的研究来考察和审视社会史。侯外庐先生的"早期启蒙说"，就是基于对明末清初社会历史发展阶段的认知。他指出，中国启蒙思想开始于十六七世纪之间，这正是"天崩地解"的时代，思想家们在这个时代富有"别开生面"的批判思想。17 世纪的中国社会已存在资本主义的幼芽，这在16 世纪中叶就已萌发，"启蒙时代思想的轴线也是和资本主义萌芽状况的发展的轴线相平行着的"②，黄宗羲、顾炎武和王夫之等人的经世致用之学或实际实物实效之学，"是中古绝欲思想的对立物，是进步的资产阶级先辈的先进思想"③。同时，侯外庐先生清醒地指出中国早期启蒙思想与西欧和俄国的思想之间的区别，他说：

> 十六世纪末以至十七世纪的中国思想家的观点，是中国社会经济发展特点和中国社会条件的反映，它不完全等同于西欧以至俄国的

---

① 侯外庐：《中国早期启蒙思想史——十七世纪至十九世纪四十年代》，《中国思想通史》第 5 卷，北京：人民出版社，1956 年版，第 374－375 页。
② 侯外庐：《中国早期启蒙思想史——十七世纪至十九世纪四十年代》，《中国思想通史》第 5 卷，北京：人民出版社，1956 年版，第 32 页。
③ 侯外庐：《中国早期启蒙思想史——十七世纪至十九世纪四十年代》，《中国思想通史》第 5 卷，北京：人民出版社版，1956 年，第 33 页。

"资产者—启蒙者"的观点，然而，在相类似的历史发展情况之下，启蒙运动的思潮具有一般相似的规律。①

从 16 世纪以来，中国的历史没有如欧洲那样走向资本主义社会，这并不等于说，中国封建社会没有解体过程，没有资本主义的形成过程。关键在于，既在封建社会的母胎内产生了资本主义的萌芽形态，却又未能在发展过程中走进近代的资本主义世界，这即如马克思说的，既为旧的所苦，又为新的发展不足所苦，死的抓住活的（参看《资本论》序言）。资本主义要排斥身份性的人格依附，然而封建主义的顽强传统又要维持这样的人格依附。这就是问题，这就是矛盾。对于自明代以来的这种新旧矛盾，我们既不能割断历史，否定中国封建社会内部的顽强传统的历史，如上面所述，又不能忽视历史发展的客观条件，否定资本主义的形成过程。②

对侯先生关于早期启蒙思想及其阶级属性的说法，华裔学者余英时先生提出异议，他说：

> 大陆上有些学者如侯外庐提出一个说法，以为继宋明理学之后，清代在思想史上的意义是一种启蒙运动。这是照搬西洋名词 Enlightenment。这种"启蒙运动"照他们的阶级分析说，则是代表一种市民阶级的思想。这种说法当然是用马克思的史观来解释清代思想的经济背景，我也不愿意说它完全没有根据。比如说黄宗羲在《明夷待访录》财计篇中曾反驳世儒"工商为末"之论，并明确提出"工商皆本"的命题。这与传统儒家以农为本的思想大不相同。但如果我们因此就说顾炎武、黄宗羲这几位大师的立说，全是为了代市民阶级争利益而来，恐怕还是难以成立的。③

余氏在该文热衷于从"尊德性"到"道问学"的内在理路来探讨宋明

---

① 侯外庐：《中国早期启蒙思想史——十七世纪至十九世纪四十年代》，《中国思想通史》第 5 卷，北京：人民出版社，1956 年版，第 26 页。
② 侯外庐：《中国早期启蒙思想史——十七世纪至十九世纪四十年代》，《中国思想通史》第 5 卷，北京：人民出版社，1956 年版，第 16 页。
③ 余英时：《中国思想传统的现代诠释》，南京：江苏人民出版社，1989 年版，第 208 页。

清的思想发展，这确有所见、别有洞天，但泥于此途也难免把思想史理解成内在封闭自足的系统而忽视了观念所由此产生的社会历史场景。其实，侯先生十分重视宋明理学与明清之际进步思想之关系的辨析，但他认为思想流变必须最终从社会经济的变动中予以把握和说明，否则将成为无源之水。至于启蒙思想家的阶级定向，则是个复杂的问题。历史上的哲学家、思想者和理论家属于士大夫阶层，这是个不安定的、只有相对的阶级性的阶层，即所谓"无社会依附的知识分子"。教育是知识分子共同的社会学纽带，正唯如此，"它以引人瞩目的方式把它们连结在一起。分享一个共同的教育遗产，会逐渐消除他们在出身、身分、职业和财产上的差别，并在各人所受教育的基础上把他们结合成一个受过教育的个人的群体"；但是，亦如曼海姆指出的那样，"最大的错误莫过于错误地解释这一观点，以为个人的阶级和身分联系会由于这种效力而完全消失"。① 社会中的不同阶级或阶层有着不同的体验世界的方式，知识分子作为相对独立的知识阶层，其社会角色是为社会提供一种对世界的综合性、整体性的解释，但也无可避免地带有特殊阶级或阶层关系的烙印。若从呼唤现代性的政治立场和思想倾向看，说启蒙思想家总体上代表了新兴市民阶级的诉求与利益，应该是没有问题的。

关于早期启蒙思潮得以依存的资本主义萌芽的时代属性，也是历有争议。"资本主义萌芽"问题始于20世纪30年代的社会史大论战，在50年代中期至60年代中期特定的政治环境中曾有过热烈的讨论。时至今日，这个问题似乎变得有点不合时宜，被学术界冷落甚或嘲讽为中国人的"资本主义萌芽的情结"②。近年有学者明言"资本主义萌芽"说法的若干重大问题，认为：首先，"这个研究实际上是以欧洲经验作为参照系来研究中国"，这是"由'别人有，我们也有'的'争气'心态引起的对西方的比附，从根本上说，乃是缺乏民族自信心的一种表现"；其次，诸如到底什么是资本主义这类资本主义萌芽研究赖以进行的理论基础发生动摇，以此为根基的

---

① 卡尔·曼海姆：《意识形态与乌托邦》，黎鸣、李书崇译，北京：商务印书馆，2000年版，第158－159页。

② 转见厉以宁：《资本主义的起源——比较经济史研究》"序言"，北京：商务印书馆，2003年版。

所谓资本主义萌芽也就成了无本之木；最后，"以往资本主义萌芽的基本出发点，是世界各民族的历史发展都必然遵循一条共同的道路"，"中国从来没有经历资本主义的历史阶段这一历史事实，雄辩地证明了资本主义并非中国历史发展的必经阶段"。其总结说："尽管我们过去对欧洲经验的认识并不一定正确，尽管'资本主义是中国历史发展的必经阶段'这一论断与中国近代历史的实际进程不符，但是我们仍然坚信中国传统社会中必定有资本主义萌芽。这种信念的基础，是认为中国应当而且必定能够按照欧洲近代发展的模式去发展。然而，史学所研究的对象，只能是过去确实发生过的事，而不是按照某种逻辑或理念'应当'发生的事。"①

上述有关社会发展模式和进步历史观问题，牵涉甚广，不遑详论；而且见仁见智，难求一律。其实，从学理上讲，没有经历资本主义阶段并不等于说就没有出现过其萌芽形态，正如前引侯先生的话所说，"从16世纪以来，中国的历史没有如欧洲那样走向资本主义社会，这并不等于说，中国封建社会没有解体过程，没有资本主义的形成过程"②。对于资本主义萌芽的论证，主要是个实证问题。侯先生强调从史料出发、以史为据，他从土地所有制关系的转变、手工业的繁荣和海外贸易的发展等三个方面考察了16世纪中叶至17世纪初的资本主义萌芽情况，并从思想史角度的研究折射资本主义萌芽的存在。可谓有史有据、言之凿凿。③ 近年，明史专家樊树志先生著有《晚明大变局》一书，指出晚明的确出现了社会大变局，这主要体现在"海禁－朝贡"体制的突破、卷入全球化贸易的浪潮、江南市镇的崛起、多层次商品市场的繁荣、思想解放的潮流、西学东渐与放眼看世界和文人结社与言论活跃的新气象等方面。他认为："晚明的大变局自然不是中国内部悄悄发生，而是有世界背景的，或者说在世界潮流的激荡下逐

---

① 李伯重：《资本主义萌芽研究与现代中国史学》，载《历史研究》，2000年第2期，第22－24页。

② 侯外庐：《中国早期启蒙思想史——十七世纪至十九世纪四十年代》，《中国思想通史》第5卷，北京：人民出版社，1956年版，第16页。

③ 侯外庐：《中国早期启蒙思想史——十七世纪至十九世纪四十年代》，《中国思想史》第5卷，北京：人民出版社，1956年版，第6－36页。

渐显现的。"① 可见，无论我们是否认同资本主义萌芽的说法，明末清初的社会巨变是真实发生的，关键是怎样解读这一大变局，哪种理论视域更有说服力、概括力。

至于说资本主义系"欧洲经验"，应该说，西方现代文明即资本主义，确有其独特的历史渊源和文化基因。亨廷顿（Samuel P. Huntington）就指出，西方类型的现代文明有其独特特征，大体包括古典遗产、天主教和新教、欧洲语言、精神权威和世俗权威的分离、法治、社会多元主义、代议制、个人主义等，西方将这些因素结合在一起，构成了西方之为西方的东西，但不是西方之为现代的东西。②

然而，人类历史发展到今天已经表明，资本主义只是现代文明的一种模式，而由中世纪向近代转化的现代化现象则具有普适性，为不同文化共同体或民族国家所共同经历，而无论早到与迟到、先发或后发、内源主导还是外源主导。

现代化分为两种模式：一类是内源的现代化，由社会自身力量产生的内部创新，经历漫长过程的社会变革的道路，外来的影响居于次要地位；另一类是外源的现代化，在国际环境影响下，社会受外部冲击而引起内部的思想和政治变革，进而推动经济变革的道路，其内部创新居于次要地位。③ 当然，这种划分是就现代化的主因而言的，西方的现代化虽是内源性的，但其自文艺复兴始的现代化进程，曾受到阿拉伯文化和中国文化等异质文化的积极影响则是不争的事实；中国作为后发的外源性的现代化，其内在文化的源头活水和社会发展的内因也是不容否定的。难以想象，异质文明之间可以简单对接，完全照搬，克隆复制，而不是在原文化母体上创造性转化或综合创新式地移花接木。

对于明清之际的社会大变局，我们如果将其置于全球现代化进程的大背景下进行审视，理解为由传统社会向近代社会转化的最初萌动，视域将

① 樊树志：《晚明大变局》，北京：中华书局，2015 年版，第 1 页。

② 塞缪尔·亨廷顿：《文明的冲突与世界秩序的重建》，周琪、刘绯、张立平等译，北京：新华出版社，2002 年版，第 60 - 63 页。

③ 罗荣渠：《现代化新论——世界与中国的现代化进程》，北京：北京大学出版社，1993 年版，第 123 页。

更开阔，更契合人类历史发展的总规律，同时也为早期启蒙说奠定了更坚实、更牢靠的社会历史基础。

　　1995 年，萧萐父、许苏民在合著的《明清启蒙学术流变》一书中，亦以资本主义关系的萌芽为切入点，同时又将其理解为传统向近现代转化，以此为明代中叶以来早期启蒙思潮产生的时代背景，并凸显了侯先生"早期启蒙说"之现代化的理论维度。① 2003 年，萧萐父、许苏民二先生联名发表了纪念侯外庐先生百年诞辰的文章，主标题为"'早期启蒙说'与中国现代化"，对早期启蒙思想与现代化的关系给予了特别强调。② 他们指出，侯外庐先生"以社会史与思想史的统合研究，提出并论证了中国特有的'早期启蒙说'以及中国近代现代化的'难产说'，卓然成为一代学术宗师"③，"侯外庐是从中国资本主义萌芽的产生、发展、挫折、复苏的过程入手，来探讨中国近代社会缓慢前进的艰难历程和思想启蒙的曲折道路的"④，"早期启蒙思潮的兴起是以古代文化的长期积累为背景的传统文化向现代转化的历史性起点，是中国传统文化在特定历史条件下的自我批判、自我发展和更新……应把早期启蒙思潮看做是现代文明建设的源头活水"⑤，"'早期启蒙说'与中国现代化之关系是如此密切，它为我们解决传统与现代化之关系问题提供了契入点和路径，为我们直接参与民族文化传承的'接力赛'设立了最近、最佳的接力点"⑥。这对我们拓展早期启蒙思潮的理论视域不无启迪意义。

---

　　① 萧萐父、许苏民：《明清启蒙学术流变》，沈阳：辽宁教育出版社，1995 年版，第 26－38 页。

　　② 萧萐父、许苏民：《"早期启蒙说"与中国现代化》，载《江海学刊》，2003 年第 1 期，第 136 页。

　　③ 萧萐父、许苏民：《"早期启蒙说"与中国现代化》，载《江海学刊》，2003 年第 1 期，第 134 页。

　　④ 萧萐父、许苏民：《"早期启蒙说"与中国现代化》，载《江海学刊》，2003 年第 1 期，第 136 页。

　　⑤ 萧萐父、许苏民：《"早期启蒙说"与中国现代化》，载《江海学刊》，2003 年第 1 期，第 140 页。

　　⑥ 萧萐父、许苏民：《"早期启蒙说"与中国现代化》，载《江海学刊》，2003 年第 1 期，第 141 页。

一般讲来，现代化的目标或现代性的特征大体包括：（1）民主化，（2）法制化，（3）工业化，（4）都市化，（5）均富化，（6）福利化，（7）社会阶层流动化，（8）宗教世俗化，（9）教育普及化，（10）知识科学化，（11）信息传播化，（12）人口控制化，等等。① 这些指标在不同的现代化模式或阶段中，因发展路径的差异，其主次轻重先后是不尽相同的。"私有制＋市场经济＋民主政治"的西方资本主义只是一种现代化类型，而非西方国家的外源性现代化在启动阶段，则是非经济因素大于经济因素，其中最突出的是国家即中央政权在推动经济增长与社会变革中的重大作用。人类社会数百年的发展历程已经呈现出现代化道路的多样性、复杂性，犹如从原始社会向文明社会转变时所表现出来的不同路径。近代中国受西方影响而加快了现代化进程（西化）并明确了发展模式的指向性（资本主义），但历尽坎坷，未成气候。在明清早期启蒙思想和现代化初启阶段，本土的社会文化元素多一些，而到了近代启蒙思想与资产阶级改良和革命阶段，伴随着国门对外开放幅度的扩大和国人对西方现代文明认知程度的加深，外来因素自然多一些。但无论怎样，西学的传入确是中国早期启蒙思想发轫的一个诱因。侯外庐先生指出：传教士所传来的"西学"并不是当时欧洲的新学，而是当时的旧学，但带来了一种世界全球的观念，启蒙思想已打破了封建主义的民族狭隘性②；"从传教士的丑恶的夹带里，同时也输入了天文、历算以至名理的西方文明。到了明末，所谓泰西文明便普遍地成了士大夫中间时髦的学问"③，"这一系列的思维运动，都是在中国和西洋文明交接之后才产生的。因此，十七世纪的学者们已经逃出中古的思维樊篱，而作'经世致用'的横议，在某些论点上表现为一种打破民族片面性和偏狭性的

---

① 罗荣渠：《现代化新论——世界与中国的现代化进程》，北京：北京大学出版社，1993 年版，第 14 页。

② 中国社会科学院历史研究所中国思想史研究室：《十六、七世纪中国进步哲学思潮概述》，载《侯外庐史学论文选集》（下），北京：人民出版社，1988 年版，第 24 - 26 页。

③ 中国社会科学院历史研究所中国思想史研究室：《论明清之际的社会阶级关系与启蒙思潮的特点》，载《侯外庐史学论文选集》（下），北京：人民出版社，1988 年版，第 83 页。

新思潮"①。

与现代化进程紧密相关的是全球化现象。关于全球化（globalization）概念，目前尚无一个普遍认同的定义，但用罗伯森（Roland Robertson）的经典表述来说，它既指世界的"压缩"，又指世界整体意识的增强。② 对于现代化和全球化现象，认可趋同论的学者认为，所有社会都正在以不同的速度走向同一个点；而趋异论者认为，不同的通向"现代性"的道路以及现代性有不同的形式。③ 其实，全球化是个辩证的过程，并未带来方向一致的变化，同质化与异质化等二元对立共同构成了全球化的本质内容。而我们毋宁认为，全球化的"趋同"是主导性的方向，"异"则是同中之异。世界同质化就"同"在现代化、现代性，异质化就"异"在民族化或民族性。现代化的道路与模式并非西方之一种，现代化只有通过民族形式才能实现，民族文化唯有经过现代化洗礼才能发展，现代化与民族化二者的关系应是共相与殊相、一般与特殊的关系。有鉴于此，作为"中国特色"的文化因素必定而且正在参与到我国的现代化工程中来，也因此参与了全球化进程。而明清之际的早期启蒙思潮，无疑是我们现代化工程中重要的民族元素和直接近源。

从人类社会的现代化和全球化的维度来把握早期启蒙思想，不仅视域更开阔、背景更坚实，而且更益于呈现明清启蒙思想的现代意义与积极价值。当代中国的举国体制可以理解为现代化的一种模式或一个阶段。其直接的积极传统当源于此，而非"三纲五常""三从四德"之类的宗法专制制度的意识形态。启蒙先哲孜孜以求的"个人自觉的人本主义"价值观，仍应是今人锲而不舍的精神方向。

---

① 中国社会科学院历史研究所中国思想史研究室：《论明清之际的社会阶级关系与启蒙思潮的特点》，载《侯外庐史学论文选集》（下），北京：人民出版社，1988 年版，第 84 页。

② 罗兰·罗伯森：《全球化——社会理论和全球文化》，梁光严译，上海：上海人民出版社，2000 年版，第 11 页。

③ 罗兰·罗伯森：《全球化——社会理论和全球文化》，梁光严译，上海：上海人民出版社，2000 年版，第 16 页。

三、启蒙思想与激进主义

五四新文化运动作为一次广泛深刻的思想解放运动，是中国近代启蒙思潮的高峰，"民主"和"科学"系五四运动的两面旗帜。侯外庐在其主编的《中国近代哲学史》中讲：

> "科学"与"民主"是初期新文化运动的重要内容。"科学"是意味着追求一个象西方十六世纪以来的自然科学的革命，以反对封建的旧思想，破除对于传统观念的迷信；"民主"是意味着要求进行象西方十七世纪以来的资产阶级革命，反对封建专制制度，建立名副其实的资产阶级共和国。①

但近几十年来，有学者将这场运动归结为"激进主义"而整体否定。五四运动的是与非、对与错，关系到启蒙思想的根本评价问题，兹事体大，值得讨论。

1979年，旅美华裔学者林毓生著有《中国意识的危机——五四时代激烈的反传统主义》②；1988年，生活·读书·新知三联书店又出版了他的论文集《中国传统的创造性转化》，其中认为，"传统政治与文化架构的解体，为五四反传统主义者提供了一个全盘否定传统论之结构的可能（structural possibility）"③。"五四思想之实质内容，实在地说，是与他们未能从传统一元论的思想模式（monistic mode of thinking）中解放出来有很大关系。而这种思想模式是导引形式主义式的全盘否定传统论的重要因素"④，本质上是

---

① 侯外庐：《中国近代哲学史》，北京：人民出版社，1978年版，第476页。
② 林毓生：《中国意识的危机——"五四"时期激烈的反传统主义》（增订再版），穆善培译，贵阳：贵州人民出版社，1988年版。
③ 林毓生：《中国传统的创造性转化》，北京：生活·读书·新知三联书店，1988年版，第155页。
④ 林毓生：《中国传统的创造性转化》，北京：生活·读书·新知三联书店，1988年版，第149页。

"借思想、文化以解决问题"的"有机式一元论思想模式"①，乃是受儒家强调"心的理知与道德功能"及思想力量与优先性的思想模式的影响所致。他指出，在20世纪中国史中，一个显著而奇特的事是：彻底否定传统文化的思想与态度之出现与持续②，而"一个自由的社会必须建基于传统"③，"我们今天如要创造地继承五四传统，必须开始进行对传统创造的传化（creative transformation）这份艰巨的实质工作"④。

1988年9月，余英时在香港中文大学作了题为《中国近代思想史上的激进与保守——答姜义华先生》的演讲。⑤ 1989年，他的著作《中国思想传统的现代诠释》由江苏人民出版社出版，内收《五四运动与中国传统》一文。1992年4月，他又在《二十一世纪》上发表了《再论中国现代思想中的激进与保守》一文。余氏对激进主义的分析与批判未止于"五四"，而是上溯至戊戌，认为戊戌变法是中国近代史上激进与保守对垒的开始，中经辛亥革命，到五四新文化运动，将保守跟激进的对峙从政治推进到文化的层面，占压倒性优势的激进派要以西方现代化代替中国旧文化，民主和科学是其思想主调。近代中国的知识分子选择了往而不返的"激进"取向，"保守"与"激进"之间的动态平衡不复存在，思想史上的争论一波强似一波地激烈。他认为，在近代中国，政治现实太混乱，得不到大家的认同，在这种情况下，只有激进主义，只有变的程度不同。20世纪中国思想史上几乎找不到一个严格意义上的"保守主义者"，从所谓中体西用论、中国本位文化论，到全盘西化论、马列主义，基本取向都是"变"，所不同的仅在

① 林毓生：《中国传统的创造性转化》，北京：生活·读书·新知三联书店，1988年版，第168页。

② 林毓生：《中国传统的创造性转化》，北京：生活·读书·新知三联书店，1988年版，第150页。

③ 林毓生：《中国传统的创造性转化》，北京：生活·读书·新知三联书店，1988年版，第192页。

④ 林毓生：《中国传统的创造性转化》，北京：生活·读书·新知三联书店，1988年版，第150页。

⑤ 余英时：《中国近代思想史上的激进与保守——香港中文大学25周年纪念讲座第四讲》，载李世涛：《知识分子立场——激进与保守之间的动荡》，长春：时代文艺出版社，2002年版。

"变"多少、怎么"变"以及"变"的速度而已。因此接近全变、速变、暴变一端的是所谓的"激进派",而接近渐变、缓变一端的则成了"保守派"。无论是戊戌的维新主义者,"五四"的自由主义者,或稍后的社会主义者,都把中国的文化传统当作"现代化"最大的敌人,而且在思想上是一波比一波更为激烈,呈现为思想激进化的历程。与近代西方或日本相比较,中国思想的激进化显然走得太远了,文化上的保守力量几乎丝毫没有发挥制衡的作用。"中国百余年来走了一段思想激进化的历程,中国为了这一历程已付出极大的代价。"①

对于海外华裔学者有关"五四"是全盘否定传统的激进主义的说法,国内学者中自然不乏认同者、附和者,有的原来一贯褒扬"五四"精神的学者也幡然改帜,开始批评起包括"五四"在内的近代所谓激进主义。与之相反,也有国内学者不认同这种"激进说",并从学理和史实层面提出质疑。

1989 年,袁伟时在中国文化书院主办的"五四 70 周年国际学术研讨会上"提交《五四怨曲试析》② 一文与林毓生商榷,重新肯定"五四"科学与民主的立场。而后,在《新文化运动与"激进主义"》一文中,针对指摘新文化运动应对 20 世纪激进主义泛滥负责的说法,他指出,不能局限于在思想文化领域去寻觅激进思想泛滥的原因,更不能把战乱归罪于知识阶层和新文化运动。应该追问的是:为什么化解激进的机制在中国被摧毁?从制度着眼才能找到激进思潮在中国泛滥的根本原因。他亦指出,"不应该笼统地指摘'借思想文化以解决问题'。因为思想文化的变革仍是有待解决的重大问题,也没有出现光要思想文化而不顾其他领域的变革的历史现象"③。

1992 年,复旦大学姜义华教授在《二十一世纪》上发表《激进与保守:

① 余英时:《中国近代思想史上的激进与保守——香港中文大学 25 周年纪念讲座第四讲》,载李世涛:《知识分子立场——激进与保守之间的动荡》,长春:时代文艺出版社,2002 年版,第 29 页。

② 袁伟时:《五四怨曲试析》,载《中国现代思想散论》,广州:广东教育出版社,1998 年版。

③ 袁伟时:《新文化运动与"激进主义"》,载李世涛:《知识分子立场——激进与保守之间的动荡》,长春:时代文艺出版社,2002 年版,第 268 页。

与余英时先生商榷》一文。1997 年，《开放时代》第 2 期又刊有陈炎对姜义华的访谈《激进与保守：一段尚未完结的对话》。① 他对余英时的"激进主宰论"提出了相反的判断，指出，20 世纪以来，在中国占主导地位的既不是"激进主义"，也不是"五四"精神，而恰恰是"保守主义"。中国的"保守主义"不是太弱，而是太强了，这正是百年变革不断受阻的真正原因之所在。从整体上看，保守主义是近代中国社会的主导价值取向，说百年来中国历史实践的失误在于"激进主义"太强、"保守主义"太弱是不符合历史事实的。他不赞成用"激进主义"与"保守主义"这两个概念来涵盖太多的东西，更无意全盘肯定"激进主义"，只是不同意尽量美化所谓"保守主义"，而尽量丑化所谓"激进主义"。

上述对"激进说"的质疑声，可谓有理有据，入情入理。确实，"五四"作为一场新文化的进步思潮，对传统既有批判否定又有选择吸纳。不错，五四新文化运动推崇"德"（民主）、"赛"（科学）二先生，抨击"孔老先生"（胡适语）、"孔二先生"（吴虞语）创立的"孔教"。胡适在《〈吴虞文录〉序》中盛赞吴虞为"四川省只手打孔家店"的老英雄，昭示了"五四"时期批判封建传统的思想倾向。然而，这只是问题的一面。另一面则是在"五四"文化精英看来，孔子自是孔子，"孔家店"自是"孔家店"，儒家的原生形态与流变形态虽不无连带关系，但绝非一物。他们高喊"打（倒）孔家店"，旨在冲击孔子思想中为后世统治者所强化的礼教，反对用两千年前的价值观念束缚今人的现实生活。如若孔子本人成了"五四"时期人人喊打的人物，胡适的老师杜威（John Dewey）就不会在当时被中国人比作孔子，并尊称为"孔子二世"（Second Confucius），"美国的孔子"（Yankee Confucius），蔡元培在旅华中的杜威六十岁生日晚宴上，也不会以"孔子与杜威"为题发表贺词。实际上，新文化运动的思想家们不仅没有一般地否定孔子古圣先贤的历史地位，还着力发掘孔子思想中的积极因素，以与西方先进文明相衔接。如指出礼教吃人的吴虞亦承认孔子"自是当时

---

① 姜义华、陈炎：《激进与保守：一段尚未完结的对话》，载《开放时代》，1997年第 2 期。后收录于李世涛：《知识分子立场——激进与保守之间的动荡》，长春：时代文艺出版社，2002 年版。

之伟人"，提倡"全盘西化"或"充分世界化"的胡适则尝试从原始儒家中发掘出人文主义、合理主义和自由精神等思想元素。陈独秀在《青年杂志》的发刊词《敬告青年》一文中，曾勉励青年要以孔子、墨子为榜样，有积极进取的人生观。李大钊在《自然的伦理观与孔子》一文中亦说："孔子于其生存时代之社会，确足为其社会之中枢，确足为其时代之圣哲，其说亦确足以代表其社会其时代之道德。"①

1919 年，胡适在《新青年》第 7 卷第 1 号上发表《新思潮的意义》，提出"研究问题""输入学理""整理国故"和"再造文明"的文化建设纲领。胡适之所以热心于整理国故，一是为了剔除"国渣"，二是为了寻找"国粹"。所谓"国粹"，即那些与西学相近的因子，阐发与光大它，以便使我们吸取西学时能够做到"心安理得"，并取得历史连续性的观念。胡适的此番苦心，却遭到偏于激进的陈独秀的讥讽，陈说这"是在粪秽里寻找香水"②。毋庸讳言，陈独秀这类对待传统思想与本土文化的激烈言辞和极端说法，在新文化运动中时有所见——当时就曾被指责为"过激"，李大钊则反击说："其实世间只有过惰，那有过激！不说是自己过惰却说人家过激，这是人类的劣根性。"③ ——但无论如何不能以偏概全，以"激进主义"标示五四思想主流的整体精神。如果说五四运动有什么不足需要反思的话，其中之一倒是它对专制主义的批判不够深入、全面和精准，例如，"五四时代不但不反法，反而对法家加以讴歌"④。同时，由于社会政治的急转直下，新文化运动难以为继、流风未广，没能使国人真正实现心灵上的现代化洗礼。

---

① 李大钊：《自然的伦理观与孔子》，载《李大钊全集》第 1 卷，北京：人民出版社，2006 年版，第 246 页。

② 陈独秀：《寸铁·国学》，载任建树：《陈独秀著作选编》第 3 卷，上海：上海人民出版社，2014 年版，第 200 页。

③ 李大钊：《过激乎？过惰乎？》，载《李大钊全集》第 2 卷，北京：人民出版社，2006 年版，第 278 页。

④ 王元化、李辉：《对于"五四"的再认识答客问》，载李世涛：《知识分子立场——激进与保守之间的动荡》，长春：时代文艺出版社，2002 年版，第 276 页。王先生在此"答客问"中亦表达了对"五四"意识形态化的启蒙心态和激进情绪的反思。

　　"激进"一词指称急剧改变现存事物的言论或行动①，而激进主义主要指寻求系统、急速或彻底变革的立场；保守主义则与之相反，一般指大体肯定与保存现状的态度倾向，代表一种社会的惯性力量。我们认为，评判某种文化潮流，应着眼于它是否具有进步性、人民性和合理性，而不应只从表象上看其是激进还是保守。对现状或传统的肯定与否定以及肯定或否定的程度，也不应作为价值评判的绝对标准，关键要看面对的是何种传统与现实。同时，思想领域的激进主义与激进主义的政治运动在精神气质上确有某种相似性与关联性，但二者既迥然有别又无本质上的必然联系，不可等量齐观。②

四、消解启蒙与发展启蒙

　　关于启蒙，康德在《答复这个问题："什么是启蒙运动？"》一文中把理性以及主体性、自由作为启蒙的基本要件，说："这一启蒙运动除了自由而外并不需要任何别的东西，而且还确乎是一切可以称之为自由的东西之中最无害的东西，那就是在一切事情上都有公开运用自己理性的自由……必须永远有公开运用自己理性的自由，并且唯有它才能带来人类的启蒙。"③

　　启蒙，在人类近现代社会曾长期居于主导地位，一度成为宰制性的意识形态。不过，自法国大革命以来，对启蒙的质疑与指责也未曾停息过。两次世界大战之后，西方学者对启蒙的反思已经转向对以理性为核心的"现代性"的批判，指责它成了道德危机、精神空虚、生存压力、战争灾难及环境恶化等负面问题的总根源。尤其自20世纪90年代起，启蒙渐渐成了争议和批判的对象，反思启蒙、解构启蒙、对启蒙的消解与颠覆，似乎成

---

　　①　袁伟时：《新文化运动与"激进主义"》，载李世涛：《知识分子立场——激进与保守之间的动荡》，长春：时代文艺出版社，2002年版，第252页。

　　②　克雷格·卡尔霍恩认为："意识形态在哲学上的激进程度，与社会运动对社会秩序构成的实质性挑战上的激进程度，二者没有必然的相关性。"参见克雷格·卡尔霍恩：《激进主义探源——传统、公共领域与19世纪初的社会运动》，甘会斌、陈云龙译，北京：北京大学出版社，2016年版，第9页。

　　③　康德：《答复这个问题："什么是启蒙运动？"》，载《历史理性批判文集》，何兆武译，北京：商务印书馆，1990年版，第24页。

了知识界的一种新的时尚。

理性是启蒙的旗帜。马克斯·韦伯将理性诠释为合理性，将它分为两种，即价值（合）理性和工具（合）理性。他指出，价值理性相信的是一定行为的无条件的价值，强调的是动机的纯正和选择正确的手段去实现自己意欲达到的目的，而不管其结果如何；工具理性则是指行动只由追求功利的动机所驱使，行动借助理性达到自己的预期目的，行动者纯粹从效果的角度去考虑，而无视人的情感因素和精神价值。他认为，随着资本主义的发展，宗教的动力开始丧失，物质和金钱成为人们追求的直接目的，于是工具理性走向了极端化，手段成为目的，成了套在人们身上的铁的牢笼。①

霍克海默（M. Max Horkheimer）和阿道尔诺（Theoder Adorno）在其合著的《启蒙辩证法——哲学断片》②中认为，启蒙过程使理性发生扭曲，它只要求理性以目的理性控制自如和控制冲动的形式表现出来，亦即只要求理性是工具理性。工具理性的发展，一方面揭开了神秘的自然的面纱，在很大程度上消除了人对自然的恐惧；另一方面，这些工具理性又成为组织人的手段，人在摆脱了自然的主宰后又陷入工具理性的主宰。工具理性和科技愈是发展，它对人的统治也愈是细致严密。他们指出，在启蒙的传统中，启蒙思想总是被理解为神话的对立面和反对力量，然而二者有着某种密谋关系，"神话就已是启蒙，而启蒙又变成了神话"。启蒙只是摆脱命运力量的失败的努力，有鉴于启蒙的自我毁灭，我们不能再对启蒙的拯救力量报以希望。

福柯（Michel Foucault）除了晚期在针对康德有关启蒙文章的两篇专题

---

① 参阅马克斯·韦伯：《新教伦理与资本主义精神》，于晓、陈维纲等译，北京：生活·读书·新知三联书店，1987年版。

② 马克斯·霍克海默、西奥多·阿道尔诺：《启蒙辩证法——哲学断片》，渠敬东、曹卫东译，上海：上海人民出版社，2006年版。参阅哈贝马斯：《现代性的哲学话语》，曹卫东译，南京：译林出版社，2011年版，第122-151页。

文章《什么是启蒙运动？》①和《何为启蒙》②中表达出对启蒙价值的有限的维护，他的全部著作几乎都是围绕启蒙问题展开批判的。对启蒙及相关的主体性进行批判性反思，提出"拒绝对启蒙的敲诈"，即跳出要么赞同启蒙要么反对启蒙的二元对立的思维模式来重新审视启蒙。他着力探讨启蒙怎样把人的主体拆散分解，然后再重新组装，建构新的主体，认为所谓前定的、统一的主体或先于一切社会活动的永恒的人性，实是知识－权力结构运作的产物。现代知识－权力通过主体对现代人进行奴役，并且这种奴役以真理、科学和理性的面貌出现，从而掩盖了主体被奴役的真相。③

曼弗雷德·弗兰克（Manfred Frank）极端地认为："自启蒙运动始，人的主体性便被精神科学赋予至高无上的地位。启蒙运动最突出的成就之一就是主体的发现和弘扬。然而，二百年来的社会状况和人的实践日益证明，所谓的主体只是形而上学思维的一种虚构而已。事实上真正的主体性并不存在，主体始终处在被统治、被禁锢的状态。"④

与这种质疑启蒙的西方思潮相呼应，海内外的华人学者有的也提出了对启蒙的批评。杜维明先生曾在一则思想对话中历数了启蒙的自身缺陷和消极后果，诸如理性化、世俗化、科学化、技术化、个人主义、人类中心主义、生态危机、社群瓦解等。⑤可以说，在海外反思启蒙、消解启蒙的热潮中，启蒙在当下中国也大有被"新儒家""新左派""后现代"和文化保守主义等文化思潮"围攻"之势。

---

① 福柯：《什么是启蒙运动？》，于奇智译，载《世界哲学》，2005年第1期，第28－32、41页。

② 福柯：《何为启蒙》，载杜小真：《福柯集》，顾嘉琛译，上海：上海远东出版社，2003年版，第528－543页；Michel Foucault，"What is Enlightenment?"in Paul Rabinow（ed.），*Ethics-Essential Works of Foucault 1954-1984*，vol. 1，trans. Robert Hurley and others，Penguin Books，2000，pp. 303－319.

③ 参阅哈贝马斯：《现代性的哲学话语》，曹卫东译，南京：译林出版社，2011年版，第280－313页。

④ 让-弗·利奥塔等：《后现代主义》，赵一凡等译，北京：社科文献出版社，1999年版，第38－39页。

⑤ 详见《启蒙的反思——杜维明、黄万盛对话录》，曾明珠记录整理，载哈佛燕京学社：《启蒙的反思》，南京：江苏教育出版社，2005年版，第1－116页。

有别于对启蒙和现代性的激进批判，哈贝马斯（Jürgen Habermas）虽也看到了启蒙出现的诸多问题，但他没有因批判启蒙理性而走向对启蒙的全盘否定。他指出，启蒙理性的民主、文化分化和批判理性无疑是进步的，而工具理性向生活领域的无限扩张则是破坏性的。他既反对把启蒙理性说成基本上是一种统治工具、把现代性视同规训性的权力，也不赞同把现代性视为工具理性的兴起。他认为，启蒙运动没有达到它的预定目标这一事实，并不能构成反对启蒙运动的充足理由，但的确为重新考虑运动采取的路线提供了好的理由。关于启蒙的命运和现代性的前景，哈贝马斯将二者联系在一起，并乐观地坚信，现代性是一项未完成的设计[①]。同时，他对修正和完善启蒙提出了自己的建设性方案，即以"交往行为"为基础的主体间性哲学。其把理性转变成"交往理性"，使理性不再是自我封闭的个体的主体用以主宰他者的技艺，而是以主体间的相互交往和社会一致性以及理性话语的预期为基础。总之，"交往理性""使人们可以借此来诊断'生活世界'的病症（例如金钱和权力体系对生活世界的殖民统治），并提供治疗措施（例如通过增进交往、社会参与以及对价值和规范的讨论来重建社会）。哈贝马斯相信，交往行动概念允许保留理性、共识、解放、团结等现代价值，因此可以同时为社会批判和社会重建提供基础"[②]。

哈贝马斯的解决方案，最终能否见效，殊难预料。但他对启蒙的坚定信念及对否定启蒙的声音的批评是值得肯定的。当今世界，尽管启蒙有所偏差，理性出现异化，主体被知识－权力塑造，现代性产生种种问题，但启蒙的历史功绩是不能否认的。这不仅因为人类数百年来在精神文明和物质文明的长足进步都得益于启蒙理性；同时，反启蒙或非启蒙本身就体现了启蒙所具有的批判反思精神，并可被视为启蒙事业的某种延续与调整；而且，就我们目前的社会境况而言，问题不是出在现代化走过了头，而是

---

① 哈贝马斯：《现代性的哲学话语》，曹卫东译，南京：译林出版社，2011 年版，作者前言第 1 页。

② 道格拉斯·凯尔纳，斯蒂文·贝斯特：《后现代理论——批判性的质疑》，张志斌译，北京：中央编译出版社，1999 年版，第 275 页。参阅哈贝马斯：《现代性的哲学话语》，曹卫东译，南京：译林出版社，2011 年版；莱斯利·A. 豪：《哈贝马斯》，陈志刚译，北京：中华书局，2002 年版。

发展不平衡即没有全面现代化所致。因此，现代化仍是我们发展的首要目标，启蒙尚任重道远，正未有穷期。

孔多塞在《人类精神进步史表纲要》一书中指出，启蒙乃是人类历史前进的惟一动力。启蒙精神，其正面价值和积极意义不衰，将伴随人类文明始终。

国际新比较学派文选

特邀编辑的话

丁子江①

主编金惠敏教授邀约为《差异》组稿，盛情难却，只好勉为其难。

21 世纪以来，在海内外学者中，一股新比较学派（新对话学派）的清流正在东西方思想的再对话中形成，这就是以国际东西方研究学会（International Association for East-West Studies，简称 IAES）成员为核心的学术群体及其学术理念。

当人们惊觉高科技数字化浪潮铺天盖地压来之时，很多事情都已改变。网络化、娱乐化、商业化似乎漫不经心地联手涂抹了我们头顶的星空。曾经因为一些哲人的语言指向，而使人类有所敬畏的"头顶的星空"退到繁复的重彩后面。在这个观念似乎新潮而又失向和错位的年代，许多像我们一样的人，基于某种固执的信念，继续在天空质朴的原色中跋涉。来自苍穹的光波，本初而强劲！在色彩学中，质朴的蓝与红、黄两色同为三原色，天然而成，无法分解成其他颜色；而在人文社会科学中，这种原色可以分解为良知、理性与人文精神。这正是人类文明和文化纯净而透彻的结晶。正是这一结晶，赋予社会发展以灵魂、动力、脊梁和血脉，而它们的肉身显现或人格载体就是一代代的东西方大思想家。以此观察历史、现状和未来，便有了一种理智、公正、犀利的洞穿。这种洞穿，是我们在无止境的

---

① 作者简介：丁子江，美国普渡大学哲学博士，美国加州州立理工大学哲学教授，《东西方思想杂志》（*Journal of East-West Thought*）主编，《东西方研究学刊》主编，国际东西方研究学会前任会长、现任秘书长。

跋涉间隙，真诚奉献给读者的礼物，微薄而又厚重。它将反观那些连贯古今思想上的一步步累积过程及其不断爆发的聚变，正是这些累积与聚变推动了人类社会巨大的发展与进步。

为了实现这种洞穿，在人们普遍重视物质利益追求，而在精神生活上沉湎于空虚和无聊的社会文化状态下，这组《国际新比较学派文选》应运而生。在某种意义上，人类文明的核心价值和基本观念正是通过一系列思想的对话与再对话传递下来的。德国哲学家叔本华（Arthur Schopenhauer）就曾告诫我们，应该去阅读大哲学家们的原著，通过与它们的对话来提升自己，并使自己始终站在思想的制高点上而不坠落下来。其实，一个人的高度并不是通过他的身高，而是通过他的思想高度表现出来的。通过不懈地学习，提升自己思想的高度，这也切合原始儒家强调的"为己之学"的宗旨，而这套文选正为人们了解人类思想的对话提供了一个窗口。

特别需要指出的是，文选作者群主体部分可泛称为"新比较（对话）学派"，其成员多为曾受中西两方学术训练，中外语言兼具，具有较高学术造诣，并现于欧美大学任教或访问研习过的华人学者。他们不但在专业基础知识上受过系统的、良好的训练，而且都有一颗"挽狂澜于既倒、扶大厦之将倾"的赤子之心，希望运用自己所学知识，为祖国和人民做点什么。其实，在这个"世风日下，人心不古"的时代，重新燃起人们对思想的渴望和追求，而不是把罗丹（Auguste Rodin）的"思想者"雕像往研究所或哲学系门口一放就完事，本身就体现了孔子所说的"知其不可而为之"的可贵精神。文选的可贵之处是提供了一个关于东西方思想对话的理论探讨；它从新比较主义（新对话主义）的角度对东西方研究的理论、方法和趋势进行了独特的探索。作者们点燃了一朵朵思想对话的火花，这些火花可能赋予读者一种良好的熏陶，同时又构成一种发人深省的启示。在对话中发现思想火花的意义，远远超出学术范畴。人类存在的所有特点，都可以从思想对话中领悟；人类全部的思想精华，都对读者无限敞开；东西方思想对话指向的精神高度，能使我们从日常生活经验中跃起、上升，点燃信念之灯，照亮深邃的生命。然而，在我们整个民族的文化习惯中，追求思想火花的现象还不算普遍。这种持久的忽视，更使我们埋头于文选写作时感到来自内心深处的催促。但愿这种催促能够企及更多的人，能够在阅读的荒原上点亮星星之火。如果可能，更多的人关注东西方比较研究，星星之火，也就有了燎原之势。文选的一个重要宗旨是揭示新比较（对话）学派的学术特征与研究成果。所谓新比较学派是依据比较学研究的四大类型而加以粗略划分的。

·传统比较主义（Traditional or Old Comparativism）：关注普遍性和相同性，但忽略差异性；

·后现代比较主义（Postmodern Comparativism）：仅关注特殊性和相同性，忽略差异性；

·受控比较主义（Controlled Comparativism）：仅关注特殊性和地区性下的相同性与差异性；

·新比较主义（New Comparativism）：关注普遍性下的相同性与差异性。

上述前两种仅关注相同性是肤浅和片面的，第三种仅关注特殊性也很局限，因此，相对来说应强调第四种类型，即在普遍性下寻求相同性与差异性。

东西方思想对话正面临一个新的历史拐点。在跨文化、跨领域、跨学科、跨方法的整合与解构中，西方人的"东方学"与东方人的"西方学"也随之在撞击与融合下经历了危机与挑战。西方中心主义与东方中心主义都不可能完全成为独自垄断世界的"一元文明"。这是由于全球剧烈的社会转型与变革所致。因此，东西方研究者必须拓宽视域，开创多维度、多层面、多坐标的研究方法与模式；应当试图荟萃和共享具有多元性、建设性、开拓性、批判性、前瞻性的各种思想理念，并为经济、政治、科技、文学、生态、宗教、军事、文化等各个领域的学术研究作出跨学科、跨文化、跨方法和全球化的理论考察与思想探讨；同时致力于结合东方思想和西方思想以及其他非西方的思想，共同重建一个具有整合性、包容性和互动性的国际化思想观。这一学术观点得到了本学会成员的广泛认同。

"新比较学派"从广义上说是一个松散的学术群体，即凡认同第四种比较类型，主张在新语境下进行跨文化、互文化、多元文化思想对话的学者均在其内；而从狭义上说是以"国际东西方研究学会"这一学术机构为核心的成员群体。这一学术群体目前已建立了较为坚实的平台，创办了英文国际学术刊物 *Journal of East-West Thoughts*（简称 JET，季刊，包括纸质版与电子版，2011年12月创刊，至2018年3月，已出版了26辑）；中文国际学术刊物《东西方研究学刊》（2012年创刊，已出版6辑）；中文丛书《东西方思想家评传系列》（已出版4卷），《新比较学派文库》（6卷本，金惠敏/丁子江主编，在出版中）以及"国际东西方研究论坛"（已主办6届），此外还参与了东西方文化交流的普及工作。

2018年5月

东西方研究：历史、方法及未来

张隆溪①

在 21 世纪之初，世界政治、经济和文化环境都在发生具有根本意义的变化，可以说这是我们开展东西方研究极为有利的时刻，为研究东西方思想传统和典章制度提供了极好的条件。在这个时刻，我们重新审视东西文化交往的历史，以窥见未来发展可能的途径，也许是深化东西方研究必须迈出的一步。东西交往的历史，在古代有丝绸之路，在中古有马可·波罗到忽必烈治下蒙元帝国的游历，在明末清初有利玛窦和基督教传教士推动的东西文化交流，而在 19 世纪 40 年代鸦片战争之后，又有一百多年西方列强大举侵略东方的帝国主义与殖民主义历史。陈寅恪先生曾用"赤县神州值数千年未有之巨劫奇变"这样沉痛悲愤的语句，描述鸦片战争后中国受"外族之侵迫"所面临民族存亡的险境。② 从中英鸦片战争或中日甲午海战乃至清王朝的覆灭，再到十四年抗日战争和随后国共内战造成台海两岸的分隔，中国近一百五十年来的历史真可谓多灾多难，不堪回首。由于近四十年推行改革开放务实的政策，中国终于在经济上取得了令全世界瞩目的成就。而与此同时，欧洲和北美产生了极为严重的金融和信贷危机，中东和阿拉伯世界也发生了巨大变化，促成了当前全球秩序的急剧转变和重新

---

① 作者简介：张隆溪，香港城市大学比较文学与翻译讲座教授，瑞典皇家人文、历史及考古学院外籍院士，国际比较文学学会会长。

② 陈寅恪：《王观堂先生挽词 并序》，载陈美延、陈流求：《陈寅恪诗集》，北京：清华大学出版社，1993 年版，第 11 页。

调整。帝国主义和殖民主义就制度而言，已经成为历史的陈迹，中国和整个亚洲以及巴西和南美经济的发展，正在改变过去被视为毋庸置疑的关于全球各地力量均衡的许多观念。简单概括起来，我们可以说过去整个世界都以美国和西欧为中心，这个观念现在正在逐渐改变，在此形势下，西方对东方，尤其对中国，开始产生更多了解的意愿和兴趣，这就形成了上面所说对于开展东西方研究有利的时机和良好的条件。

从历史上看，东西方的交往远在古代就已开始。近年的考古发掘往往有令人惊异的发现，说明中国与西域的物资和精神文明的交往，比我们以前想象的要更多，也更早，而且不止于印度和中亚，甚至远及希腊、罗马。中国古代金石雕刻艺术，就可以提供一个很好的例证。四川三星堆出土了时间相当于殷商时代的大型青铜雕像，西安秦始皇陵出土了大型铜车马，汉墓前神道有大型石刻，据林梅村的研究，这些都说明中国古代大型石雕是在多种文化影响下产生的艺术："首先，基于中国本土文化因素；第二，受欧亚草原文化，尤其是阿尔泰语系游牧人古代艺术的影响；第三，张骞通西域后，中国金石雕像艺术又得以和中亚希腊化艺术乃至波斯艺术进行交流。"[①] 中国境内出土过许多罗马玻璃器和钱币，这就证明"汉代中国与罗马帝国必有颇为发达的贸易往来，中国史籍与西方史料所说汉代中国与罗马之间的古代交通当为信史"[②]。然而交往不止于物资，民间故事的流传在古代也有令人惊讶的广远程度。杨宪益发现在唐人段成式的笔记小说《酉阳杂俎》里，不仅有欧洲童话里著名的灰姑娘（Cinderella）故事，而且有德国尼别龙（Nibelung）故事。杨宪益认为前者"至迟在九世纪或甚至在八世纪已传入中国"，而且有趣的是，中文"灰"字在德文里是"Aschen"，"就是英文的 Ashes，盎格鲁萨克逊文的 Aescen，梵文的 Asan"。而在那个中文故事里，"这位姑娘依然名为叶限，显然是 Aschen 或 Asan 的译音"[③]。如果说灰姑娘故事是由海外传入中土，《酉阳杂俎》里古龟兹国王阿主儿降龙

---

① 林梅村：《古道西风：考古新发现所见中西文化交流》，北京：生活·读书·新知三联书店，2000 年版，第 165 页。

② 林梅村：《古道西风：考古新发现所见中西文化交流》，北京：生活·读书·新知三联书店，2000 年版，第 209 页。

③ 杨宪益：《译余偶拾》，济南：山东画报出版社，2006 年版，第 66 页。

的故事，杨宪益就认为"是西方尼别龙（Nibelung）故事的来源"。这两个故事不仅情节很相似，而且"据西方学者考证，西方的尼别龙传说本于匈奴王阿提拉（Attila）的故事，加以附会。这个王的名字在古日尔曼传说里作Etzil，同这里王名阿主儿正合"①。以上这些例子说明，无论在考古还是在文本的考释方面，古代东西方跨文化研究仍然有很多问题可以进一步探讨，仍是一片有待开垦的领域。

13世纪威尼斯人马可·波罗（Marco Polo）游历元大都（即今北京），是中古时代中西交往的一件大事。虽然所谓《马可·波罗游记》并非其本人撰述，此书问世之后也不断有人怀疑其记叙内容是否真实，但据研究马可·波罗的学者约翰·拉纳（John Larner）调查，此书问世之后在二十五年间，已"有法文、法兰克－意大利文、塔斯伽尼文、威尼斯文、拉丁文和德文译本流传于世"，"作者在世时就有诸多译本，这在中世纪是独一无二的记录"。② 此书在欧洲各大博物馆现存有不少抄本，这就说明在当时和之后，《马可·波罗游记》很受读者欢迎，以至于如此流行而有多种抄本流传至今。然而此书虽然被称为"游记"，细看其组织安排，却并没有按旅行路线，逐一记录沿途所见，也没有渲染奇特怪诞的冒险经历，所以拉纳认为，"此书不是历险故事，也不是描述旅行过程"③。马可的父亲和叔父都是商人，马可随同长辈前往中国，但关于商业和贸易，此书也没有特别具体的记叙，所以拉纳说，此书"也不是一位威尼斯商人关于在东方经商的著述"④。在拉纳看来，《马可·波罗游记》对西方而言，其意义首先在于第一次使西方认识到东方许多具体的地方，扩大了欧洲人的地理知识，所以那是"一部讲地理的书"。但那是一部欧洲前所未闻的地理书，因为"事实是在中世纪地理学的传统里，从索里努斯（Solinus）到伊昔多（Isidor），再

① 杨宪益：《译余偶拾》，济南：山东画报出版社，2006年版，第68页。

② John Larner, *Marco Polo and the Discovery of the World*, New Haven：Yale University Press，1999，p. 44.

③ John Larner, *Marco Polo and the Discovery of the World*, New Haven：Yale University Press，1999，p. 69.

④ John Larner, *Marco Polo and the Discovery of the World*, New Haven：Yale University Press，1999，p. 74.

到戈苏因（Gossuin），都找不到类似马可·波罗之书那样的著作"①。在现存欧洲中世纪的世界地图（mappa mundi）里，绘制于 1380 年左右，著名的卡塔兰地图（Catalan Atlas），比较详细地描绘了东方的地理，上面标出了二十九个中国城市的名称，毫无疑问就是以马可·波罗之书为依据的。虽然这还远不是现代地图，但正是在这幅早期的世界地图上，"中国在西方才第一次在地图上呈现为一个可以识别的、可以说合乎理性的形状"②。

　　据马可·波罗记载，在由欧洲到中国的旅途中，于沿路很多地方他都遇见聂斯托利派的基督徒。数百年后，明天启三年（1623），在长安古都发现了《大秦景教流行中国碑》，更证明早在唐代，景教即基督教的聂斯托利派就曾在中国传播。在元代，忽必烈允许基督教在中国传教，《元史》中有"也里可温"之名，经史学家陈垣考证，"认定《元史》之也里可温为基督教"③。此外，犹太人很早就迁徙到中国，在宋代曾聚居开封，陈垣著有《开封—赐乐业教考》，据历代碑铭文献详论"一赐乐业，或翻以色列，犹太民族也"④。人类学家潘光旦后来又进一步考证，认为"就开封的犹太人而言，至少就其中不会太小的一部分而言，是在北宋中叶以后，南渡（一一二六年）以前，约五六十年间，到达开封而定居下来的"⑤。至于这些犹太人的来源，他则认为公元前 2 世纪 70 年代，犹太人离开本土后，有一支是"进入印度的孟买区域的；他们在此区域内定居了一千一百多年之后，在公元第十一世纪的中叶或后叶，又循海道向东推进，到达了中国，定居

---

　　①　John Larner, *Marco Polo and the Discovery of the World*, New Haven：Yale University Press，1999，p. 77.
　　②　John Larner, *Marco Polo and the Discovery of the World*, New Haven：Yale University Press，1999，p. 136.
　　③　陈垣：《元也里可温教考》，载陈乐素、陈智超：《陈垣史学论著选》，上海：上海人民出版社，1981 年版，第 3 页。
　　④　陈垣：《开封—赐乐业教考》，载陈乐素、陈智超：《陈垣史学论著选》，上海：上海人民出版社，1981 年版，第 77 页。
　　⑤　潘光旦：《中国境内犹太人的若干历史问题——开封的中国犹太人》，北京：北京大学出版社，1983 年版，第 15 页。

在开封"①。还有一些犹太人则可能"是从波斯来的"②。可见自汉唐至宋元，中西互动和交流一直没有间断，有关问题仍有待进一步探讨。

马可·波罗年轻时随父亲和叔父离开威尼斯到中国，在中国接触交往的多是元朝的蒙古王公贵族和色目人，而不是被元兵打败的南宋臣民，所以他对中国主要的汉族文化传统缺乏了解。东西方在思想意识和文化层面的交往在马可·波罗三百年之后才有真正的进展，而且是从另一位意大利人、耶稣会传教士利玛窦（Matteo Ricci）在明末来到北京时，才真正开始。明末耶稣会传教士到中国后，发现这里人口众多，有悠久的历史和与欧洲很不相同的文化传统。他们意识到不可能让中国人，尤其是中国的士大夫和读书人，完全放弃自己的文化来皈依基督教，也不可能突然间把成千上万的中国人都变成基督徒。当时的中国和欧洲相比，绝非如数百年后强弱悬殊的情形。正如朱维铮指出的，中西两个文明当时"都自以为是世界的中心，发展速度虽已见迟疾，文明程度仍难分轩轾"。虽然很多中国学者说起明末的嘉靖、万历两朝，便总觉得已是衰世，"但在当时来自正受教会分裂、宗教争吵和战争不断困扰的欧洲人士眼里，横向比较下来，这里却似乐土"③。这一点很值得注意，因为中国历史悠久，中西交往的历史也漫长而复杂，明末的中国和欧洲并不是第三世界和第一世界之间不平等的关系，所以当时东西方之间的关系不能用看近百年前的眼光来概览过去的情形。耶稣会教士采取了所谓适应（accommodation）策略，他们学习中文，用中文来传教，一方面把中国儒家的经典翻译成英文，并在大量书信和文章中报道中国的情形，另一方面又把当时欧洲的科技介绍给中国的皇帝和士大夫阶层。而在当时的中国，明朝中叶兴起了陆王心学，王阳明提倡"致良知"，反对程朱理学正统，打破了许多传统观念。正如朱维铮所说，按照王学的发展逻辑，必定"走向撤除纲常名教的思想藩篱，包括所谓'夷夏大

---

① 潘光旦：《中国境内犹太人的若干历史问题——开封的中国犹太人》，北京：北京大学出版社，1983年版，第70-71页。

② 潘光旦：《中国境内犹太人的若干历史问题——开封的中国犹太人》，北京：北京大学出版社，1983年版，第71页。

③ 朱维铮：《基督教与近代文化》，载《音调未定的传统》，沈阳：辽宁教育出版社，1995年版，第90页。

防'在内"①。虽然王学的发展是中国传统文化内部儒学派别的变化所致，却"在客观上创造了一种文化氛围，使近代意义的西学在中国得以立足"②。就在这样的内外环境条件下，耶稣会教士得以进入中国，对东西方思想文化的互动交流起到了十分重要的作用。

经过文艺复兴和宗教改革，17、18世纪的欧洲正在经历急剧的变化。耶稣会教士关于中国的报道在欧洲引起极大反响。早在16世纪的法国，蒙田（Michel de Montaigne）就已经在《谈经验》的散文里说，中国"虽然不知道我们，也和我们没有贸易来往，但这个王国的政体和技艺在许多方面都远远优于我们，其历史也使我认识到，世界比古人和今人所知的要更广大，更多样"③。唐纳德·拉奇（Donald Lach）在研究亚洲在欧洲自我认识当中所起的作用时，就曾评论说，蒙田"利用东方来支持他自己的信念，即认识是不可靠的，世界是无限丰富的，道德的教训是普遍适用的"。蒙田视中国为"欧洲的典范，那是他在世界别的地方从未见到过的典范"④。17、18世纪的欧洲启蒙思想家们，尤其是莱布尼兹（Gottfried Wilhelm Leibniz）和伏尔泰（Voltaire），基于耶稣会教士对中国的报道，都十分赞赏中国的文明程度，而且以他们所想象的中国来为欧洲提供一个理性的典范。莱布尼兹根据耶稣会教士的论说，认为中国人虽然不是基督徒，却有完善的自然宗教，所以他说："我们这里似乎每况愈下，愈来愈陷入更可怕的腐败，所以正像我们给中国人派去传教士，教给他们启示的神学，我们也需要中国人给我们派来传教士，教给我们如何实际应用自然宗教。"⑤ 伏尔泰则赞扬

---

① 朱维铮：《十八世纪的汉学与西学》，载《走出中世纪》，上海：上海人民出版社，1987年版，第160页。

② 朱维铮：《十八世纪的汉学与西学》，载《走出中世纪》，上海：上海人民出版社，1987年版，第162页。

③ Michel de Montaigne，"De l'Expérience"，in Pierre Michel（ed.），*Essais*，III.13，vol. 3，Paris：Librairie Générale Française，1972，p. 360.

④ Donald F. Lach，*Asia in the Making of Europe*，vol. 2. Chicago：University of Chicago Press，1965 – 1977，p. 297.

⑤ Gottfried Wilhelm Leibniz，"Preface to the Novissima Sinica"，*Writings on China*，trans. Daniel J. Cook and Henry Rosemont，Jr. Chicago：Open Court，1994，p. 51.

中国是"天下最合理的帝国（le plus sage empire de l'univers）"①，中国人尽管并不精于机械和物理，但他们"达到了道德的完美，那才是一切学问之首"②。对于启蒙时代的思想家们来说，中国没有强大的教会，但治理得完善合理，就最为他们所敬佩，因为这恰好符合他们希望脱离中世纪教会控制，实现政教分离而进入世俗化现代国家的理想。与此同时，中国的科举考试制度以文取士，使读书人有考取功名、参与治理国家的机会，因而有改变自己社会地位的灵活性，这与当时欧洲贵族的血统世袭制度比较起来，当然要合理得多。当时欧洲许多学者就把中国这一制度与柏拉图所谓"哲学家为王"的理想相比附，十分赞美中国文人士大夫的社会地位。所以总体来说，17 世纪和 18 世纪欧洲流行的所谓中国风（Chinoiserie），并不仅仅停留在中国丝绸、瓷器、家具甚至建筑式样这类物质层面，在更深度的思想意识层面，也有相当影响。

利玛窦和其他许多耶稣会教士学习了中文，用中文传教，宣扬中国人有自然宗教，讲究礼仪和道德。他们希望通过使皇帝和上层官员入教，把中国变成基督教国家，就像古代罗马君士坦丁大帝皈依了基督教，就使整个罗马帝国变成基督教国家那样。在明清更替之际，耶稣会教士们对康熙皇帝就曾寄予这样的希望。康熙对西方传教士带来的数学和天文学知识，也的确很感兴趣，清朝几代皇帝治下管理天文历法的钦天监，也都是由欧洲耶稣会教士担任监正。但也正是在康熙朝，在利玛窦去世后不久，天主教内部发生了所谓的"中国礼仪之争"，最终导致在中国传教的失败。概括说来，这场争论起于天主教内部各宗派的利益冲突和理念差异，那些坚持原教旨的纯粹派认为耶稣会的适应策略对异教的中国让步过多，而争论最终的结果是否定了耶稣会的做法，并由教皇格肋孟十一世（Clément XI）在 1704 年、本笃十四世（Benedict XIV）在 1742 年相继颁发禁令，不准在中

---

① Voltaire, *Essai sur les mœurs et l'esprit des nations et sur les principaux faits de l'histoire depuis Charlemagne jusqu'à Louis VIII*, ed. René Pomeau, vol. 2. Paris：Editions Garnier Frères, 1963, p. 224.

② Voltaire, *Essai sur les mœurs et l'esprit des nations et sur les principaux faits de l'histoire depuis Charlemagne jusqu'à Louis VIII*, ed. René Pomeau, vol. 2. Paris：Editions Garnier Frères, 1963, p. 68.

国传教时使用"天主""神""上帝"等中文字，而要表示基督教神的观念，就必须用"杜斯"，即拉丁文"Dus"的音译。其实拉丁文圣经也是一种译本，因为《圣经·旧约》原文为希伯来文，《圣经·新约》原文为希腊文，但在梵蒂冈教廷看来，拉丁文才是正统，而任何翻译都是不可靠的。梵蒂冈试图保守有关"中国礼仪之争"的秘密，不让中国人知道，但此事终于掩藏不住，让康熙皇帝知道了。康熙闻讯大怒，立即下令"在中国的传教士，均应向朝廷领取发票，声明遵守利玛窦成规。不领票者，一概不准留居国内"。而这"发票"则是遵照康熙的上谕，规定"凡不回去的西洋人等，写发票用内务府印给。票上写明西洋某国人，年若干，在某会，来中国若干年，永不复回西洋"①。于是始自利玛窦到中国以来的所有传教活动都基本上中止了。我们可以说，梵蒂冈教廷在中国传教之所以失败，是完全不顾东西方历史、文化和当时社会现实，坚持宗教激进主义的后果。

在词句术语的翻译上坚持原文不可译的纯粹派，在思想观念上也必然是坚持宗教激进主义的纯粹派。在礼仪之争中认为利玛窦对异教的中国文化让步太多的人，如龙华民（Niccolò Longobardi）、利安当（Antonio Caballero）等人，往往强调中国人只懂得粗鄙的物质，而不能理解基督教超越的精神。值得注意的是，在礼仪之争中讨论的某些问题以及东西方对立的观念，在现代汉学和中西文化的讨论中，还仍然存在而且往往以理论的形式呈现。法国社会学家和人种学家列维－布鲁尔（Lucien Lévy-Bruhl）曾提出不同社会有不同思维的概念，他著有《低等社会里的思维功能》（*Les fonctions mentales dans les sociétiés inférieures*，1910）和《原始思维》（*La mentalité primitive*，1922）等书，认为原始思维和西方人的逻辑思维有根本差异，这在20世纪初很有影响。法国汉学家葛兰言（Marcel Granet）著有《中国人的思维》（*La pensée chinoise*，1934）一书，就与列维－布鲁尔的论说有关联。在20世纪80年代初，法国汉学家谢和耐（Jacques Gernet）著有《中国与基督教：冲击与回应》（*Chine et christianisme, action et réaction*，1982）一书，讨论礼仪之争和基督教在中国失败的缘由。谢和耐明确地说，"逻辑与宗教教义是不可分的，而中国人似乎缺少逻辑"，基督教的精神观

---

① 罗光：《教廷与中国使节史》，台北：传记文学出版社，1969年版，第118页。

念在中国难以传播，乃是因为两者之间"不仅仅是知识传统不同，而且是思维范畴和思想方式不同"①。他把礼仪之争的具体内容提高到语言、思维和哲学的层次，最终归结为中西思想或中国与希腊思想的根本差异，认为比较两者就更能证明，"印欧语言的结构使得希腊世界以及随后的基督教世界构想出超越和永恒不变的实在之观念，而与感性的和转瞬即逝的现实截然相反"②。谢和耐最后甚至说，基督教传教士们在中国发现的不仅是一个与整个西方完全不同的世界，而且"他们发现自己面对的是另一种人类（ils se trouvaient en présence d'une autre humanité）"③。

在法国的学术传承中，我们似乎可以看见一个强调中西思维和文化传统互不相同的传统，而在这一背景下，我们就可以理解当代法国学者于连（François Jullien）何以会在他众多的著作中不厌其烦地强调中国与希腊是两个截然相反的世界。于连明确说，研究中国的目的是从欧洲的对立面来反观欧洲人的自我，因为"中国提供了一个案例，可以由此从外面来反观西方的思想"④。在古代文明中，中国与希腊没有什么联系，也就提供了希腊或者说整个西方文明的反面或"他者"，所以于连认为，福柯（Michel Foucault）所谓的"非欧洲"还是个比较模糊的概念，他认为"严格说来，非欧洲就是中国，而不可能是其他任何东西"⑤。于是在于连的著作里，往往出现一个中国与希腊观念的对照表，一面是希腊即西方的观念，另一面则是与之相反或相对的中国观念。例如希腊有存在概念，中国则无存在概念而讲变化；希腊有真理，中国则无真理而讲智慧；希腊有抽象，中国则无抽象而讲具体；希腊有个体，中国则无个体而讲关系；等等。不过因为

---

① Jacuqes Gernet, *Chine et Christianisme : Action et reaction*, Paris：Éditions Gallimard, 1982, p. 12.

② Jacuqes Gernet, *Chine et Christianisme : Action et reaction*, Paris：Éditions Gallimard, 1982, p. 330.

③ Jacuqes Gernet, *Chine et Christianisme : Action et reaction*, Paris：Éditions Gallimard, 1982, p. 333.

④ François Jullien, *Detour and Access : Strategies of Meaning in China and Greece*, trans. Sophie Hawkes, New York：Zone Books, 2000, p. 9.

⑤ François Jullien & Thierry Marchaissse, *Penser d'un Dehors (la Chine)：Entretiens d'Extrême-Occident*, Paris：Éditions du Seuil, 2000, p. 39.

于连事先预设了汉学研究的目的是从中国来反观希腊和西方，所以无论他讨论什么问题，往往都着眼于中西的根本差异，而不注意中国传统内部或西方传统内部自身的差异和多元，也就可以预料到，他做出的结论是中国与希腊有根本差异而全然不同。其实在东西方研究中注重差异，本身并无不当，但把东西思想文化传统绝对对立起来，就像钱锺书批评黑格尔所说那样，"遂使东西海之名理同者如南北海之马牛风"①，那就成为学术研究的一个误区，有碍合乎情理的理解和阐释。

美国学者史景迁（Jonathan D. Spence）曾说："从一大堆重叠的主题中抽取出一个核心，都是互相强化的意象和感觉，到19世纪晚期更聚合起来形成我们可以称之为'新异国情调'的东西，好像法国人尤其精于此道。"② 然而把东西方对立起来，从西方人的角度欣赏具有异国情调的东方，又何止是法国人特别如此呢？西方许多学者都这样做，例如美国学者理查·尼斯贝特（Richard Nisbett）就把"亚洲人"和"西方人"分成截然不同的两大类，断言"不同文化的人其'形上思维'，即他们关于世界之性质的根本信念也不同"。他又进一步说："不同群体具有特色的思维过程也很不相同。"③ 在西方有关中国或东方的各种论述中，我们常常可以发现这种非此即彼的东西对立思想。尼斯贝特此书的特别之处，在于他所划分的类别实在大得惊人，因为无论西欧的英、法、德、意、西以及北欧、东欧、北美甚或南美，这些不同民族之间似乎没有差异而用同一种思维模式，而另一方面，无论东亚的中、日、韩，或者南亚的印度、巴基斯坦以及中亚、东南亚等诸民族，也没有因内在差异而共同使用另一种与"西方人"不同的思维模式。这样简单化的对立在学理上实在不可能有什么说服力。然而这种对立还不仅仅是一些西方学者的看法，在一些中国学者中，也不乏这样简单化的东西对立的思想。例如在一篇比较中西思维方式的文章里，我们就看见与前面提到的那些法国学者十分相近的观点，断言"中国哲学讲

---

① 钱锺书：《管锥编》全五册，北京：中华书局，1986年版，第2页。

② Jonathan D. Spence, *The Chan's Great Continent: China in Western Minds*, New York: W. W. Norton, 1998, p. 145.

③ Richard Nisbett, *The Geography of Thought: How Asians and Westerners Think Differently…and Why*, New York: The Free Press, 2003, pp. xvi – xvii.

'阴阳一体'……西方哲学讲'神凡两分'……这种差别恰好表现了中国和西方不同的思维方式"①。季羡林先生晚年特别强调东西方思想之别，认为"两大文化体系的根本区别来源于思维模式之不同"，概括说来，"东方的思维模式是综合的，西方的思维模式是分析的。勉强打一个比方，我们可以说，西方是'一分为二'，而东方则是'合二而一'。再用一个更通俗的说法来表达一下：西方是'头痛医头，脚痛医脚'；'只见树木，不见森林'，而东方则是'头痛医脚，脚痛医头'，'既见树木，又见森林'"②。不过季先生的话虽然讲得通俗易懂，却没有征引文献，也没有逻辑的论证，所以也就很难在学理上使人觉得颠扑不破，令人信服。其实无论是西方学者还是东方耆宿，凡断言东西方思维模式截然不同者，都面临一个逻辑上自相矛盾的悖论，因为他们不是西方人，就是东方人，如果按他们所说东西方思维模式根本不同，那他们自己又怎么可能超脱自己所属那种思维模式，了解与之相反的另一种思维模式的特点呢？正如哲学家戴维逊（Donald Davidson）所说："概念上相对主义占主导地位的比喻，即不同观点的比喻，似乎暴露出一个潜在的矛盾。不同观点是有道理的，但只是在有一个共同的协调系统来标出这些不同观点时，才可能有道理；然而有这样一个共同系统存在，却恰好证明不同观点戏剧性的不可比是完全错误的理论。"③ 大量的例子可以证明，言之凿凿断定东西方思维模式如何相反者，往往对东西方都了解得比较少而浅，但其做大结论的口气和勇气又往往与其东西方文化的知识积累和修养成反比。倒是对两方文化涉猎较深的人，因看到事物的复杂丰富而不愿意一句话就概括了东方，再一句话又概括了西方。概括性的大结论不是不可以做，但做学问和做人一样，谦卑一点往往可以避免许多无谓的错误。

东方和西方都是一个高度抽象的概念，这两个概念当然各有其用处，

① 刘景山：《中西思维方式之比较》，载张岱年、成中英等：《中国思维偏向》，北京：中国社会科学出版社，1991年版，第220页。

② 季羡林：《"天人合一"新解》，载季羡林、张光璘：《东西文化议论集》（上），北京：经济日报出版社，1997年版，第81-82页。

③ Donald Davidson, "On the Very Idea of a Conceptual Scheme", *Inquiries into Truth and Interpretation*, 2nd ed, Oxford：Clarendon Press, 2001, p.184.

但两者都具有相当的概括性，其内部的多元差异正不下于两者之间的差异，所以把东西方绝对地对立起来，是不可能符合事实的简单化结论。东西方之间必然有差异，但差异多是程度上的不同，而不是类别上的绝对不相通、不可比或不可译。在不同文化传统的比较研究中，抽象地以求异或趋同为目的，都是错误的，因为同和异总是同时存在，在具体研究中究竟应该强调同，还是强调异，这须视具体研究的问题和目的而定。因此，在方法学的意义上来说，东西方研究必须摆脱非此即彼的对立，在具体的研究中做出具体的比较，得出合理而具有说服力的结论。自鸦片战争之后，近代中国和东方其他国家一样，无论经济、政治、军事乃至文化教育各方面，都以西方为模仿和学习的对象。自"五四"以来，西方的思想文化就被大量介绍到中国，中国知识界也以西方式的现代学术为主流，而中国近代学人，无论提倡白话、主张学习西方而批判传统的陈独秀、胡适、鲁迅，还是主张保存固有文化的梅光迪、吴宓、胡先骕、柳诒徵，都曾在国外留学或访问，对西方文化有相当程度的了解。所以无论在哪方面，强势的西方文化对相对弱势的非西方文化都有极大影响，吸收西方思想理论可以说是近代以来知识界的主流。在这种情形下，当代西方理论对差异的强调，对我们也必然产生很大影响，而我们要在东西方研究上有自己独特的看法、独到的见解，就必须依据自己生活的实际经验和对事物的真实了解，保持独立的立场，获得独立思考的结论，而不能人云亦云，生搬硬套西方理论的概念、方法和结论。这绝不是简单地反对理论，恰恰相反，我们应该熟悉西方理论，但同时必须注意其背景和必有的局限，更重要的是在把握事实和文献的基础上独立思考。没有独立思考，不是在平等对话的基础上处理东西方的关系，却机械搬用西方的理论和方法，那就不可能真正对研究和学术做出贡献，也不可能引起国际学界的重视。我在文章开头已经说过，也许现在正是开展东西方研究最有利的时刻，西方学界已有打破西方中心主义的诉求，我们完全有可能在平等的基础上，实现东西方跨文化的理解，在东西方研究中做出我们的贡献。

比较的时代：当代儒学研究的一个重要特点

李晨阳①

牟宗三、杜维明等儒家学者把当代②儒学看作继先秦源流的儒学和宋明理学以后的新一期发展，即"第三期儒学"③。儒学在当代的复兴和发展，不外体现在两个主要方面。其一是儒学思想传统在现实社会中发挥其应有的作用和影响。这是一个实践的课题。其二是对儒学思想的研究。这是一个理论的课题。本文旨在说明，第三期儒学思想研究的一个重要特点是对儒学的哲学思想进行比较性研究。我们所处的时代是一个全球化的时代。这个时代的一个根本特点是不同文化传统、不同哲学思潮的交汇、碰撞和融合。在这样的世界背景下，儒学的研究已经不可能，也不应该像过去两千年那样，作为一支受地域限制的学术传统，独立地发展。全球化的时代是一个比较的时代。当代的儒学研究已经进入了一个以比较研究为特点的时代。比较研究的时代是儒学进一步自觉、自强和创新的时代。

---

① 作者简介：李晨阳，新加坡南洋理工大学哲学系主任，美国中央华盛顿大学荣休哲学教授；曾任中国留美哲学学会会长，国际中国哲学学会副执行长，全美哲学学会亚洲委员会委员；现任国际中国哲学学会会长，国际儒联理事，以及十余家学术刊物编委会成员。

② 本文中的"当代"在比较宽泛的意义上使用，与"现代"不做严格区分。

③ 参考自王兴国：《契接中西哲学之主流——牟宗三哲学思想渊源探要》，北京：光明日报出版社，2006年版；杜维明：《二十一世纪的儒学》，北京：中华书局，2014年版。

一

讨论儒家哲学的比较研究，我们必须先探讨什么是比较研究。比较哲学当然离不开比较。可是，仅仅有比较的哲学研究并不一定就是比较哲学。我们应该避免对比较哲学做过于宽泛的定义。比如，爱莲心（Robert Elliott Allinson）主张，所有的哲学都是比较哲学。在这个意义上，比较哲学这一观念太宽泛而无用。就这方面而言，作为一个独特的自成一体的学术专业，比较哲学这个概念本身就是一个神话。哲学从来就是比较哲学。"比较哲学"这个词是多余的。①

我们认为，这种说法并不妥当，并不是所有哲学都是比较哲学。孔子是哲学家，可是他不是比较哲学家；柏拉图是哲学家，他也不是比较哲学家。我们不能说，只要哲学家进行概念的或者思想的比较，他就是比较哲学家。就像我们不能说，只要一个哲学家进行分析，他就是分析哲学家一样。那么，我们应该怎样理解比较哲学呢？本文认为，从外延范围的角度看，比较哲学主要是跨哲学文化传统的哲学活动和成果。从其内涵方面考虑，比较哲学则可以有本义的和宽泛的两种理解。

黄百般（David Wong）认为，比较哲学的作用是把原来独立发展的、以文化和地域为界限的不同哲学传统"汇集"（brings together）到一起来②。黄百般的定义强调比较哲学是跨文化传统的学问。由此来看，并非所有进行比较的哲学活动就都是比较哲学。但是他的"汇集"到一起来的说法有其

---

① All philosophy is comparative philosophy and in this sense the term is too wide to be very useful. In this regard, the notion of comparative philosophy, as a unique self-subsistent discipline in itself, is a myth. Philosophy always has been comparative philosophy. The phrase "comparative philosophy" is redundant. [Robert Allinson, "The Myth of Comparative Philosophy or the Comparative Philosophy Malgré Lui", in Bo Mou (ed.), *Two Roads to Wisdom? Chinese and Analytic Philosophical Traditions*, Chicago: Open Court, 2001, pp. 270 - 291.]

② "Comparative philosophy brings together philosophical traditions that have developed in relative isolation from one another and that are defined quite broadly along cultural and regional lines." (David Wong, "Comparative Philosophy: Chinese and Western", Stanford Encyclopedia of Philosophy, http://plato. stanford. edu/entries/comparphil - chiwes/)

模糊之处。"汇集"可以指不同哲学传统的相遇，也可以指它们的融合。安靖如（Stephen Angle）对比较哲学的定义则说得更清楚一些。他从比较哲学的方法着眼，认为各种比较哲学的方法都利用某一个哲学传统的思想和概念来诠释、理解和发展另一个哲学传统。① 按照安靖如的看法，比较哲学（或者比较哲学的方法）包括两个方面。第一，比较哲学是跨文化的诠释和理解。在中国历史上，跨文化的诠释并非新事。自佛教进入中国之后，学界就有"格义"之说。当前的中国哲学研究就更难离开跨文化的诠释。② 通过诠释，我们能够把所研究的内容厘清，即实现对研究内容的理解。其实，我们认为，理解并不止于厘清概念或者思想的意思，还应该包括所谓"同情的理解"。比如，孟子猛烈抨击墨子的"兼爱"说，认为墨子之说是"无父"（《孟子·滕文公下》）。我们不能说孟子不明白墨子的思想。但是，孟子显然没有对墨子的思想做同情的理解。他所注重的是儒墨两家在这方面不可调和的分歧。今天，我们可以在基督教哲学中看到与墨子哲学有某种相似的"博爱"思想。通过对基督教哲学的比较研究，我们不难发现，它的"博爱"思想有其神学基础；即使我们不能完全接受，也不能简单地全盘否定。这里就体现了"同情的理解"。身处全球化时代，为了实现不同文化（文明）传统之间的和谐，避免彼此之间不必要的冲突，比较哲学"同情的理解"的功能对于不同文化之间的和谐共处尤其重要。

安靖如对比较哲学定义的第二个方面，是通过比较研究而发展哲学思想和哲学传统。南乐山（Robert Cummings Neville）把比较哲学的这种功能称为"整合"的哲学（"integrative" philosophy）。"整合"不应该是简单的综合，把不同思想拼凑在一起。比较哲学的"整合"功能是创新的功能。南乐山强调，"整合"的哲学不仅仅是狭义的比较，不仅仅是把两种哲学思

---

① "Comparative approaches to philosophy as encompassing the use of ideas and concepts from one philosophical tradition to interpret, understand, and develop ideas in another tradition." [Stephen Angle, "The Minimal Definition and Methodology of Comparative Philosophy: A Report from a Conference", *Comparative Philosophy*, vol. 1, no. 1 (2010), pp. 106 – 110]

② 有关当代"反向格义"的讨论，参见刘笑敢：《"反向格义"与中国哲学研究的困境——以老子之道的诠释为例》，载《南京大学学报》，2006年第2期，第76 – 90页。

想并排在一起，观察它们的相同、近似和不同之处；它更重要的功能是创新，是为我们的时代发展新的哲学思想。它山之石，可以攻玉。① 通过比较，哲学研究可以从不同的传统中找到富有启发的思想，并对自身的哲学思想进行改造和创新。

综合上述，我们可以说，比较哲学主要指跨文化的思想传统的哲学研究。比较哲学的特点，是通过对比而加深对自身和他者的理解，包括同情的理解，与此同时，帮助我们对自身的传统哲学思想加以整合和创新。

二

在西方比较哲学家对比较哲学进行大量理论阐述的同时，中国的哲学家们则侧重置身于比较哲学的实践。"比较"研究是过去一百年的中国哲学的一个重要特征。也可以说，离开了"比较"就没有一个世纪以来的中国哲学的发展。

讲起当代对中国哲学的"比较"研究，首先应该提到方东美先生。方先生的《哲学三慧》无疑是中外比较哲学最具美感的作品之一。在方先生看来，希腊、欧洲和中国哲学为三种不同的文化类型，各有其独特的智慧形式，各具特点。按照他的说法，"希腊如实慧演为契理文化，要在援理证真。欧洲方便巧演为尚能文化，要在驰情入幻。中国平等慧演为妙性文化，要在挈幻归真"②。这三种文化各有其所长，同时也各有不足之处。他说，"希腊思想实慧纷披，欧洲学术善巧迭出，中国哲理妙性流露，然均不能无弊。希腊之失在违情轻生，欧洲之失在驰虚逞幻，中国之失在乖方敷理"。补救有两条途径，即自救和他助。他认为，"希腊应据实智照理而不轻生，欧洲人当以方便应机而不诞妄，中国人合依妙悟知化而不肤浅，是为自救之道"。但是，仅仅自救还不够。他分析说，"希腊人之所以逃禅，欧洲人

---

① Neville, Robert C. "Beyond Comparative to Integrative Philosophy", in *APA Newsletter on Asian and Asian-American Philosophers and Philosophies*, Chenyang Li（ed.）, 2002（2:1）. pp. 20 - 23.

② 方东美：《哲学三慧》，台北：三民书局，1978 年版，第 5 页。

之所以幻化，中国人之所以穿凿，各有历史根由深藏于民族内心"。① 所以，仅凭自救，难以致果，必须他山取助。方先生主张，希腊、欧洲、中国三方可以互补互助：

> 希腊之轻率弃世，可救以欧洲之灵幻生奇；欧洲之诞妄行权，可救以中国之厚重善生；中国之肤浅蹈空，又可救以希腊之质实妥帖与欧洲之善巧多方，是为他助之益。②

为此，方先生改造尼采的"超人"学说，提出他自己的"超人"理想。他说，希腊人、欧洲人、中国人各在生命领域中创获如许灿烂文化价值，堪受推崇，殊难抹煞。超人空洞理想更当以希腊、欧洲、中国三人合德所成就之哲学智慧充实之，乃能负荷宇宙内新价值，担当文化大责任。③

他主张，所谓超人者，乃是超希腊人之弱点而为理想欧洲人与中国人，超欧洲人之缺陷而为优美中国人与希腊人，超中国人之瑕疵而为卓越希腊人与欧洲人，合德完人方是超人。试请澄心遐想，此类超人若能陶铸众美，起如实智，生方便巧，成平等慧，而无一缺憾，其人品之伟大，其思想之优胜，其德业之高妙，果何如者！④

方东美先生对三种文化传统的概括和分析是否准确，当然可以讨论。他的超人理想是否仍然过于受狂妄的尼采之影响，也大有商榷的余地。毕竟，方先生写《哲学三慧》时只有三十几岁。但是，方先生这些才华横溢的思想无疑是在比较哲学的框架下面发展出来的。没有比较哲学，就很难想象方先生在对中国哲学智慧反思中所做的贡献。方先生晚年提倡并身体力行地用英文写作，也充分表现了他在中西文化对比的框架里从事学术活动的特点。⑤

---

① 方东美：《哲学三慧》，台北：三民书局，1978 年版，第 23 - 24 页。
② 方东美：《哲学三慧》，台北：三民书局，1978 年版，第 24 页。
③ 方东美：《哲学三慧》，台北：三民书局，1978 年版，第 25 页。
④ 方东美：《哲学三慧》，台北：三民书局，1978 年版，第 25 页。
⑤ 方先生的英文著作有 Chinese Philosophy：Its Spirit and Its Development，Taipei：Linking Publishing Co.，Ltd，1981；The Chinese View of Life：The Philosophy of Comprehensive Harmony，Taipei：Linking Publishing Co.，Ltd.，1980；Creativity in Man and Nature：A Collection of Philosophical Essays，Taipei：Linking Publishing Co.，Ltd.，1980.

新儒家的另外一位重要代表唐君毅先生在为其重要著作《中国哲学原论（原道篇）》定位时说：

> 吾之此书，视中国哲学为一自行升进之一独立传统，自非谓其与西方、印度、犹太思想之传，全无相通之义。然此唯由人心人性自有其同处，而其思想自然冥合。今吾人论中国哲学，亦非必须假借他方之思想之同者，以自量。故吾在此论中国哲学之传统时，即柏拉图、亚里士多德、奥古斯丁、多玛斯、康德、黑格尔之思想，亦不先放在眼中，更何况马克思、恩格斯与今之存在主义之流？此固非谓必不可比较而观其会通。然要须先识得此独立传统之存在，然后可再有此比较之事。①

在这部著作前言中，唐先生开宗明义地强调中国哲学的独立性。可是，这样的雄辩恰恰标示出当代研究中国哲学的"比较"的大背景。唐先生接着笔锋一转：

> 大率中国之哲学传统，有成物之道，而无西方唯物之论；有立心之学，而不必同西方唯心之论；有契神明之道，而无西方唯神之论；有通内外主宾之道，而无西方之主观主义与客观主义之对峙。则此比较亦易事。②

此言清楚地表明，唐先生在写此大作时，对比较哲学的反思是重要的考量。所以，他说：

> 至若近人之唯以西方之思想为标准，幸中国前哲所言者与之偶合，而论中国前哲之思想，则吾神明华胄，降为奴役之今世学风也。吾书宗趣，亦在雪斯耻。③

我们从以上论述不难看出，唐先生对中国哲学的再思考的大背景是西方哲学。这并不奇怪。唐先生及其同道们所关心的首要问题，是中国传统文化在西方思想占强势的大环境里如何生存、再造和自强。离开了中西比

---

① 唐君毅：《中国哲学原论》（原道篇），台北：台湾学生书局，2004年版，第11页。
② 唐君毅：《中国哲学原论》（原道篇），台北：台湾学生书局，2004年版，第11页。
③ 唐君毅：《中国哲学原论》（原道篇），台北：台湾学生书局，2004年版，第11页。

较的视角，我们就不可能理解唐先生的哲学思想以及他对中国哲学传统的诠释。

牟宗三先生对当代中国哲学的研究和发展做出了重大贡献。他的主要工作与比较哲学的大背景也是分不开的。牟先生年轻时进入北京大学哲学系本科就读时，师从张申府先生，学罗素的分析哲学和数理逻辑，同时受教于拥有哥伦比亚大学哲学博士学位的金岳霖先生。用牟先生自己的话说，在他的大学四年中，张、金两位哲学家是北大校园里对他"帮助与影响最大的"两位教授。[1] 王兴国教授在《牟宗三哲学思想研究——从逻辑思辨到哲学架构》一书的开头就说，牟宗三哲学是配合康德哲学的思考完成的。就牟宗三哲学与康德哲学的关系说，牟宗三哲学是比照和批判地改造康德的批判哲学的产物。因此，可以说，康德哲学的问题就是牟宗三哲学的问题。

我们也可以说，没有对康德哲学的思考，也就没有我们所知道的牟宗三的哲学思想。牟宗三关于现象与物自身、智的直觉、二层存有论、道德的形而上学等重要思想观点，既是用康德哲学的思维对中国哲学提出的问题的思考，也是对康德哲学问题的中国式解答。如果我们说牟宗三哲学是20世纪中国哲学最高成就的体现的话，那它无疑也是比较哲学在20世纪中国哲学发展的最高成就的体现。

其实，仔细想来，处于中国哲学，尤其是儒家哲学研究中前沿的思想家，从比较入手是很自然的。近代以来，儒家所面对的主要挑战，包括科学、民主、男女平等等等，无不源于西方。[2] 不参照西方，根本不可能深入地探讨相关的问题。进入21世纪，中国哲学的比较研究明显有更加深入、更加普遍化的倾向。在对中国哲学有造诣、有贡献的中青年学者群中，很难找到不从比较角度研究和发展中国哲学的人，几乎到了人人都是比较研究学者的地步。但这并不意味着，从今以后，中国哲学的传统研究方法会失去价值。传统的研究方法，比如传统经学的研究方法，会继续发挥其独特

---

① 参见王兴国：《牟宗三哲学思想研究——从逻辑思辨到哲学架构》，北京：人民出版社，2007年版，第105页。

② 有关这些方面的讨论，参见李晨阳：《儒家传统面临的五个挑战》，载《安徽大学学报》（哲学社会科学版），2003年第5期，第57-62页。

的作用。但是，就中国哲学的大环境而言，我们的现在和未来都不可逆转地进入了比较研究的时代。甚至可以说，离开了比较，就没有未来的中国哲学。

三

中国哲学比较研究的时代给儒学的发展带来了前所未有的机会。未来儒学的比较研究应该是从初级的到相对高级的转变。这种转变是由粗糙的到精细的，从表面的到深入的，从偏颇的到相对中允的，从以西方元理论为主体到以多元的元理论为主体的研究。

毋庸讳言，20世纪中国哲学的比较研究是相对粗糙而肤浅的。像任何事物一样，中国哲学的比较研究一开始也需要一个探索和试验的过程，一个从幼稚到成熟的历程。前面提到的方东美先生的力作《哲学三慧》给人一种哲人的睿智光芒的体验和"大写意"式的美感享受。但是，它毕竟不是一篇进行细致入微的哲学分析的论著。20世纪最能体现儒家"修辞立其诚"之风骨的梁漱溟先生，其名著《中国文化要义》，以与西方的比较为参考点，评述中国文化思想。可是，明显他对西方文化没有系统、深入的研究。缺乏深入细致的研究，结果之一是陷于偏颇。比较哲学之为比较哲学，注定了它不能不对不同文化传统进行对比性研究。这种对比性的研究又注定了它不可能完全避免用"中国""印度""西方"等范畴对不同传统做出某种程度的综述并加以探讨。可以说，只要有比较哲学的研究，这种做法无疑还会继续下去。但是，这并不意味着我们就要大而化之地、笼统地把不同方面对立起来。杜威（John Dewey）在为《东西方哲学》杂志"创刊号"致辞中说，现实中并不存在所谓"东方"和"西方"的文化板块，所以也不存在综合"东方"和"西方"的问题。他希望我们能够深入细致地研究各种文化内部的多样性，而不是固守这些文化板块式的范畴。[1] 杜威的提醒至今对我们仍然有意义。但是，我们也不可以矫枉过正。"东方"和"西方"都不是铁板一块。可是这并不等于说它们各自没有其主导倾向，或

---

[1]　John Dewey, "On Philosophical Synthesis", *Philosophy East and West*, 1951 (1), p. 3.

者它们都是没有意义的范畴。① 比较哲学应该避免极端个体主义。极端个体主义的观点认为，每一个个体都有其独特性，事物之间不存在任何同一性。这是不对的。我们不应该对哲学、文化传统做肤浅的、偏颇的解读，不要以偏概全、不加限制地把某种特征普遍化。

另外一个相关问题是比较研究的多元化问题。过去一个世纪对中国哲学的比较研究基本上是限于中西方的比较。方东美先生《哲学三慧》的题目让人自然想到中国、西方、印度三种世界的智慧传统。其实，方先生的"三慧"乃中国、欧洲和希腊。当前，我们对印度文化的研究还很不足。随着印度的崛起，对其文化进行深入研究实属必要。除此之外，我们当然也不应该忽视西方以外的其他哲学传统。任何哲学、文化传统，包括俄罗斯的、非洲的和拉丁美洲的，都有可以借鉴、可以利用的方面。儒家哲学未来的发展应该包括与这些哲学、文化传统的对话。

最后，儒家哲学的研究应该注重发掘和发展自己的理论和方法。现在比较哲学研究中所采用的理论和方法受西方的影响非常大。这种影响本身并不是坏事。它对当代儒家哲学的研究起了很大的推动作用，并且，它在将来还会继续起主要作用。但是，儒家哲学的比较研究不应该长期用一种文化传统来主导。借鉴于西方的哲学并不等于完全依赖西方的元理论和方法。中国应该有自己的关于哲学研究的元理论和方法。如何发掘、利用、和发展中国乃至儒家关于比较哲学研究的理论和方法，是摆在中国思想家面前的一个极具挑战性、迫切性和重要性的任务。我们希望未来几十年能在这个方面看到有意义的突破。

① 李晨阳：《文化传统的价值组合配置刍论》，载《北京大学学报》（哲学社会科学版），2013年第2期，第32－40页。

东西方对话与语境差异

丁子江[①]

语境化占据了东西方对话研究四大元素中的首要地位。[②] 在传统文化以及多元化跨文化背景下，除了人类的共同性，东西方对话还体现了两种特性，即历史文化的偶然性与哲学语境的特殊性。一个类似但更复杂的哲学反思的背景就是现实社会。在全球化趋势中，各国现代文化的发展既表现为同质性（homogeneity），也表现为异质性（heterogeneity）。语境化（contextualization）和跨国比较（cross-national comparisons）越来越强化地作为一种有效手段，以便人们更好地了解不同的社会及其结构和机构。对于许多社会学家和文化学者，比较法为探究和解释社会和文化的差异与特殊性提供了一个分析框架。这种方法伴随着跨学科和社会科学网络与国际合作而得到发展。比较研究的重点从先前单纯描述性、普遍性和"免除文化"（culture-free）的研究转变为对社会现象的研究。社会方式曾在工业社会学的关系中得到最充分的阐释。[③] 这就意味着研究者应当在不同的且更广泛的

---

① 作者简介：丁子江，北京大学哲学硕士，美国普渡大学哲学博士，加州州立科技大学波莫纳学院（California State Polytechnic University, Pomona）哲学系教授。现兼任英文《东西方思想杂志》（*Journal of East-West Thought*）主编，中文《东西方研究学刊》主编，国际东西方研究学会（IAES）秘书长等。

② 东西方研究的四大元素为语境化、翻译化、评估化与应用化。参见 Don Garrest, "Philosophy and History in Modern Philosophy", in Brian Leiter（ed.）, *The Future for Philosophy*, Oxford：Oxford University Press, 2004, p. 59.

③ 参见 Maurice, M., Sellier, F. and Silvestre, J., *The Social Foundations of Industrial Power：A Comparison of France and Germany*, Cambridge, MA：MIT Press, 1986.

社会语境中，掌控社会规范和制度结构的特殊性，并寻求在更广泛的社会语境中的差异性。注重语境化的一个结果，是使比较研究具备了更多跨学科和多学科的性质，故在尽可能低的分解（disaggregation）中，必须审思更多元的因素。本文着重探讨东西方对话中的三大语境差异问题。

一、语境的认知观差异：个体论－多元论－独特论与整体论－单元论－普遍论

东西方对话有着语境认知观差异，即个体论（individualism）、多元论（pluralism）、独特论（particularism）与整体论（holism）、单元论（singularism）、普遍论（universalism）之间的差异。

所谓语境实际上可看作语言的文化背景、历史传承、时空环境、心理诉求以及情绪景象等。语境有两种功能：其一，它能将语言符号原本的多义性转为单义性；其二，它又能从原本的语言符号中衍生出更多的歧义。语言符号本身包含两种实际含义，即赋予义和解释义，由此产生的语境意义甚至可超越语言符号本初的意义，而主导人类的交往与沟通。除此之外，语境也影响着交往主体，即使用者对语言符号的选择与演绎。语境是构成语言表达与交流的主客观环境或因素。客观性因素有时间、空间、场景、对象、人事、社会关系、论题焦点等所有可能的外在条件；主观性因素有思想、理念、性格、职业、修养、家教、处境、心情等所有可能的主体内在条件。语境也可分为狭义语境与广义语境两类。

韦伯（M. Weber）认为个体主义对特定社会行动和社会现象背后的个人动机及隐藏的秘密进行解释，故强调个体存在及其意识与行为是社会的突出特征。方法论的个体主义或个体主义方法论是一种哲学的研究方法，是将社会发展看作许多个人的聚集（整体上是个体主义的一种形式），以此解读和研究许多学科。在最极端的形式上，方法论的个人主义认为"整体"不过是"许多个体加起来的总合"（原子论）。方法论的个体主义也被当作还原主义（reductionism）的一种形式，因其解释方式是将一个大实体化约为许多小实体。值得注意的是，方法论的个体主义并不一定代表政治上的个人主义，尽管许多使用方法论的个人主义的学者，如哈耶克（F. Hayek）

和波普尔（K. R. Popper）也都是政治个人主义的支持者。单元主义系实在的本质，从数量上说，是独特而唯一的；依其字源"单数"（singular），可引申为特殊或奇妙，与复数（plural）相对。在哲学中，对于宇宙终极存在、规范及本质的探讨，从数量来说，有所谓单元论、一元论（monism）、二元论（dualism）和多元论（pluralism）等。单元论及一元论认为宇宙存在的原理只有一个；二元论则认为有并存且独立的两种，与一元论对立；多元论则以多元来解释宇宙的本体，说明存有的事物。单元论一词由寇尔佩（O. Külpe）首先采用，以别于一元论。虽然一元论与特殊主义均以一个原理或真相来说明存在的规范与本质；一元论的思想模式是以绝对的方式处理哲学问题，即假定有一原理，可能是物质、精神或超越二者以上，称为一元论，因而又有唯心论和唯物论之别；单元论从所主张原理的数而论，故而包括一元论、唯心论以及泛神论、有神论、超越神论之主张，它们都认为存在的性质、基础均是唯一而特殊的。有些学者认为单元论与多元论之差异在于研究法不同。主张用演绎、辩证、先天的概念来探究存在的本质者，其学说自然倾向于单元论；主张用归纳、经验、实用的方法者，其论点多倾向于多元论。也有学者认为事物的根源与本质可以单元论来说明，也就是主张整体宇宙的存有，可找到统一的根源，虽然其变化可能是二元或多元，甚至是对立或矛盾，只要其根本原理之性质为单一或独特，亦无不可。此种说法甚至主张神与世界是本质的一体，因此不同对象领域间之本质区别皆可取消，即精神与物质、有生命与无生命实体、个人与团体均可视为本质。以单元论为起点之基本原理虽可理解，即存有之为存有具有某种特殊与统一性，由此却不能归结到只有唯一的存有物，或一切事物只属于单一的本质及实体。另有些批评家认为，单元论忽视物质复杂的经验事实。韦伯在《中国宗教：儒家和道教》一书中认为清教的价值观是普遍主义，并以此为尺度，批判中国文化的"单元论"。当今，普遍主义被后现代主义解构为西方中心主义的虚构，而仅有越来越特殊的价值标准和真理标准才是有效和可行的。在《整体论与进化论》一书中，斯玛兹（G. Smuts）所提出的整体论是一种认为在自然中决定因素作为有机整体的理论，这种整体不能还原为它的部分之和，即整体不能被分析为其部分的总和或归结为分离元素，例如完形心理学。普遍主义（universalism）持一元伦理学的立场，认为存在对所有人适用的普适伦理，不论其文化、种族、性别、宗教、国籍、性取向或其他特征，如人性有共同的弱点，各种文化中有普遍的理智要求等，因而与道德相对主义不同。文化传统和思想家都支持道德普遍主义——从柏拉图学派和斯多亚学派，到康德哲学、客观主义、天赋权利、人权和功利主义思想家。《世界人权宣言》就是道德普遍主义付诸实施的一个例证。

20世纪20年代初，几乎同时访华的罗素（Bertrand Russell）与杜威（John Dewey）都对东西方对话做出了贡献，但两者之间存在着语境的认知差异。罗素批评了杜威及其逻辑的"整体"性及其工具学说，说道："杜威博士本人坦承自己借用了黑格尔的思想。他还补充说：'我不能忽略，也尽量不否认一个精明的批判者对某种虚构的发现所偶然谈论的东西，这种东西因熟知黑格尔而在我的思想中留下了一个永恒的储存。'"① 罗素追求"分析的模式"（a mode of analysis），而杜威则信奉"探究的模式"（a mode of inquiry）。罗素是为了取消非分析哲学，而杜威则是为选择性地比较、评价和互动提供理论的框架。② 当时，杜威的综合主义满足了中国的思维方式。在早期，黑格尔主义的确影响了杜威。③ 在短文《从绝对主义到实验主义》中，杜威说明了黑格尔哲学对自己的感染力以及原因。杜威试图用"重新调整"（readjustment）与"重建"（reconstruction）来解释黑格尔的范畴。谢尔普（A. Schilpp）认为凯尔德（E. Caird）从黑格尔辩证法思辨中机智地解放出来，这对杜威有极大的影响。④ 杜威道："黑格尔对人类文化、机构和艺术的治疗……对我有一种特别的吸引力。"⑤ 他还说道："在20世

① S. Meyer, *Dewey and Russell：An Exchange*, New York：Philosophical Library, 1985, pp. 36 – 39.

② Scott L. Pratt, "Inquiry and Analysis：Dewey and Russell on Philosophy", *Studies in Philosophy and Education*, vol. 17, no. 2 – 3 (1998), pp. 101 – 122.

③ P. Schilpp, *The Philosophy of John Dewey*, Evanston：Northwestern University Press, 1944, pp. 16 – 21.

④ P. Schilpp, *The Philosophy of John Dewey*, Evanston：Northwestern University Press, 1944, p. 22.

⑤ P. Schilpp, *The Philosophy of John Dewey*, Evanston：Northwestern University Press, 1944, p. 138.

纪90年代早期，实际上所有英语中的重要哲学都受到新康德主义与黑格尔唯心主义的影响。实用主义与所有实在论的派别是后来成长的。"① 在杜威后来的实用工具主义中，仍能发现一些与黑格尔主义相连的"胎记"。② 杜威对中国学者产生影响的一个重要原因就是其思想中的"整体"性质，这与中国思想的性质有异曲同工之妙。例如，陈独秀对儒家进行全面抨击的原因之一，就是将儒家传统视为一种基本整体论，并认为由它引导了所有后来儒家的发展。他了解到，黑格尔哲学的确深远地影响了现代中国文化，因为它不仅与传统思维方式相投机，而且与共产主义需要相投机。这种亲和力有两个基本的形成原因：一是中国思维方式真正地强调辩证，如《易经》将变化、对立统一以及事物的相互作用看作自然与社会发展最主要的动力；二是马克思主义将德国古典哲学，尤其是黑格尔的辩证法，当作最重要的思想来源之一。

在东西方研究的各学科中都存在语境化的问题。以哲学为例，在西方看来，"哲学"与古希腊哲人如苏格拉底、柏拉图、亚里士多德等的思想影响以及欧洲文化传统有着不可分割的联系，并在启蒙运动后，受到笛卡尔、培根、洛克、休谟、康德等的思想影响而得到加强。尤其自18世纪"新科学"发展以来，更是产生了一种包罗万象的牛顿自然观，以及关于人性、正义、道德、法律、经济、宗教、国家等领域精确而又理性的社会观。西方应当运用自己的眼光与哲学的合理性，伴随世界的其他部分，如亚非拉地区以及伊斯兰世界等的崛起与发展，从西方现代化假想的优势和普遍性中清醒过来。因此，对"非西方哲学"是否是哲学的辩论，从一开始就不可避免地难以摆脱欧洲中心主义。对于英美主流分析哲学来说，甚至欧洲大陆任何带有思辨性的哲学都不应算作哲学。至少在最初阶段，当中国人试图建立对中国哲学的自我认同时，西方哲学的欧洲中心主义，甚至英美中心主义的特殊主义是以普遍主义的伪装形式曝光的。

在近代史上，中国哲学所反映的西方哲学语境的三个发展阶段需要提

---

① P. Schilpp, *The Philosophy of John Dewey*, Evanston：Northwestern University Press, 1944, p. 521.

② P. Schilpp, The Philosophy of John Dewey, Evanston：Northwestern University Press, 1944, pp. 88–89, 107, 181, 266, 498.

及：其一，自 17—18 世纪的西风东渐中，在当时的反思语境化下，经由严复等人译介，西方的世界观、认识论、方法论、伦理学、概念系统以及社会政治观念开始在中国传播；其二，贯穿辛亥革命、五四运动、新文化运动以及整个民国初期与中期，在当时特定的反思语境化下，中国知识分子，包括留欧、留美、留日学者，如胡适、冯友兰、梁漱溟、金岳霖、季羡林等，广泛深入地借用西方哲学概念和系统，来重构、阐释、界定、包装中国传统的哲学思想，当然同时也保留和嵌入固有的文化内涵与文化代码；其三，20 世纪 80 年代以来，由于中国的改革开放，西方哲学思想得到了包容甚至推广，在更广泛而深入的反思语境化中，中国哲学本身也得到了相当发展。正如马索洛（D. A. Masolo）所指出的，哲学的重要性就在于"质疑人类学与哲学中那些概念主题与范畴未加批判的所谓中立性，并由此质疑西方科学的理性与方法论的客观性与普遍性"①。对此，不少深造于欧美或受到西方熏陶的中国哲学家做了很多的工作。有的用英美分析哲学的方法，有的则用欧洲大陆现象学、存在主义、阐释学、后现代主义、结构主义和后结构主义等方法，进行哲学的整合或解构。我们还可分析在现代性哲学与科学的话语中被西方文化边缘化的"其他"文化，从而讨论话语的力量和知识的形成。应用这些方法，有可能解构某些民族哲学（ethnophilosophy），并由此重新获得真实的中国传统以及解读中国哲学话语的可能性。通过辩论来了解中国哲学的主要发展，这本身就是一个形式和方式多样化的哲学思考，而且是一个经常与其他各种哲学相互批判和吸收的概念系统。在当前，根本没有任何一种哲学可归结为某种单一的认同和规范的方法，或有一组共享的前提。中国哲学与其他哲学一样，也许只在

---

① Dismas Aloys Masolo, *African Philosophy in Search of Identity*, Bloomington：Indiana University Press, 1994, pp. 124 - 146.

维特根斯坦（Wittgenstein Ludwig）"家族相似性"（family resemblances）①
的意义上与母体文化相关。对整个历史文化争论的话语涉及对哲学的认同，
因此，在本身具有异构性传统的思考和谈话中所提到的哲学，也许仅被视
为通用名称的一种示例。

中国哲学可寻求独特的认同，但只有在某种特定的语境下才能实现。
在许多方面，当今的中国哲学是通过"西方哲学"的某些概念构架来进行
表述的，而往往体现某种历史和文化的应急范式以及语境的特殊性。哲学
思想构成了人们生活世界或日常生存形式之间的相互关系。文化多样性反
映了社会背景下的切割。中国哲学已在全球化中打破沉默，并在与其他哲
学互惠的对话中不可避免地带有多样性。这是由中国的文化、历史和社会
条件决定的。在概念的阐明、价值的嵌入、文化的实践和语言的沟通等直
接或间接的运作中，中国社会所通行的语言工具可更恰当地解释、批判和
改造自身的文化，并通过各种话语的西方哲学和传统思想来确定自己"身
份的认同"。多元文化主义的界定本身就是一个在哲学和人文科学领域中饱
受争论的焦点。在政治哲学中，这可能意味着在一个政治社会中的平等地
位。对多元文化的界定有一个中性和无所不包的描述性意义，就是社会差
异的存在。强调这种差异意义重大，它表现了当前全球化后现代主义的多
元文化。这种自相矛盾的巧合，在实现现代世界文化多元化的同时，可用
现代性逻辑加以解释。现代性的启示被理解为是在普遍主义和普遍价值观
的基础上开发出来的。

加瑞特（D. Garrett）认为近代哲学史有过四次"机遇"：一是从哲学的
哲学，即大规模革命意识形态中获得了相对的自由；二是产生了更多更好
的研究工具；三是对其他领域、作者和学科进行了更广泛的拓展，因而为

①　参见 Wittgenstein Ludwig, *Philosophical Investigations*, Oxford: Blackwell Publishing,
2001. 维特根斯坦哲学的主要目标为语言，企图揭示人们在交往中，表达自己时所发生
的事情。他强调语言即哲学的本质，是人类思维的表达，也是所有文明的基石，因而哲
学的本质只能存在于语言中，从而消解了传统形而上学的唯一本质，为哲学寻得新的途
径。他的前期思想基于解构，以语言学问题替换哲学问题，哲学就是说清问题；后期思
想以建构重替解构，用哲学回归哲学，用"游戏"考察游戏，在日常生活中处理哲学的
本质。（参见 G. H. von Wright, "Analytical Philosophy: A Historico-Critical Survey", *The Tree
of Knowledge and Other Essays*, New York: E. J. Brill, 1993.）

研究和语境化提供了新工作与新资源；四是过去 50 年的重要工作为将来提供了语境和动力，并为研究与论证的质量建立了高档次的标准。① 他也指出了某些"危机"：哲学史家分裂成两大思想阵营，一是以哲学应用为代价，狭隘地强调语境化与历史探索的作用；另一则以语境化为代价，狭隘地注重哲学评价与应用的作用。如此所造成的后果对双方都不利。"更重要的是，近代哲学的语境化与应用化并非去引介、解译与评价，因而遭遇麻烦。"② 赫索格瑞夫（D. J. Hesselgrave）和罗门（E. Rommen）指出：（1）在真正的意义上，语境化、文化以及神学三者都有一个同时的开端。（2）一个新语词需要调整文化语境的信息，这个新语词就是语境化。（3）虚假的语境化产生某种未经批判的文化信仰形式。（4）语境化是一种动态而非静态的过程。（5）语境化并不意味着人民与文化的分离，在多元的文化环境中，人民必须为获得自身的认同而斗争，从而成为自己历史的主体，而这一切都保留在语境的相互依赖中。语境化意味着更新的可能性必须首先在地域和特定境况中才能产生，而且总是在当代相互依存的构架中被引向过去、现在以及将来可能发生的问题。（6）人类学家与社会学家大都关注文化层面上的语境化。（7）语境化应当将自身看作"关系的中心"，真实的语境化承认人在文化中的异化。（8）将动态范式当作与所有语境化相关活动的某种模式来应用。③

二、语境的方法观差异：分析论－精确论－实证论与综合论－模糊论－预设论

东西方对话研究有着语境上的方法观差异，即分析论（analyticalism）、精确论（precisionism）、实证论（positivism）与综合论（synthetism）、模糊

---

① Don Garrett, "Philosophy and History in Philosophy", in Brian Leiter（ed.）, *The Future for Philosophy*, Oxford：Oxford University Press, 2004, pp. 63－64.

② Don Garrett, "Philosophy and History in Philosophy", in Brian Leiter（ed.）, *The Future for Philosophy*, Oxford：Oxford University Press, 2004, p. 64.

③ David J. Hesselgrave and Edward Rommen, *Contextualization：Meanings, Methods, and Models*, Littleton：William Carey Library, 2000, pp. 27, 28, 31, 32, 53, 5, 62.

论（fuzzism①）、预设论（presuppositionism）之间的差异。

在多元文化社会中的语境化是自我反思的需要，用来回应现在和未来的挑战。在全球，对社会文化的研究应采用丰富多样的方法。对跨文化与跨文明的研究可能是一个思维方式与行为方式语境化的理解方式。在这里强调语境化，主要指的是"文化异质性"和"文化相对性"，或"文化多发音"（the diverse articulations of culture）。更具挑战性的是，语境化不仅是反思和应用，而且是更广泛和深入的阐释和对译。中国本身的传统文化、外来的西方文化以及其他一切非西方文化形成了一种强大的合力，影响着中国当代社会。东西方研究建立了建设性的对话与沟通桥梁。像在所有多元文化的社会一样，需要一个"自我反思的语境化"（self-reflective contextualisation）。② 在多元文化背景下，对东西方文化的研究不是绝对提升某一种文化唯一性、特权性或优势性的位置，而是在自我反思语境化中，注重本国文化的超越性、多元性以及欠缺性。我们特别强调"争议性"（controversiality）这一概念。长久以来，西方的各种观念都建立在欧洲中心论的基础上，英文词汇"东方"（oriental）在一定意义上是贬义词，含有"非中心"的边缘意味。因此在西方，有良知的人士会尽量避免使用这个词。多年前，一些学者喜欢用"适应性"（adaptation）、"本土化"（inculturation）和"本根化"（indigenization）等词，近年来越来越多的人愿意采用"语境化"一词。③ 我们应将语境的社会科学化与语境的本土化结合起来。归纳性的文化描述是有用的工具，因为它可在特定语境中寻求捷径，并发现足够的共同文化特征来使语境化发生作用。对于社会科学家，语境化总是涉及各个领域的关系和分类的功能，从而弥补了社会文化。在语境

---

① Jain, R. "Fuzzism and real world problems", in P. Wang and S. Wang (eds.), *Fuzzy Sets Theory and Applications to Policy Analysis and Information Systems*, New York: Plenum Press, 1980, pp. 129 – 132.

② 参见 W. L. van der Merwe, "African Philosophy and the Contextualization of Philosophy in a Multicultural Society", in G. Katsiaficas / T. Kiros (ed.), *The Promise of Multiculturalism*, London: Routledge, 1998.

③ Charles H. Kraft, "Culture, Worldview and Contextualization", Pasadena, CA: William Carey Library, 2003, p. 389.

化的结构中，真理或谬误、正确或错误等都不是绝对的。某些信仰和习俗在一个特定的文化发展中发挥着重要作用，正如巴尼（G. L. Barney）所指出的："文化作为有机的整体，包含着相互依存的部分。"①

分析哲学运动"现今是西方哲学的主导力量"②。

> 分析哲学发端于 20 世纪早期，当今已成为哲学的主导传统。……分析哲学经历了各种政治灾变事件，科技的发展以及其他领域的影响，此外，它还接受了自我审思与批判。分析哲学的发展得益于很多来源，……最主要的动力是 19 世纪和 20 世纪初逻辑学、集合论以及数学基础的革命性发展。对于哲学来说，最重要的变革是数理逻辑的发展，它成为分析哲学家观念不可或缺的工具和源泉。分析哲学家从英国经验论、形式逻辑、数学和自然科学中获得他们的灵感、观念、论题以及方法。③

> 对分析哲学而言，最重要的是以追求清晰性为特征，它坚持哲学上的明确论证，并要求任何所表述的观点必须经过严格的批判性评估以及同行的研讨。④

格洛克（H. J. Glock）认为，分析哲学是一个松散的运动，作为历史和类的范畴，因某些影响与某种"家族相似性"结合在一起。"我的雄心是力图用分析哲学与欧洲大陆哲学相结合的新方式解决问题……虽然我本人是一个分析哲学家，但并不主张分析哲学在任何条件下都是一种完善的哲学。……我的主要研究计划是为描述性而非指定性的元哲学做出贡献。"⑤

----

① Barney, G. Linwood, "The Challenge of Anthropology to Current Missiology", *International Bulletin of Missionary Resarch*, vol. 5, no. 4 (1981), p. 173.

② J. Searle, "Contemporaraty Philsophy in the United State", in Bunnin and Tsui - James (eds.), *The Blackwell companion to Philosphy*, Oxford: Blackwell Publishing, 1996, pp. 1 - 2.

③ S. P. Schwartz, *A Brief History of Analytic Philosophy: From Russell to Rawls*, Oxford: Blackwell Publishing, 2012, p. 2.

④ European Society for Analytical Philosophy, http://www. dif. unige. it/esap.

⑤ Hans-Johann Glock, *What is Analytic Philosophy*?, Cambridge: Cambridge University Press, 2008, p. 3.

宾内（M. Beaney）所编辑的巨著《牛津分析哲学历史手册》对现代英美分析哲学的来龙去脉进行了详细的评述。① 索姆斯（S. Soames）的五卷本巨著《哲学中的分析传统》（*The Analytic Tradition in Philosophy*）提供了目前为止对分析哲学的发展最充分、最详细、最有深度的评述。② 分析哲学经历了五次微型革命：一是摩尔和罗素的实在论，二是逻辑原子论和理想语言分析，三是逻辑实证主义，四是日常语言分析，五是折中主义和多元主义。语言哲学赋予形而上学（玄学）以及哲学的各种分科以新的方式。"它一直依赖于与其他方法相比，用以澄清其自身的性质。最初，它反对英国的理想主义，然后发展为拒斥整个'传统哲学'。"③ 人们对其历史发展的兴趣日益增长。也有人尖锐地抨击分析哲学正走向"消亡"，或面临严重"危机"，抑或"患了严重的疾病"。④ 这种危机感不仅出自批评家，一些分析哲学的领军人物也有同感。冯·莱特（Von Wright）注意到在进入哲学构建的革命性运动中，分析哲学变得如此多样，以致似乎丢失了本来的面目。⑤ 还有学者认为英美分析哲学与欧洲大陆哲学的分界已经过时。⑥ 普特南姆（H. Putnam）曾反复号召要为分析哲学"注入新的生命力"。辛提卡（J. Hintikka）呼吁"分析哲学的幸存依赖于维特根斯坦后期工作所提供的可能构造"。甚至最坚定的谢勒（J. Searle）也承认"在革命性的少数观念转变为普遍认可的观念之后，分析哲学逐渐丧失了活力"⑦。一些对分析哲

---

① 参见 Michael Beaney（ed.），*The Oxford Handbook of The History of Analytic Philosophy*，Oxford：Oxford University Press，2013.

② Scott Soames，*The Analytic Tradition in Philosophy*，vol. 1：The Founding Giants，Princeton：Princeton University Press，2014，p. xii.

③ Aaron Preston，"Analytic Philosophy"，Internet Encyclopedia of Philosophy，2006. http：//www. iep. utm. edu/analytic/.

④ Aaron Preston，*Analytic Philosophy：The History of an Illusion*，Continuum International Publishing Group，2010，p. 1，12；Anat Biletzki and anat Matar，*The Story of Analytic Philosophy：Plot and Heroes*，London：Routledge，2013，p. xi.

⑤ G. H. Von Wright，*Tree of Knowledge and Other Essays*，Netherlands：Brill Academic Publishers，1993，p. 25.

⑥ Glendinning，2002；May 2002；Bieri，2005.

⑦ J. Searle，"Contemporaraty Philsophy in the United State"，in Bunnin and Tsui-James（eds.），*The Blackwell Companion to Philosophy*，Oxford：Blackwell Publishing，1996.

学持怀疑态度者竟提出应以"后分析哲学"取代之。① 这样一些"胜利与失利相结合"的状况提供了一种机缘，即从新的角度来审思分析哲学的本质。20 世纪以来，分析哲学和科学哲学以技术性、数理性、逻辑性及语言概念游戏性为哲思特征。休谟曾这样宣称：那些既不能经观察而证实，又不能为数学所计算的东西都是"臆说"，而传统哲学就是这样的臆说。

　　追随休谟而走向极端经验论的人一定认为东方哲学既不可观察又不可计算，显然是一种臆说，故无法与经验主义的西方哲学相比较。同样，那些追随极端唯理论的人也会觉得东方哲学浸透着神秘主义或辩证诡辩，当然也无法与唯理论的西方哲学相比较。经验主义与形式主义是分析哲学的两个重要特征。其中任何一个走向极端，都会带来深刻的危机和挑战，迫使分析哲学改变方式。例如分析哲学的某些最新代表开始反对把哲学仅限于语言等。对一些极端的分析哲学家来说，别说是东方哲学，就连传统的欧洲哲学都不算哲学。从这个狭隘的角度看，既然东方哲学并非哲学，当然也根本谈不上所谓东西方比较哲学了。一些学者，尤其是分析哲学界的学者认为，东西方哲学之间没有可比性，它们根本是两种不同的思维方式、价值体系或精神文明的存在形式；东西方哲学各自的文本与话语系统之间存在的无法逾越的"不可通约性"和"不可翻译性"是进行比较的最大障碍。从另一个角度看，哲学的一般性、普遍性与抽象性与现实各种社会文化的特殊性、个别性与具象性脱节，易使东西方比较陷入徒劳；此外，哲学无论是智慧化、玄学化、主体化、群体认同化，还是知识化、科学化、客体化、个体认同化，都会陷入极大的困境。有印度学者指出：自从 1923 年马森-奥塞尔（P. Masson-Oursel）的《比较哲学》一书问世，学者们就对比较哲学的任务与方法进行了很多的研究和探讨，"……发现比较哲学中的不少原则与方法在哲学上是站不住脚和没有成果的"②。在《激进的儒家》（Radical Confucianism）一书中，罗斯蒙特（H. Rosemont）向比较哲学提出了挑战，并指出，这种挑战可成为一种"后现代主义的相对推力"。这种推

---

　　① J. Baggini and J. Stangroom, *New British Philosophy*, London：Routledge, 2002, p. 6.

　　② Joseph Kaipayil, *The Epistemology of Comparative Philosophy：A Critique with Reference to P. T Raju's Views*, Center for Indian and Inter-religious Studies, 1995, p. 130.

力引起的挑战构成了两种主张：文化的依赖性与各种文化之间的不可逾越性。"之所以造成后者的那种障碍，是由于非正统不可通约的概念方案，各种文化通过这个方案来观察世界。这种观念对很多哲学家来说是很有吸引力的。"① 哲学界的偏见在某种层面上给研究带来难度。如最近有西方学者仍声称："的确，古希腊与古印度的思想传统是比较哲学的最基本点。这两大文明的先人们首先将哲学界定为人文的特征。"② 笔者不同意此观点，因它仅强调最终而绝对的双边或两极关系比较，将中华文明的思想传统排除在外。詹恩（R. Jain）认为："在元科学层次上（the meta-scientific level），模糊主义（fuzzism）无批判地接受模糊性（fuzziness），就会被拒斥并且冒那种被视作相对主义自我参考悖论的风险。"③

三、语境的伦理观差异：民主论 - 自由论 - 非规范论与威权论 - 保守论 - 规范论

东西方对话的语境有着语境的伦理观或价值观差异：民主论（democratis）、自由论（liberalism）、非规范论（non-normativism）与威权论（authoritarianis）、保守论（consertivism）、规范论（normativism）之间的差异。

所谓规范性通常被界定为做某事而采取的正当、正常或正确的参照、标准或方法。不同学科如哲学、社会科学和法律等对规范性的界定有所不同。对于社会学家来说，社会规范有四种类型，即风俗习惯、伦理道德、宗教信仰以及法律制度。从广义而言，一切传统文化都是一种规范文化，即在一定的历史阶段，由统治者或执政者引领和界定的其社会成员都必须遵奉的社会各个领域的制度、价值观、行为标准和意识形态体系。在一个

---

① Ewing Chinn, "The Relativist Challenge to Comparative Philosophy", *International Philosophical Quarterly*, vol. 47, no. 4 (2007), pp. 451 –466.

② Thomas McEvilley, *The Shape of Ancient Thought: Comparative Studies in Greek and Indian Philosophies*, New York: Allworth Press, Forward, 2013.

③ Rudolf Seising, Enric Trillas, Claudio Moraga and Settimo Termini (eds.), *On Fuzziness: A Homage to Lotfi A. Zadeh*, vol. 1, Springer, 2013, p. 99.

社会中，由于长期的历史传承，一代一代的社会成员也积累和凝聚了某些相对认可并愿意遵守的规范。但在社会变革、转型或动荡时期，上述规范文化就常会被打破，而产生非规范性。在任何社会，甚至在相当稳定的社会，规范性经常表现在宏观和显性的主文化方面，而不可能涵盖所有微观和隐性的亚文化。因此，绝对完善的规范化是不可能的。随着社会的发展，旧的规范不断被新的规范取代，而新旧交替则会产生"混沌"或"真空"。社会文化生活在总体上经常表现为偶然性和模糊性，或可称为非规范性、非精确性、非量化性、非预设性。

文化规范论是美国大众传播学者德弗勒（M. L. DeFleur）于 1966 年在《大众传播理论》（*Theories of Mass Communication*）一书中首先提出的理论。其主张，由于大众传播发出的信息能形成一种伦理道德的规范力量，故可间接地影响和改变人的行为；人们无意识地追随媒体所构制的"参照模式"来阐释各种社会现象与事实，并表达自身的立场与想法。而此种作用则会在量化的过程中逐渐渗入受众的头脑。所谓间接性，就是说它可先影响和改变社会文化环境，再使之作用于受众。[①] 在电子化自媒体发展兴盛的当代，"民间大众传播"更是以逐渐取代传统媒体的方式改变着整个社会的文化。

自由化的个人自主行动，实际上有着传统的来源，如文化习俗、宗教或集体的历史意义和道德权威等。民主的演变、人权的产生、科学的发展以及随之而来的技术化（technologization），使人的生活世界和资本主义经济极度扩张。通过这些可以追溯到两种观念：一是特定文化社会的个人，二是所谓"普遍的"人类理性。因此，现代性从一个特定文化社区或集体共享的意义上来预构历史进程。由于这个原因，现代性可以扩大跨文化，并有可能发展成一个全球性的世界文化。然而，它并不能为人们提供那些带有附加内容的，依赖于特定文化生存形式的意义和价值。这就表现为多元文化主义以及各种形式的文化相对主义。接受西方中心主义和普遍主义的一个先决条件是有完全超然的文化可以被研究、理解以及判定。文化相对

---

① 参见 Melvin L. DeFleur & Sandra J. Ball-Rokeach，*Theories of Mass Communication*，Boston：Allyn & Baco，1989.

主义通常包括更多的要求，也就是以必须了解特定文化为先决条件。不同文化之间既有通约性，也会有不可通约性；换句话说，不同文化之间有着最大公约数，即人类文明的共同性和相似性，但人类文明也有着差异性。然而，我们可以发现，跨文化的理解和翻译受很大程度的制约。不同的文化都具有同等价值，每一种特定文化的完整性都应得到尊重和维护，而且只有这样，才能使一个多元文化的社会避免由于政治和地理原因而分离。这就促使哲学家、教育家和一般知识分子从事文化间的对话，并在理论上探索跨文化哲学的可能性，并通过这种对话和话语，相互了解各种文化之间的共同性与差异性。在这个过程中，每一种文化都可以发现自身的缺陷与不足，每一种文化中的成员都可以发现和强化自身的主体性与自主性。多元文化主义的哲学家、教育家和一般知识分子就可能成为横向跨文化的沟通者与翻译员。正如鲍曼（Z. Bauman）所说的，这些人都是社会各种复杂关系的翻译者，而他们所用的方式是由"意义社区"（community of meaning）的习惯与信念所决定的。[1]

　　伦理学可分为规范伦理学、应用伦理学以及元伦理学三大类。从传统角度说，无论东西方，人类迄今为止都遵奉一种规范伦理学（normative ethics），并运用这种架构来解释和探究日常道德行为所信守的规则。规范伦理学系统地确立正确与错误、善良与邪恶的一般原则。在人们判断和履行道德行为前，总要服从规范伦理学的各种解释系统的模式和程序引导。规范伦理学的各种体系试图为各种行为做出定则，或解答程序，即对正确或错误行为的道德规则加以界定。其中最主要的是以亚里士多德为代表的目的论伦理学（teleological ethics）和以康德为代表的义务论伦理学（deontological ethics）。可以说，包括道、释、儒在内的东方伦理学体系都属于这类规范伦理学。规范伦理学是从审思后果性、危害性以及认同性的视角来判定某种行为的对与错的。[2] 同其他理论一样，各种规范伦理学理论也都具有一定的概念和结构特征。准确地说，"规范的道德理论可以形成相互

---

①　Zygmunt Bauman, *Legislators and Interpreters*, Oxford：Polity, 1987, p. 4.

②　参见 Shelly Kagan, *Normative Ethics*, Boulder：Westview Press, 1997.

独立的三元结构，即道德标准、一般道德原则以及特定的道德原则和判定"。① 在哲学中，规范性陈述是关于"事物应该是如何的""怎样评价事物""事物是好是坏""哪些行为是对的或错的"等一类的陈述。规范陈述通常与确定性（positive）陈述，即描述性和解释性陈述不同。例如，"儿童应该吃蔬菜""那些为了安全而牺牲自由的人不正确"是规范性陈述。而"蔬菜含有维生素的比例相对较高""为了安全而牺牲自由的共同后果是两者的损失"是确定的。一个陈述是否规范，并不在于它是否经过验证或是否可验证。不同的学派对规范性陈述的作用及其合理性有着不同的观点。规范与规范性陈述及其含义乃人类生活的一个组成部分，表现为基本的优先目标和组织计划。思想、信念、情感和行动是许多伦理和政治话语的基础。事实上，规范性无疑是道德和政治的重要特征。不少现代道德/伦理哲学将民族和文化的差异作为出发点。艾耶尔（A. J. Ayer）和麦凯（J. L. Mackie）试图质疑规范性陈述的意义。而科尔斯戈德（C. Korsgaard）则认为一个规范的价值是独立个体主观的道德。

与此相反，非规范伦理学，即元伦理学（metaethics），作为一种英美现代伦理学的主导学派，则强调非规范性的陈述。"元伦理学……采用比我们审思规范伦理问题更普遍、更反思的方式……它涉及伦理的性质。"② 元伦理学指出伦理学以"实然（实指）"（sein）和"应然（应指）"（sollen）的二分法来解决"知识"与"道德"的问题，从而指出仅有"实然"是知识的对象，故才具有意义；而"应然"则为假象。自古以来，传统的伦理体系都是规范伦理，都只注重"应然"，故是虚妄的、无意义的。从认识论角度而言，道德语言本身毫无真假对错可言，如"忠诚""智慧""友谊""英勇"等传统德行规范，本身都是中性的，当它们被人们用以指导实践时，既可做善事也可做恶事。元伦理学并不寻求最合理的道德原则以规范人类的行为，而用强调"二阶或第二层次"（second-order）的道德问题③，

① 参见 C. E. Harris, *Applying Moral Theories*, 3rd ed., Belmont, CA: Wadsworth, 1997.

② Mark van Roojen, *Metaethics: A Contemporary Introduction*, London: Routledge, 2015, p. 1.

③ Andrew Fisher, *Metaethics: An Introduction*, London: Routledge, 2014, p. 2.

如"有无存在'对'或'错'的性质？""'对'或'错'是什么意思？"
等，来取代传统的"一阶或第一层次"（first-order）的道德问题，如"什么
行为是对或错？""应做出何种行为？"等。元伦理学可看作规范伦理学和应
用伦理学的预设研究，因为在回应"一阶"道德问题之前，必先在"二阶"
层面认清此类问题如善恶等的道德性质是否存在，而这些词语又有何意。
例如对于堕胎、同性恋、安乐死等道德问题，规范论者的对错判定建立在
不同文化基础上；而非规范论者则认为对错判定并非取决于文化的基础，
而可普遍适用于任何时空条件。关于此，米勒（A. Miller）列出了元伦理学
所关注的六大论题：第一，从意义层面，什么是道德研究的句法功能？道
德研究的功能是否陈述事实，或它是否具有非事实陈述的作用？第二，从
形而上学（玄学）层面，道德事实（moral facts）是否存在？若存在，它们
是什么样的？它们是否等同、可还原或不可还原为自然事实？第三，从认
识论和判定性层面，是否存在道德知识？如何才能得知道德判断的真假？
怎样才能判定对道德知识的陈述？第四，从现象学层面，在道德判断实施
者的经验中道德性质是如何表现的？第五，从道德心理学层面，对道德判
断者的动机陈述能说些什么？在道德判断与按照此判断的描述所实施的行
动之间有何联系？第六，从客观性层面，道德判断是否真正正确或不正确？
人们能发现道德真理吗？①

---

① Alexander Miller, *Contemporary Metaethics： An Introduction*, Oxford： Polity,
2013, p. 2.

从贺拉斯到李太白：中西诗歌主题研究举隅

叶　扬①

一

古罗马诗人贺拉斯（Quintus Horatius Flaccus）的不少诗作，包括后来被称作《诗艺》的，都采取近代称之为"戏剧独白"（dramatic monologue）或是诗体书简的形式。②《颂歌》第一卷第十一首独白的对象是一位名叫露蔻娜的女子：

> Tv ne quaesieris, scire nefas, quem mihi, quem tibi
>
> finem di dederint, Leuconoe, nec Babylonios
>
> temptaris numeros. ut melius quicquid erit, pati,
>
> seu pluris hiemes seu tribuit Iuppiter ultimam,
>
> quae nunc oppositis debilitat pumicibus mare
>
> Tyrrhenum: sapias, vina liques, et spatio brevi
>
> spem longam reseces. dum loquimur, fugerit invida

---

① 作者简介：叶扬，美国加州大学河滨分校比较文学与语言系（Department of Comparative Literature and Languages）教授。

② 关于"戏剧独白"，可参阅 J. A. Cuddon, C. E. Preston eds., *The Penguin Dictionary of Literary Terms and Literary Theory*, London：Penguin Books, 1998, pp. 237 – 241.

aetas: carpe diem, quam minimum credula postero. ①

你莫问，实不可问，天神假你、假我

以多少年，露蔻娜，切莫徒劳以巴比伦

数字计算。不如静观其变，看丘比特

再赐予我们数冬，抑或只此一冬，

听第勒尼安海被对岸的浮石消耗；

放聪明，且纵饮，将期望好生减缩；

你我交谈的此刻，嗜妒的时间正飞逝：

把握今朝，于来日莫寄奢望。②

　　作为戏剧独白，诗中的"叙述者"（persona）说话的对象露蔻娜仅在此诗中出现，历来众说纷纭。③ 柏拉图的《会饮篇》里，苏格拉底在发言中引用一位睿智的女子迪娥蒂玛（Diotima）对于爱情的看法，她的见解成为日后所谓"柏拉图之爱"的理论基础。有人以为贺拉斯笔下的露蔻娜（Leuconoe），糅合了希腊语"leukos"（洁白、纯洁）和"nous"（心灵、思想）二词，只是诗人仿效柏拉图的迪娥蒂玛而杜撰的名字，实无其人。也有人以为这位女子是贺拉斯蓄养的交际花（所谓"行首"）或女奴。④ 在前四行里，诗中的叙述者以亲密的口吻呼吁对方，莫违背天神的旨意，对自己的生命做无谓的揣测，因为凡人的生死只能听从天神的安排。第五行兼具视听效果，形容大海与火山灰所形成的浮石相互之间的撞击与消耗，这

---

　　① 此处的拉丁文原文、标点及分段均参照 David West ed. , *Horace Odes I*, Oxford：Clarendon Press, 1995, p.50. 以下凡西文原文，尽量引用最新的版本。

　　② 诗歌出于口而入于耳，首先是为听觉服务的，重在格律音韵，故实不可译。文中所有西语诗歌的汉译，均属本人勉为其难，知其不可为而为之，仅供读者略知原诗大意。凡有能力者，尽量参照、阅读原文为妥。

　　③ 术语"叙述者"（persona），一译"说话人"，拉丁语的原意为"面具"，指在诗歌或其他文学作品中以单数第一人称叙事者。参见第 109 页注②，所引用一书 p. 660.

　　④ 参见 David West（见注 1）的评注以及圣约瑟夫大学学者 Maria S. Marsilio 在网上对此诗的评注。https：//www2. cnr. edu/home/sas/araia/horace1. 11. html.

种说法颇近似于汉语里所谓"海枯石烂",以之反衬人生的短促无常。第六行则以哲人的姿态呼吁对方,与其忧心忡忡,不如达观对待,纵饮作乐。第七行提醒对方,有限的生命稍纵即逝,以拟人化的手法描写时间。全诗的重点,则在最后一行所提出的结论,此行中的拉丁语"carpe diem",钱默存(锺书)先生在《管锥编》里将之译作"且乐今日"。① 拉丁语里的"carpe"是"carpo"的第二人称变格,"diem"则为"dies"的宾格,也就是"白昼"或者"天"的意思。前文笔者将"carpe diem"译作"把握今朝",其实有欠准确,因为"carpe"一词带有一种动势,有些像英语里面的象声词"pluck",或是汉语里的"采""摘",是一个富于动态的词。比如在园中采花,轻轻地"啪"地一声采下来,那样一个动作,最接近拉丁文"carpe"的原意;但是若译作"采摘今天",在汉语里又有欠通顺,所以只能勉强译作"把握今朝",却跟原文有一定的差距。

这两个拉丁词语的组合,后来成为一个常见的文学主题(motif)。英语里的"motif"一词,通常被视作文学作品中反复出现,并且居主导地位的要素。俄国形式派批评家托马谢夫斯基(Boris Tomashevsky)认为它是一部作品中不可减缩、无从简化的核心。作为这样一个文学主题,"把握今朝"(carpe diem)源自人类对于生命短暂、死亡无从避免的认识,其中当然也包含着对于死亡的恐惧,这个主题在文学中的表现,却是要求充分享受人生,其基调是达观甚至往往是乐观的。在诸多文学体裁中,这个主题尤在抒情诗歌中得到了最为常见的表现。②

公元 1 世纪的古罗马诗人贺拉斯的这首小诗,成为"把握今朝"这一主题的所谓"经典章节"(locus classicus),但是在他之前,对于生命短促、死期必至,古希腊的哲人早已有所领悟。人一旦出世,就开始生活在死亡的阴影底下。如何对待生死?是悲观绝望、自暴自弃,还是听其自然、及

---

① 钱锺书:《管锥编》第 1 册,北京:中华书局,1979 年版,第 118 页。

② 有关这一文学术语,参见第 109 页注②所引用一书,p. 113. 关于"motif"一词,见同书 p. 522. 托马谢夫斯基有关此词的论述,见 Lee T. Lemon, Marion J. Reis eds., *Russian Formalist Criticism*: *Four Essays*, Lincoln: University of Nebraska Press, 1965, p. 67. 顺便提及,美国小说家、1976 年诺贝尔文学奖得主贝娄(Saul Bellow)的中篇小说 *Seize the Day*(1956),其标题即"carpe diem"的英译。

时行乐？古希腊哲学家伊壁鸠鲁（Epicurus）主张就个人而言，在有限的生命过程中尽量追求快乐幸福，是人生唯一有意义的目的。他身后形成了一个伊壁鸠鲁学派，在文学领域影响亦至为深远。这种思想，甚至可以从伊壁鸠鲁之前再往上追溯。古希腊流传下来的诗集里，有署名柏拉图的十余首篇幅很短的小诗，英文称作"Epigrams"，以前有人认为可能是别人仿作，但是如今学界普遍认为，这些小诗确实是这位哲学家的作品。其中有些只是断简残章，但是也有颇为完整有致的，比如以下这一首：

I throw this apple before you,

Take it—if you love me purely,

and give up your virginity.

Yet if you will not love me

keep the apple—and think

how long the beauty lasts. ①

我将这只苹果抛在你身前，

收下它——若你真诚与我相爱，

并且放弃你的童真。

若你不愿与我相爱

苹果还是收下——试想

美丽又能持续几时。

很明显，这是一首爱情小诗，在上阕，诗中的叙述者敦求对方，答应与自己相爱。下阕则从反面言说，若是不愿与自己相爱，还是请收下苹果，并且看着它想一想，生命有多么短暂。因为美好的东西，正像这只美丽的苹果，很快就不复存在了。

---

① 笔者不谙古希腊语。此处的英译引自印第安纳大学比较文学教授、诗人 Willis Barnstone tr., *Greek Lyric Poetry: A Revised and Expanded Edition*, New York: Bantam Books, 1967, p. 179. 下面的评述中所谓上下阕，是根据英译而言。

读诗的时候，要特别注意里面的时间（time）、空间（space），还要注意谁在说话，跟谁说，说给谁听。比如上面那一首诗里，叙述者显然是一位男性。但是在下面这一首诗里，叙述者不再是一位在追求女性的男性，而是化作一只苹果：

I am an apple, tossed

By one who loves you. Say

Yes, Xanthippé. We both go to waste. ①

我乃苹果一只，

被爱你的人抛出。应承了罢，

瑟茜琵。你我都将凋敝。

这两首小诗显然互为表里，构成一个系列。前一首里被叙述者抛给对方的苹果，在第二首里居然也成了叙述者，开了口现身说法。这种写法非常别致。众所周知，瑟茜琵（Xanthippé）是苏格拉底的妻子，在英语里，这个名字后来成了"尖酸刻薄的女人"的同义词，因为相传苏格拉底的妻子是一位悍妇。有意思的是，哲学家柏拉图在自己的对话录中极少现身，而几乎全是以他的老师苏格拉底为角色表达的。在这两首小诗里，作为诗人的柏拉图，似乎沿袭了对话录的方式，扮演的也是苏格拉底的代言人。这两首诗以鲜美的苹果比喻青春美貌，慨叹生命短暂，呼吁对方赶快答应自己的爱情追求，宗旨亦在"把握今朝"，不过爱情成了主题，与贺拉斯那首重在哲理的诗歌不同。

贺拉斯之后，罗马诗人奥苏纽斯（Decimus Magnus Ausonius）著有一首题作《盛开的玫瑰》（*De Rosis Nascentibus*）的诗，长达五十行，其最后两行如下：

---

① 此首的英译文引自在牛津大学学习古典语言的诗人 Peter Jay ed., *The Greek Anthology and Other Ancient Epigrams*, Harmondsworth：Penguin Books, 1981, p. 46. 编者在诗前加有小标题："Sokrates to Xanthippé"（《苏格拉底致瑟茜琵》）。

Collige, virgo, rosas, dum flos novus et nova pubes,

et memor esto aevum sic properare tuum. ①

采摘玫瑰罢，姑娘，乘青春与玫瑰和你同在，

你当记着：生命对于玫瑰和你，来得一样短促。

自奥苏纽斯此诗之后，贺拉斯所首创的"把握今朝"（carpe diem），即与另一主题相结合，亦即拉丁文的"采摘玫瑰"（carpe rosam）。若须把握今朝，就当采摘盛开的玫瑰，即充分享受青春美貌。玫瑰在欧洲乃至中东地区都十分常见，在西方文化里——包括希腊、罗马以及希伯来的文化里，有着重要的地位，可与印度佛教文化里的莲花相比。这两个主题合二为一，在情诗里成为常见的主题。文艺复兴后，在法国和英国的诗歌里，采用这个主题的诗歌，均可搜罗成集。16世纪法国七星诗社（La Pléiade）的领袖人物龙沙（Pierre de Ronsard），是其中的代表人物之一。下面是他早期的一首情诗：

Mignonne, allons voir si la rose

Qui ce matin avait déclose

Sa robe de pourpre au soleil,

A point perdu cette vesprée,

Les plis de sa robe pourprée,   05

Et son teint au vôtre pareil.

Las ! voyez comme en peu d'espace,

Mignonne, elle a dessus la place

Las! las! ses beautés laissé choir !

Ô vraiment marâtre Nature,   10

Puis qu'une telle fleur ne dure

---

① 诗行的原文引自 R. P. H. Green ed. , *The Works of Ausonius*, Oxford：Clarendon Press, 1991，pp. 669 −671.

Que du matin jusques au soir !

Donc, si vous me croyez, mignonne,
Tandis que vôtre âge fleuronne
En sa plus verte nouveauté,   15
Cueillez, cueillez votre jeunesse:
Comme à cette fleur la vieillesse
Fera ternir votre beauté. ①

宝贝儿哪，去看看那玫瑰
今早向太阳敞开
她那紫红的罗衣，
到今夜是否尚未失去
她那紫红罗衣的褶皱，   05
还有如你一般的娇容。

啊呀！看如此短暂的时光里
宝贝儿，她已姣美不再，
啊呀呀！她已是遍地残红！
啊！真如后母一般的大自然，   10
如此一般的花朵居然
只能从清晨活到当晚。

所以，若你信得过我，宝贝儿，
乘而今你花样年华
风华正茂，   15

---

① 龙沙原诗引自 Jean Céard, Daniel Ménager, Michel Simonis eds., *Ronsard, Œuvres complètes*, Paris: Gallimard, 1993, vol. 1, pp. 66 - 67. 此首原载 *Le Premier Livre des Odes à Sa Maitresse* (《致情人之颂歌：初集》)，为第 17 首。

把握、把握住你的青春：
年华飞逝，一如此花
你的娇容也将凋谢不再。

此诗开场，用一个极为亲昵的称呼作修辞上的所谓"直接呼语"（apostrophe），直接将叙述者之"说话对象"（addressée）引入场内。情诗本为恋人之间私密的悄悄话，所谓"夜半无人私语时"，而阅读情诗的读者，无意之中就成了"窃听者"（eavesdropper）。法语里的"Mignonne"一词，带有浓厚的鼻音，柔和动听。随后形容玫瑰，用了一个相当贴切的"暗喻"（metaphor），因为玫瑰花瓣的纹路很像衣服的皱褶。说"向太阳敞开/紫红的罗衣"，是拟人化的手法，将玫瑰喻为少女，对着阳光敞开自己的衣服，以形容清晨玫瑰迎着朝阳盛开的情景。在此节的后三行里，叙述者似乎有意无意地提到了"今夜"，设下了朝夕间的时间跨度，在最后一行里转以第二人称赞美对方像玫瑰花一样漂亮，与开场的昵称首尾衔接。

第二节以一个感情强烈的感叹词发端，造成语气的转折。随后三行承接第一节里提及之时间跨度，将之称作"en peu d'espace"（直译为"极小的间距"），与第一节形成反差。其中的第二行（全诗第八行）再度以昵称直呼对方，与首行呼应。第三行（全诗第九行）一开始连用两个感叹词。这三行其实是一个长句，描写鲜花入夜后即已凋谢，可是这个长句被这些不断插入的昵称和感叹词弄得断断续续，增强了一种支离破碎的感觉。在西方文化中，后母通常不是正面的形象，比如在格林童话和《灰姑娘》（Cinderella）之类的民间故事里，后母往往是很可怕的人物。在法语里，后母（marâtre）一词本身就含有虐待子女的意思。在此节的后三行里（全诗第十至十二行），诗人再次使用暗喻，将孕育世间草木的大自然比作凶恶的后母，感叹玫瑰生命的短促。第二节的气氛与第一节完全不同，可谓急转直下，凄凄惨惨戚戚。

第三节发端的"donc"一词，在法语里常用以稍作停顿，为转折语气。此节的第一行（全诗第十三行），再次使用昵称作直接呼语。在此诗中，这个昵称一共出现了三次（第一、八、十三行），每次出现，似乎都在提醒读者作为"恋人絮语"的窃听者的身份。此节第四行（全诗第十六行）里的法语动词"cueillez"，直译当作"采摘"，正如拉丁文中的"carpe"，英语中的"pluck"，含有动势、动态。此节最后两行，有如回声，重复了第一节结尾的意味：娇容如花，亦有凋谢之日。诗人作此诗时年方二十一，但是此诗写得音韵铿锵，结构也相当严密。

下面这首诗创作于 1578 年，已是诗人龙沙步入中年之后的作品，风格老练、沉着。此诗收入诗集《致爱兰娜之商籁》，采用文艺复兴前期由意大利诗人首创、但丁和彼特拉克等大诗人广泛使用的商籁体或十四行诗体。在意大利语的结构里，十四行诗由两个部分组成。上阕八行，其中根据尾韵的安排，往往又分为前四行和后四行两小节。下阕六行，又可分为两个三行小节。上下阕之间的关系，有些像西洋古典音乐里面的协奏曲：小提琴或钢琴等独奏乐器，跟交响乐团似乎在进行一场对话。十四行诗传入英国以后，起先沿袭意大利的结构，然而在英语里，以元音押韵的词远远没有意大利语和法语多，协韵较为困难。到了斯宾塞和莎士比亚笔下，就有所改动，尤其是后者，不再遵循意大利的结构，而将之改作三个各为四行的小节，最后再以一个两行的对句作结，称作莎士比亚体十四行诗（Shakespearian sonnet）。法语里包含元音的词比英文中丰富，所以法国的十四行诗基本上沿袭意大利十四行诗的结构章法。龙沙这部诗集是写给自己所追求的一位名叫爱兰娜的贵妇的。下面这首被公认为其最脍炙人口的作品：

> Quand vous serez bien vieille, au soir, à la chandelle,
> Assise auprès du feu, dévidant et filant,
> Direz, chantant mes vers, en vous émerveillant:
> 《Ronsard me célébrait du temps que j'étais belle !》
> Lors, vous n'aurez servante oyant telle nouvelle,   05
> Déjà sous le labeur à demi sommeillant,
> Qui au bruit de mon nom ne s'aille réveillant,
> Bénissant votre nom de louange immortelle.
>
> Je serai sous la terre, et, fantôme sans os,
> Par les ombres myrteux je prendrai mon repos;   10
> Vous serez au foyer une vieille accroupie,

Regrettant mon amour et votre fier dédain.

Vivez, si m'en croyez, n'attendez à demain:

Cueillez dès aujourd'hui les roses de la vie. ①

当你年纪老迈，夜间、傍着烛光，

挨着炉火，手中纺着羊毛，

你吟着我的诗，惊叹说：

"我年轻貌美时，曾受过龙沙的称赞！"

你的那班仆妇，听你说起这个新闻，   05

即使因为劳累已经昏昏欲睡，

一听到我的名字，无人不顿时惊醒，

恭维、颂赞你不朽的声名。

届时我已入土，尸骨无存，成为幽魂，

在桃金娘的浓荫下歇息，   10

你亦已成为蜷缩在壁炉旁的老妇，

为我的爱与你狂傲的轻蔑悔恨不已。

生活罢，若你信我，莫再等待明日，

就在今朝采摘你生命中的玫瑰。

先看此诗的上阕。其别致之处在于，虽然诗是奉献给一个自己爱慕、追求的女子，一上来却先将对方形容成一个老妇，傍着炉火，晚上无所事事，在那儿纺着羊毛，还在念着作者的诗歌。魏文帝曹子桓（丕）在《典论·论文》里，将文学提到很高的地位："文章者，经国之大业，不朽之盛事。"到了唐朝，杜子美（甫）说起自己的诗，道"为人性僻耽佳句，语不惊人死不休"。时至南宋，李易安（清照）以其《声声慢》中的发端"寻寻觅觅，冷冷清清，凄凄惨惨戚戚"而闻名，但是这位词人可谓婉约、豪放兼而有之，例如其《渔家傲》中的"我报路长嗟日暮，学诗漫有惊人句"

---

① 此首亦引自第115页所引用一书，pp. 400-401. 原载 *Le Second Livre des Sonnets pour Helene*（《致爱伦娜之商籁诗：二集》），第43首。

二句，即自比杜子美，语气相当自傲。在中国的文化传统里面，诗人有一定的地位，亦可自视甚高。在西方传统里，在古希腊时期，史诗作者荷马享有崇高的地位，甚至被视若神明，而柏拉图在《理想国》中，却要将诗人逐出。到文艺复兴后，个人的地位大大提高，莎士比亚身后，弥尔顿在诗中已将之称作无冕之王。龙沙在此诗中，口气亦不小，在第一小节的四行中，说对方年迈时，念着自己的诗，说："我年轻貌美时，曾受过龙沙的称赞！"第二小节的四行承上而来，将对方置诸昏昏欲睡的仆佣之中，而她们一听得女主人如是说，全部惊醒，齐声颂赞女主人不朽的声名。虽然说的是对方声名不朽，其实她的声名完全是得益于龙沙为她写诗的缘故。这种说法，将前四行里已经显示出来的那种诗人的自负又向前推进了一步。

虽然此诗开场时似乎将对方写得甚为不堪，可是到了下阕的九、十两行，龙沙将自己也写成了尸骨无存的幽魂，但是又说自己"在桃金娘的浓荫下"，口气依然相当自负。桃金娘（法语"myrteux"，英语"myrtle"）在汉语中亦作"爱神木"。根据希腊神话的传说，英雄与伟人，身后当赴"极乐世界"（Elysium），而那里遍地皆植爱神木，所以诗人实际上暗示，即使他已入土，也有如古希腊的英雄和伟人，当在极乐世界安息。随后的第十一、十二两行，又将笔锋转向对方，换了一种方式重复全诗开场时的叙述，说对方已成为蜷缩在壁炉旁的老妇，为诗人的爱恋和自己狂傲的轻蔑悔恨不已。第十三行以祈使句"生活罢"开始，原诗中的"vivez"一词，直译实为"活过来吧"，换句话说，就是像你现在这样活着，矜持地拒绝诗人的追求，其实生不如死；希望对方相信自己的话，不要等待明日，就在今朝采摘生命中的玫瑰。龙沙此诗，是贺拉斯的"把握今朝"（carpe diem）和奥苏纽斯的"采摘玫瑰"（carpe rosam）两相结合的最佳典范。此诗音节较长，采用的是典型的法语亚历山大体，每行十二个音节，前面六个音节以后，有一个简单的停顿。与前一首相比，语调较为沉着，读来有波涛汹涌的感觉。

如上文所述，法国诗歌中采用"把握今朝"主题者极多，而以七星诗社及龙沙的诗作最负盛名。英国诗歌对这个主题的采用似乎比法国诗歌晚了 50 年，到 17 世纪才开始流行，有一群忠于查理一世的所谓"骑士派诗人"（Cavalier Poets）尤其喜欢使用这个主题。赫里克（Robert Herrick）是其中的佼佼者，下面以他的一首名诗为例：

To the Virgins, to Make Much of Time

Gather ye rosebuds while ye may,

Old time is still a-flying;

And this same flower that smiles today

Tomorrow will be dying.

The glorious lamp of heaven the sun,　　　　　05

The higher he's a-getting,

The sooner will his race be run,

And nearer he's to setting.

That age is best which is the first,

When youth and blood are warmer;　　　　　10

But being spent, the worse, and worst

Times still succeed the former.

Then be not coy, but use your time,

And, while ye may, go marry;

For, having lost but once your prime,　　　　15

You may forever tarry. ①

《致处女：充分享用时间》

趁你们还来得及，快采摘玫瑰的花蕾，

古老的时间飞逝不停；

就是这同样的一朵花儿，今朝尚在微笑，

---

①　此处原文，引自 J. Max Patrick ed. , *The Complete Poetry of Robert Herrick*，New York：
W. W. Norton, 1968, pp. 117 - 118. 但原先每一小节前的数字（1 - 4）已删去。

明日就要凋零。

太阳，天堂上的明灯，　　　　　　　　　　　05

他上升得越高，

他的运行就越将叫停，

他离西沉也就越近。

一生最好在起初，

在热血澎湃的青春；　　　　　　　　　　　10

一旦耗竭，随后的时间，

就一年不如一年。

所以，莫再忸怩作态，且用好时间，

趁还来得及，赶快去嫁人；

因为，一朝失去了花样年华，　　　　　　　15

你们就会耽搁终身。

　　诗题中的"处女"一词为复数，诗中说话的对象是复数第二人称。第一小节以祈使句开场，用的动词是"gather"，直译为"收集"，意指采摘许多玫瑰花。第四行里的"will be dying"，直译为"即将死去"，用拟人化的手法来写玫瑰花。第二小节专写太阳，使用了一个暗喻，将太阳比作明灯。第八行的意思近似晚唐诗人李义山（商隐）的名句"夕阳无限好，只是近黄昏"。第三小节则转为描写人生，因为说话的对象为青春少女，所以实际上说的是她们的人生。法国的雕塑家罗丹的《艺术论》第六章专门讨论女性美。精通人体解剖的罗丹说："真正的青春，贞洁的妙龄的青春，周身充满了新鲜的血液、体态轻盈而不可侵犯的青春，这个时期只有几个月。"① 可以与此参照。最后一小节的说法，与前面所引用的柏拉图和龙沙的作品可谓异曲同工，不过说得非常直白：珍惜时间，赶快嫁人。赫里克的作品，通常喜用单音节或双音节的常用词汇，隔行押韵，语气直截了当。

---

　　① 罗丹：《罗丹艺术论》，葛赛尔记，沈琪译，北京：人民美术出版社，1978 年版，第 60 页。

下面这首，大概是英国诗歌里以"把握今朝"为主题的作品中最有名的一首。其作者是与骑士派诗人持不同政见、在文学史上被列为"玄学派诗人"（Metaphysical Poets）的马韦尔（Andrew Marvell）：

To his coy Mistress

Had we but world enough, and time,

This coyness, lady, were no crime.

We would sit down and think which way

To walk, and pass our long love's day;

Thou by the Indian Ganges' side,   05

Shouldst rubies find; I by the tide

Of Humber would complain. I would

Love you ten years before the Flood;

And you should, if you please, refuse

Till the conversion of the Jews.   10

My vegetable love should grow

Vaster than empires, and more slow.

An hundred years should go to praise

Thine eyes, and on thy forehead gaze;

Two hundred to adore each breast,   15

But thirty thousand to the rest;

An age at least to every part,

And the last age should show your heart.

For, lady, you deserve this state,

Nor would I love at lower rate.   20

          But at my back I always hear

Time's winged chariot hurrying near;

And yonder all before us lie

Deserts of vast eternity.

Thy beauty shall no more be found,   25

Nor, in thy marble vault, shall sound

My echoing song; then worms shall try

That long preserv'd virginity,

And your quaint honour turn to dust,

And into ashes all my lust.   30

The grave's a fine and private place,

But none I think do there embrace.

      Now therefore, while the youthful hue

Sits on thy skin like morning dew,

And while thy willing soul transpires   35

At every pore with instant fires,

Now let us sport us while we may;

And now, like am'rous birds of prey,

Rather at once our time devour,

Than languish in his slow-chapp'd power.   40

Let us roll all our strength, and all

Our sweetness, up into one ball;

And tear our pleasures with rough strife

Thorough the iron gates of life.

Thus, though we cannot make our sun   45

Stand still, yet we will make him run. ①

《致其羞怯的情人》

若是我们的世界和时间够得上充裕，

如此的娇羞，小姐哪，就算不得罪过。

---

① 此诗原文引自 Frank Kermode, Keith Walker, *Andrew Marvell*, Oxford: Clarendon Press, 1990, pp. 24 – 25.

我们就会坐下，想想该朝哪个方向
去散步，渡过我们漫漫的爱情长日。
你会在印度的恒河之滨找到　　　　　05
许多红宝石：我呢，只得对着亨伯
河口的潮汐抱怨。我会在
那场大洪水之前十年就爱上你，
而你呢，只要你愿意，可以一直
拒绝，直到犹太人转心皈依。　　　　10
我的爱情像蔬菜般不断生长，
比世上的帝国更辽阔，更缓慢；
花上一百年的时间，用来赞美
你的眼睛，并且注视你的眉额；
用两百年爱慕你的每一个乳房，　　　15
而其余的部位，得花上三万年；
每一个部位，至少用一整个时代，
得等到最后那个时代，才显示你的心。
因为，小姐哪，你配得上如此的礼遇，
我爱你，也不愿用比这更低的规格。　20
　　　　可是在我身后我始终听见

时间那带翼的马车急急地靠近；
而在我们眼前展开的却是
广袤无垠的永恒的沙漠。
你的美貌将不见踪影，　　　　　　　25
在你大理石的墓穴里，我的歌声
不再回响：那时蛆虫将会
品尝你那珍藏已久的童真，
你那不近情理的贞操，还有
我的情欲，俱已化作埃尘。　　　　　30
坟墓真是个私密的好去处，可是
我想，没人会在那里彼此相拥。

　　　　　　　所以哪，趁青春的色泽

　　还像朝露一般在你的肌肤呈现，
　　趁你依顺的灵魂在每一个　　　　　　　　　　35
　　毛孔都能即时点燃出烈焰，
　　当下，我们能玩就玩他个尽兴；
　　当下，有如发情的猛禽
　　宁可一口吞噬我们的时光，
　　也好过在慢嚼里将体力耗尽。　　　　　　　　40
　　让我们将全副精力，还有我们
　　所有的甜蜜，滚成一个圆球，
　　冲破人生的一扇又一扇铁门，
　　以粗豪的暴力撕取我们的快感。
　　这样，尽管我们不能让我们的太阳　　　　　　45
　　停下，我们却可以赶着它飞跑。

　　此诗四十六行，共分三节，使用四音步抑扬格，全诗由二十三组尾韵相谐的对句构成。前二十行组成的首节，假设时间永恒、长长久久，其跨度所及，是从基督教思想中的开天辟地（大洪水与挪亚方舟在上帝创世之后不久）直至世界末日（犹太人皈依）。时间既如是，空间也无限扩充，自印度的恒河之滨，直至帝国本土英格兰东北部的亨伯河口。自第十三行至十八行，在赞美对方时，历数对方的眼睛、眉额、乳房以至心等各部位，采用了文艺复兴前期意大利诗人彼特拉克所开创的情诗传统手法，在文学术语上称作"纹章"（blason）。① 由第二十一行至三十二行组成的第二节，

---

　　① 由彼特拉克首创的这种历数女性身体部位并分别加以赞扬的手法，于文艺复兴后在欧洲各国广为流传。法国诗人马罗（Clément Marot）于1536年发表其诗集 *Blason du Beau Tétin*（《美乳纹章》）后，题中的"blason"（英语为"blazon"）一词被用来命名这种手法。在英国诗歌中，斯宾塞也喜欢采用。后起的莎士比亚则在其十四行诗第130首中，颠覆了此一传统手法，极尽嬉笑戏谑之能事。其实这种手法，在西方可以一直追溯至古希腊、古罗马时期，希伯来《圣经·旧约》里的《雅歌》一章中亦广泛运用，且兼及男女。我国《诗经》里的《卫风·硕人》一篇，次章中的"手如柔荑，肤如凝脂"等句，用的也是这种手法。关于此一术语，可参见第109页注②所引用一书，pp. 90–91.

则急转直下，内容由生命转向死亡。这种写法，与龙沙致爱伦娜的十四行诗相近，但是它极力描写死亡的恐怖，又与之有所不同。自第三十三行至四十六行的第三节，则再作转折，呼吁对方尽情享受爱情与人生。此诗的三节，可以说是曲尽了"把握今朝"这一主题的基本理念。

这一主题，在差不多同时期的另一位英国诗人笔下，则得到一种与上述诸诗大相径庭的表现。赫伯特（George Herbert）是一位虔诚的教士，在文学史上虽与马韦尔同列"玄学派诗人"，其作品却以弘扬基督教的思想伦理为主。下面这首小诗，是他的名篇之一：

Vertue

Sweet day, so cool, so calm, so bright,

The bridall of the earth and skie:

The dew shall weep thy fall to night;

   For thou must die.

Sweet rose, whose hue angrie and brave   05

Bids the rash gazer wipe his eye:

Thy root is ever in its grave

   And thou must die.

Sweet spring, full of sweet dayes and roses,

A box where sweets compacted lie;   10

My musick shows ye have your closes,

   And all must die.

Onely a sweet and virtuous soul,

Like season'd timber, never gives;

But though the whole world turn to coal,   15

Then chiefly lives. ①

《美德》

甜蜜的白昼，如此安静，如此光明，
大地与天穹的洞房。
露水为你哭泣，催你坠入黑夜；
　　　　因为你必当死亡。

甜蜜的玫瑰，她强烈缤纷的色彩　　　　　　　05
让轻薄的看客叹为观止。
你的根茎始终在它的坟墓之中，
　　　　而你也定当死亡。

甜蜜的春天，洋溢着甜蜜的白昼和玫瑰，
一只整齐地装满了糖果的盒子；　　　　　　　10
我的歌咏揭示：你也有你的终止，
　　　　而一切必当死亡。

唯独一个甜蜜的、富有美德的灵魂，
有如历经风霜的栋梁之材，永不腐朽；
而且即使整个世界化作燃煤，　　　　　　　　15
　　　　他依然也会存活。

　　此诗每四行为一节，其中前三行为抑扬格四音步，第四行则缩短为二音步，隔行押尾韵。全诗由结构相同之四个小节组成。前三节均以形容词"甜蜜的"（sweet）发端，分别描写白昼、玫瑰和春天。第一节首行，连用三个美好的形容词；第二行的暗喻，使用了情诗中常见的"洞房"一词；

————————

　　① 此诗原文引自 Helen Wilcox ed. , *The English Poems of George Herbert*, Cambridge：Cambridge University Press, 2007, p. 316.

但是在第三行里，通过"哭泣"（weep）和"坠入"（fall）两个动词的运用，语气忽然转折，导入第四行里有关死亡的陈述，与前两行里美好的词语恰成鲜明对照。第二节写玫瑰，第三节说春天，其结构均与第一节相同，前两行正面抒写，后两行转入负面。每一节在第三行都将气氛转向阴沉，而三节的末行，均以"死亡"（die）一词收尾。第四节一开始，用了副词"唯独"（onely），标示全诗的一大转折，此节赞美赋有美德的灵魂。此节第二行中所出现的"season"一词，虽作动词使用，但是跟第三小节里的"春天"呼应，汉译作"历经风霜"，这种潜在的联系就不太明显了。此节最后以"lives"（"存活"）结束，与前三节收尾的"die"（"死亡"）一词亦形成鲜明对照。

此诗音节和美，虽亦纵论生死，但是与赫里克、马韦尔的作品所代表的"把握今朝"的主流迥异，不再是情诗，而是以之颂赞基督教徒灵魂的美德，是此一主题的变调。

前面所举的是古希腊、古罗马以及法、英两国诗歌的例子，但是"把握今朝"的主题，实际上在很多文化中都不乏其例，例如《圣经·旧约》中的《雅歌》一章，就是这一主题在希伯来文化中的表现。波斯诗人欧玛尔·海亚姆（Omar Khayyám）的《鲁拜集》，借由19世纪英国诗人费茨杰拉德（Edward Fitzgerald）的创造性意译，在欧洲各国广为流传，其中也有不少使用这一主题的篇章。

二

生命短暂，死期必至，是人类共同的命运。在有限的生命过程中追求快乐幸福，是人类普遍的追求。"把握今朝"这个主题，在我国诗歌传统里，当然也源远流长。在最早的诗歌总集《诗经》里，就有不少例子，比如《召南》的《摽有梅》：

> 摽有梅，其实七兮；求我庶士，迨其吉兮。
> 摽有梅，其实三兮；求我庶士，迨其今兮。
> 摽有梅，顷筐塈之；求我庶士，迨其谓之。

钱默存先生在《管锥编》中讨论此诗时，借用了英国修辞学家的说法，将之作为"重章之循序渐进"（progressive iteration）的范例。钱先生说：

> 首章结云："求我庶士，迨其吉兮"，尚是从容相待之词。次章结云："求我庶士，迨其今兮"，则敦促其言下承当，故《传》云："今，急辞也。"末章结云："求我庶士，迨其谓之"，《传》云："不待备礼"，乃迫不耐缓，支词尽芟，真情毕露矣。①

钱先生的评论，揭示了此诗一节比一节更为迫切、强烈的语气。笔者的英文拙著 *Chinese Poetic Closure*（《中国诗歌的结尾》）在讨论《诗经》的一章中，将其中作品的结构及结尾分作三种。一种是"线性"（linear）式，就是从头到尾，有一个时间顺序。第二种为"平行"（parallel）式，亦即钱先生在此节中随后所引用的"重章之易词申意"（varied iteration），也就是各章即使交换次序，对诗意亦并无影响。上面所说的"重章之循序渐进"，笔者称之为"渐进"（gradation）式，《摽有梅》就是例子。② 此诗与前面讨论的柏拉图的诗作意趣颇为相近，不过诗中的叙述者却是女子，说话对象反为男性，这种模式在西方不甚多见。

《国风·唐风》里的《蟋蟀》一诗，也是"把握今朝"这一主题的例子：

> 蟋蟀在堂，岁聿其莫。今我不乐，日月其除。
> 无已大康，职思其居。好乐无荒，良士瞿瞿。
>
> 蟋蟀在堂，岁聿其逝。今我不乐，日月其迈。
> 无已大康，职思其外。好乐无荒，良士蹶蹶。
>
> 蟋蟀在堂，役车其休。今我不乐，日月其慆。
> 无已大康。职思其忧。好乐无荒，良士休休。

钱默存先生讨论此诗时，就直接将此诗与贺拉斯首创的"把握今朝"

---

① 钱锺书：《管锥编》第 1 册，北京：中华书局，1979 年版，第 75 页。
② 见 Yang Ye, *Chinese Poetic Closure*, New York：Peter Lang, 1996, pp. 51－52.

主题联系到一起，并在题下加以副标题"正言及时行乐"。他说："按虽每章皆申'好乐无荒'之戒，而宗旨归于及时行乐。……正如西洋古希腊、罗马以降，诗中有'且乐今日'（carpe diem）一门也。"[①] 此诗字里行间，似与赫伯特的《美德》旨趣较为接近，不过后者背景完全是基督教伦理思想，与此诗所体现的儒家中庸之道不同。

西洋诗歌还有一个主题，叫作"Ubi Sunt"，出自拉丁文诗句"在吾人之前者，如今何在？"（"Ubi sunt qui ante nos fuerunt?"）15 世纪的法国诗人维庸（François Villon），所作《古往名媛歌》（"Ballade des dames du temps jadis"）的最后一行极为著名，"去年雪，今何在？"（Mais où sont les neiges d'antan?）人一旦死去，世间的一切皆无法再享受。"今何在"这个主题，与"把握今朝"有相当紧密的关系，不过后者重在享受当下的生活，较为达观、积极，前者则慨叹人死后万事皆空，较为低沉沮丧。同属《国风·唐风》里的《山有枢》是这个主题的一个例子：

> 山有枢，隰有榆。
> 子有衣裳，弗曳弗娄。
> 子有车马，弗驰弗驱。
> 宛其死矣，他人是愉。
>
> 山有栲，隰有杻。
> 子有廷内，弗洒弗扫。
> 子有钟鼓，弗鼓弗考。
> 宛其死矣，他人是保。
>
> 山有漆，隰有栗。
> 子有酒食，何不日鼓瑟？
> 且以喜乐，且以永日。
> 宛其死矣，他人入室。

---

① 见第 129 页注①所引用一书，第 118－119 页。

钱默存先生在此诗题下，加以副标题"反言以劝及时行乐"，并且指出："按此诗亦教人及时行乐，而以身后事危言悚之，视《蟋蟀》更进一解。"① 在讨论完《唐风》这两首诗之后，钱先生还引用了之后的中国文学里不少意思相近的例子，遍及诸子百家。在他引用的诗歌里，有汉乐府诗里的《西门行》。这首诗现存两个大同小异的版本：

　　出西门 步念之 今日不作乐 当待何时 逮为乐 逮为乐 当及时
　　何能愁怫郁 当复待来兹 酿美酒 炙肥牛 请呼心所欢 可用解忧愁
　　人生不满百 常怀千岁忧 昼短苦夜长 何不秉烛游
　　游行去去如云除 弊车羸马为自储

　　出西门 步念之 今日不作乐 当待何时 夫为乐 为乐当及时
　　何能坐愁怫郁 当复待来兹 饮醇酒 炙肥牛 请呼心所欢 可用解忧愁
　　人生不满百 常怀千岁忧 昼短而夜长 何不秉烛游
　　自非仙人王子乔 计会寿命难与期 自非仙人王子乔 计会寿命难与期
　　人寿非金石 年命安可期 贪财爱惜费 但为后世嗤 ②

汉乐府的乐谱久已失传，今天读来颇为拗口。但是这首《西门行》后来被《古诗十九首》的作者改写过，其中有些整句列入《古诗十九首》。作为中国诗歌的一个丰碑，《古诗十九首》确立了五言古诗的模式，影响深远。其中有两首，沿袭了《诗经》和汉乐府中对于"把握今朝"这个主题的表现，而加以推进变化。下面是其中第十三首：

　　驱车上东门 遥望郭北墓 白杨何萧萧 松柏夹广路
　　下有陈死人 杳杳即长暮 潜寐黄泉下 千载永不寤
　　浩浩阴阳移 年命如朝露 人生忽如寄 寿无金石固
　　万岁更相送 贤圣莫能度 服食求神仙 多为药所误

---

① 见第 129 页注①所引用一书，第 119－120 页。
② 逯钦立辑校：《先秦汉魏晋南北朝诗》（上），北京：中华书局，1983 年版，《汉诗》卷九，第 269 页。第一首注为"本辞"，第二首注为"晋乐所奏"。原书断句全用句号，本文引用时改以空格代替，下不赘注。

不如饮美酒　被服纨与素①

首句中的"上东门"，是洛阳城东最靠北的一扇门；第二句里的"郭北墓"，指自东汉起多置于洛阳外城（"三里为城，七里为郭"）北面的王公贵族墓地。此诗一开场，先交代叙述者的空间方位。第三句融入听觉，第四句则为眼中所见。《太平御览》引用古书《礼系》："天子坟树松，诸侯树柏，卿大夫树杨，士树榆，尊卑差也。"这是早期的规矩，后来也就混杂了。松柏均为常青乔木，故自古用于墓地。随后第五至八句，将笔锋转向死者，令人想起前引龙沙与马韦尔以死亡的永恒景象反衬生命短暂的写法。第九至十四句描写生命的短暂无常，第十五、十六两句说对长生不老的追求如何荒诞无稽，最后的第十七、十八两句则突出"把握今朝"的宗旨，与前引贺拉斯那首诗的结论相似。有人以为这两句是从《山有枢》的"子有衣裳"和"子有酒食，何不日鼓瑟"两句化出，不无道理。

《古诗十九首》的第十五首，是改写、融解《西门行》而来：

生年不满百 常怀千岁忧 昼短苦夜长 何不秉烛游

为乐当及时 何能待来兹 愚者爱惜费 但为后世嗤

仙人王子乔 难可与等期②

这首诗的三四两句，可以说是将"把握今朝"的主题发挥得淋漓尽致。不过"秉烛游"的具体内容为何，始终并未细说，为后世诗人留下了想象的空间。③

有一首七言绝句，见于《全唐诗·杜牧集》之《杜秋娘诗并序》中"秋持玉斝醉，与唱金缕衣"两句下的小注：

劝君莫惜金缕衣，劝君须惜少年时。

花开堪折直须折，莫待无花空折枝。④

---

① 见第131页注②所引用一书同册，第332页。

② 见第131页注②所引用一书同册，第333页。

③ 以上对于《古诗十九首》第十三、十五两首的讨论，曾参考了以下两部专著，均有所获益。杨家骆：《古诗十九首集释》，台北：世界书局，1997年版；朱自清、马茂元：《朱自清 马茂元说古诗十九首》，上海：上海古籍出版社，1999年版。

④ 《全唐诗》，上海：上海古籍出版社，1986年版，第1316—1317页。

杜牧在诗序中说杜秋娘是金陵女子,十五岁被李锜(唐镇海节度使)纳为妾。李锜叛灭后,杜秋娘被籍没入宫禁,有宠于唐宪宗(景陵)。唐穆宗即位后,她被任命为皇子的"傅母"。后来这位被封为漳王的皇子被废削,杜秋娘也被赐归故乡。杜牧在金陵见到年老羸弱、穷途潦倒的她,感叹之下写了这首《杜秋娘诗》。在小注引诗后面,还加注云"李锜长唱此词",可见此诗并非杜秋娘所作,很有可能是当时乐府所传唱之作。此诗旨趣,与前引赫里克的诗颇为相似,跟《摽有梅》亦有相承之处,诗中叙述者似亦为女子(出于乐府教坊歌女之口),说话对象似亦为男性("劝君惜取少年时"),但折花之喻,并未明言为男欢女爱之意,不像《摽有梅》那样直白真率。所以历来评家似乎也并未将之理解为情诗。顺便提及,"花开堪折直须折"中的"折"字,在包含动势这一点上,倒是跟拉丁文的"carpe"有异曲同工之妙。

像《金缕衣》这样的诗,历来并不是很多,中国的"把握今朝"和"及时行乐"主题的表现,自《诗经》、汉乐府、古诗以降,历六朝而至唐宋,像《摽有梅》那样的情诗,似乎并没有发扬光大,反而在饮酒诗中最为常见,也就是《古诗十九首》第十三首所说的"不如饮美酒,被服纨与素"。历来饮酒诗,则以李太白的名篇《将进酒》发挥得最为畅快淋漓:

> 君不见黄河之水天上来
> 奔流到海不复回
> 君不见高堂明镜悲白发
> 朝如青丝暮成雪
> 人生得意须尽欢　　　　　　　　　05
> 莫使金樽空对月
> 天生我材必有用
> 千金散尽还复来
> 烹羊宰牛且为乐
> 会须一饮三百杯　　　　　　　　　10
> 岑夫子
> 丹丘生
> 将进酒

君莫停

与君歌一曲   15

请君为我侧耳听

钟鼓馔玉不足贵

但愿长醉不愿醒

古来圣贤皆寂寞

惟有饮者留其名   20

陈王昔时宴平乐

斗酒十千恣欢谑

主人何为言少钱

径须沽取对君酌

五花马   25

千金裘

呼儿将出换美酒

与尔同销万古愁①

此诗第一、三句均以"君不见"发端。有人以为太白在此诗中连用两次"君不见"，而一般乐府诗只于篇首或篇末偶一用之。② 在太白之前，唐代乐府诗以"君不见"开场者甚多，如李峤《汾阴行》（"君不见昔日西京全盛时，汾阴后土亲祭祀"）、郭震《古剑篇》（"君不见昆吾铁冶飞炎烟，红光紫气俱赫然"）、张说《邺都引》（"君不见魏武草创争天禄，群雄睚眦相驰逐"）等。与太白同代的高适，在其名篇《燕歌行》中则将之置于篇末（"君不见沙场征战苦，至今犹忆李将军"）。太白的忘年交——比太白小八九岁的杜子美也仿效了高适的手法，用诸《兵车行》的结尾（"君不见青海头，古来白骨无人收，新鬼烦冤旧鬼哭，天阴雨湿声啾啾"）。其实在太白之前，南朝诗人鲍明远（照）早已在其乐府诗同一篇中两用此语。太白一

---

① 见第 132 页注④所引用一书，第 383 页。除见于《李白卷》，此诗亦列入"乐府杂曲"，同册第 57 页，文字略有不同。

② 例如周啸天对《将进酒》的赏析即作如是说，参见萧涤非、程千帆、马茂元等：《名家鉴赏：唐诗大观》，香港：商务印书馆，1984 年版，第 225－228 页。

生亦努力效法前贤，鲍明远是其中之一。子美描摹太白的诗："清新庾开府，俊逸鲍参军"，即言太白兼收庾信和明远之妙处。明远好以"君不见"开场，《拟行路难十八首》其十亦采用"及时行乐"之主题：

  君不见舜华不终朝 须臾淹冉零落销 盛年妖艳浮华辈 不久亦当诣冢头

  一去无还期 千秋万岁无音词 孤魂茕茕空陇间 独魄徘徊绕坟基

  但闻风声野鸟吟 岂忆平生盛年时 为此令人多悲悒 君当纵意自熙怡①

明远《拟行路难十八首》其五，篇中即两用"君不见"（"君不见河边草，冬时枯死春满道；君不见城上日，今暝没尽去，明朝复更出"）。第十一、十五两首，也是如此。所以太白的《将进酒》发端时两用"君不见"，明远早已开其先河。但是一到太白笔下，气势立刻大不相同。《将进酒》本为汉乐府短箫铙歌曲，到唐代音乐可能久已失传，即使当时还有曲谱，号称"谪仙"的太白也一定不会为"清规戒律"所束缚。长安、洛阳都在中原，黄河自青藏高原一路东下，横穿而过。此诗开场的两句与《古诗十九首》其十三的发端"驱车上东门，遥望郭北墓"一样，设下空间范围。青藏高原虽高，但并非天上。这是太白最为擅长的修辞"夸张法"（hyperbole）。《论语·子罕》云，"子在川上曰：'逝者如斯夫，不舍昼夜'"。凡是诗中提到江河奔腾，即已暗喻时间流逝。于是三、四两句便承上而来，转写时间，再以夸张法极言人生与青春之短暂。龙沙笔下的玫瑰，清晨鲜花怒放，入夜遍地残红；太白笔下的人生，早晨满头青丝，晚间已白发如霜。人生既如此短暂，又当如何应对？贺拉斯的回答是："放聪明，且纵饮。"太白在第五至十句中也给出了相同的答案，不过其气势之豪迈奔放，远在贺拉斯之上。"三百杯"一语，用《世说新语·文学篇》袁绍为东汉经学大师郑玄饯行之典：酒宴自早至夜（与三四两句亦暗中呼应），袁绍门下共有三百余人向郑玄敬酒，郑玄从不推辞，"温克之容，终日无怠"，真是太白之前的酒中仙。

――――――――――

  ① 见第131页注②所引用一书，（中），第1276页。下文所引三首诗句，则分别见于1275、1276、1277页。

第十一至十四行，一连四个三字短句（其中第十三句"点题"），转韵进入下一段落。岑夫子为太白好友岑勋，丹丘生则为元丹丘，嵩山隐士、"颍阳山居"主人，太白两度作客于斯。回看开场第三行"高堂明镜悲白发"里，出现了一个"悲"字，隐约为下文埋了伏笔；第五句"人生得意须尽欢"，出现"欢"字，又与"悲"字恰恰相反。此诗语气豪放，实乃悲欢相间。第十七句中"钟鼓""馔玉"二词，似自《山有枢》二三两章化出。第十八句"但愿长醉不愿醒"，悲凉之气喷薄而出。第十九、二十两句，"古来圣贤皆寂寞，惟有饮者留其名"，也是带有夸张的语气，显示了太白所受道家之影响，沿袭了六朝竹林七贤的习气（如嵇康在《与山巨源绝交书》中所云"又每非汤武而薄周孔"）。第二十一、二十二两句用陈王曹子建（植）在平乐观宴客"归来宴平乐，美酒斗十千"之典。子建遭文帝子桓猜忌排挤，只能纵情诗酒。"欢"字第二次出现，暗示不平之气。第二十五、二十六两句，再次连用两个三字短句，其中的"千金裘"用《史记·孟尝君列传》里"鸡鸣狗盗"一典。最后第二十七、二十八两句，"酒"字在全诗中第三次出现，而以"愁"字作结，与开场时的"悲"字前后呼应。

如前文所述，所谓"把握今朝"这一主题的核心，就是生命虽然美好，但亦至为短暂无常，而死亡虽至为恐怖，却又无从回避。这种强烈的生死对照，构成了"及时行乐"的真谛。太白此诗，将此一主题在"饮酒诗"这一诗歌亚类中充分发挥，但是与贺拉斯的作品相比，其字里行间之意味，实际上相当沉痛。

三

以上就"把握今朝"这个主题，对西方与中国诗歌中的一些范例做了一番细读。从这种诗歌主题的比较中，笔者形成了一些不太成熟的想法，愿在此与读者诸君交流、探讨：

首先，有关"carpe diem"这个术语，通常有几种不同的说法，有的称之为"motif"，中文常译作"（文艺作品的）中心思想"或"主题"；有的则将之称作"topos"，中文译作"（文学创作的）传统主题"；还有的称之为"archetype"，中文译作"原型""典型""范型"（哲学术语）或"原始意象"（心理学术语）或"（文艺作品的）母题"。① 自古希腊、古罗马，至法国、英国，再到中国，文化背景虽不同，但以佛经的说法，既同为世人，皆有七情（喜怒哀惧爱恶欲）六欲（眼耳鼻舌身意），普天之下，莫不如此。所以如此一个主题，由于深入人性，具有普世意义，因而在差异其实不小的各种文化里面都能找到。这样的主题，其实应该算是英语里的"archetype"（母题）了。

当然，从人类学与心理学的角度来看，没有两种文化传统会是完全相同的，所以这种文学母题的表现，在不同的文化里一定也是不尽相同。美国诗人弗罗斯特的名诗《未曾选择的路》（*The Road Not Taken*），说是森林里面有两条路，叙述者选择了其中一条走，另一条路究竟如何就不得而知。中国文化和西方文化不一样，可以说是走了一条不同的路。西方诗歌里并不是绝对没有以饮酒表现及时行乐的诗作，贺拉斯那首诗里也有"且纵饮"的话，但是饮酒诗绝对不像同类的中国诗歌那样源远流长，以至形成一个诗歌亚类。而在中国的诗歌传统里，虽然《诗经》里也有大量男欢女爱的诗，但是也许是因儒家的影响，并未形成主流。虽然也有《摽有梅》那样大胆表白的情诗，与柏拉图的小诗意思相近，但是"及时行乐"这个主题，并不曾在日后的《子夜歌》等情诗中形成一个传统。

文艺复兴前后，欧洲的贵族社会渐渐形成了骑士风尚：男子汉大丈夫，虽为赳赳武夫，却拜倒在心仪的女子的石榴裙下。贺拉斯的"把握今朝"和奥苏纽斯的"采摘玫瑰"两相糅合之后，从意大利诗人彼特拉克开始，遇上了那个流行的骑士风尚，就形成这样一个情诗的传统，男士千方百计甚至低声下气地追求对方的爱情。所以法国16世纪"七星诗社"中如龙沙等诗人，以及17世纪英国的赫里克等"骑士派诗人"，就在浪漫的情诗中将这个母题发扬光大，与中国的情诗相当不同。

像英国诗人赫伯特的《美德》一诗所言，当然不见于中国诗歌，因为那首诗完全源自基督教的文化背景。中国文化里，儒、道、佛"三教"中，

---

① 以上术语的汉译，引自陆谷孙：《英汉大词典》，上海：上海译文出版社，2007年版。

儒家的影响最大。孔夫子有云："未知生，安知死？"宗教，归根结底，源自对死亡的恐惧，而儒家的想法是，我们对于生命尚未完全了解，为何要多去为死亡担忧呢？所以像赫伯特这样将"及时行乐"的主题化作对灵魂的美德之追求的说法，不见于中国的诗歌传统。

　　比较文学里所谓的"平行研究"，不从相互影响着眼、落墨，而是探讨不同的文化中文学作品所表现的各种异同。这种研究，因为将自己的文化置诸其他文化的参照体系之下，在深入了解与自己的文化有差异之文化的同时，亦有助于进一步深入了解自己的文化。用英语习语说，这种研究是一条"双向道"（a two-way street），于己于人，皆有裨益。在选择与自己的文化参照对比的其他文化对象时，笔者以为其差异越大，对比越强，对于两种不同文化的了解越容易深入。比如研究英、法诗歌的异同，或是中国与东亚其他文化（如日本）诗歌的异同，就不如以中西诗歌为对象的比较研究，更有助于深入了解中西文化的异同。

　　　　　　　　　　　　2018 年 3 月 10 日稿竟于美国加州华山市猿影斋

专题研讨

论吉拉尔的模仿理论及其限度

陈奇佳　王　丽①

法兰西学院院士勒内·吉拉尔（René Girard）② 在人类学、比较文学、神话学、圣经学、中世纪文献学、莎士比亚学等专门学术领域均有精深的造诣，享有很高的学术声望。考虑到吉拉尔的思想地位，也考虑到他的学说近年来对国内人文学术界越来越强劲的影响趋势，我们对其学说所包含的思想内容及价值取向做一番学理上的梳理与评判便显得很有必要了。本文将重点讨论其模仿理论③，该理论在吉拉尔整个思想学说体系中明显居于

---

① 　作者简介：陈奇佳，中国人民大学文学院教授；王丽，河北师范大学文学院讲师。

② 　对"René Girard"的中文翻译，通行有勒内·基拉尔和勒内·吉拉尔两种。罗芃、陈明珠、刘舒等译者倾向于用"基拉尔"；冯寿农等用的是"吉拉尔"。"吉拉尔"在发音上或更近于法语，本文行文时统一称作"吉拉尔"，特此说明。

③ 　模仿亦可写作摹仿，除征引的译文外，我们文中统一写作"模仿"。模仿对应英文词是"mimesis"或"imitation"，其词源分别来自古希腊语和拉丁语（参见瓦迪斯瓦夫·塔塔尔凯维奇：《西方六大美学观念史》，刘文潭译，上海：上海译文出版社，2006 年版，第 274 页），在今天已无明显的词义区别，一般情况下，"imitation"的使用频率更高一些。但吉拉尔强调说，使用"mimesis"这个词才能凸显模仿所包孕的深刻人文精神蕴涵："当我们把模仿（imitation）的现代用法与宗教思想的早期形式相比较时，这些现代用法产生了一种相应但倒退且恶化了的无知。所以，我没有选择耗尽模仿（imitation）一词，而是选择使用希腊词汇摹仿（mimesis），然而，这种选择的前提是不接受柏拉图哲学有关摹仿性竞争的理论，这种理论无论如何都不存在了。使用这个希腊词汇的唯一优势是它使摹仿冲突性的一面变得可以想象，即便它从未揭示冲突的原因。"（René Girard, *Things Hidden since the Foundation of the World*, trans. Stephen Bann and Michel Metteer, Stanford：Stanford University Press, 1987, p. 18.）因此，当吉拉尔刻意使用"mimesis"这种说法时，我们用"摹仿"来标示。但需要说明的是，吉拉尔本人在具体论述中，对"mimesis"或"imitation"的区分并不总是泾渭分明的。

拱心石的地位，他的研究理路及各种各样的学术洞见大体是基于该理论的发展、变形、扩充、推衍的。

本文第一部分是对吉拉尔式模仿论基本学理逻辑的梳理与概括。吉拉尔具有原创意义的主要观点是：人类因为其个体的占有天性引发了模仿冲动。人类社会的主要文化现象，尤其是与暴力有关的现象（如替罪羊等），均发自于此。我们承认吉拉尔思想的特殊深刻之处，但也认为他可能低估了人类模仿天性中的其他原初精神起源的重要意义，至少，模仿中的认知天性和游戏天性等很难完全用占有欲来解释。本文的第二与第三部分即讨论了这两方面的问题。

一

模仿论不是什么新鲜的思想理论。众所周知，古希腊的许多哲人都曾注意到人类社会普遍存在的模仿现象①，而柏拉图、亚里士多德又发展提出了自成体系的模仿理论，用来解释人类精神活动特别是艺术活动中的特殊运作机制问题。自文艺复兴时代以来，伴随着近代经验科学意识的觉醒，伴随着透视理论等视觉技术的丰富与成熟，伴随着"自然"观在近代西方思想系统中被重新定位与解释，模仿理论更在柏拉图、亚里士多德学说的基础上得到了丰富、扩充，也变得更加多元复杂起来。模仿论的影响范围尽管在很早的时候已超出了艺术领域，被一些思想家当作一种一般规律性的东西，但值得指出的是，人们对模仿论的运用仍多集中于艺术领域，至少，主要集中在与感官感知直接相关的领域②，它充其量是一种人类把握世界的或然手段——因为由它而得的东西与人类由理性认知而得的东西多少

---

① 瓦迪斯瓦夫·塔塔尔凯维奇：《西方六大美学观念史》，刘文潭译，上海：上海译文出版社，2006年版，第277页。

② 笛卡尔说："至少必须承认出现在我们的梦里的那些东西就像图书一样，他们只有摹仿某种真实的东西才能做成……"参见笛卡尔：《第一哲学沉思集》，庞景仁译，北京：商务印书馆，1986年版，第19页。

是有所差距的。① 直到 19 世纪中后期，也很少有思想家把模仿"抬举"到
人类本质属性、并以之构建人类世界本体的高度。而这正是吉拉尔模仿论
的根本特异之处，他本人曾多次强调这一点：

> 在今天的人类科学和文化中，存在一个单方面的转向，亦即远离
> 任何可称为模仿（mimicry/imitation）及摹仿（mimesis）之物。然而，
> 所有或几乎所有人类行为都经由学习掌握，而且所有的学习都建立在
> 模仿的基础上。如果人类突然停止模仿，所有文明的形式都将消失。
> 精神病学家频繁地提醒我们，人类的大脑是一个巨大的模仿机器。②

在吉拉尔伟大的思想前辈中，英国学者弗雷泽（James G. Frazer）与法
国学者塔尔德（Gabriel Tarde）可能是少有的两个著名的例外。他们在《金
枝》《模仿律》等著作中，充分注意到了模仿机制在人类把握世界（及自
我）过程中的绝对功能作用。弗雷泽认为人类认识世界最初的也是最根本
的两种思维模式之一就是"相似律"，亦可称作"模仿律"。③ 塔尔德更是
断言"模仿律"是自然、生命、社会基本的结构性规律，人类所有活动的
基点均可追溯至"模仿"，"一切东西都是靠模仿实现的"。④ 但即使是这两
人，他们的模仿观与吉拉尔学说的差别也是一目了然的。弗雷泽尽管也强
调模仿的重要性，但模仿律毕竟只是初民两大思维模式中的一项（另一项
是接触律），他还说，所谓"模仿律"其实是一种不太严谨的说法。塔尔德
尽管对模仿问题有很多直观的、天才的洞见，但他的论证带有很多 19 世纪
斯宾塞主义比附论的思维痕迹，如"一切社会的、生命的和物理的重复，
也就是模仿的、遗传的或振动的重复（让我们只考虑最明显、最典型的重

---

① 至于某些论者强调诗人因为对世界本质真实有特殊的摹写能力而具有特殊的权
柄，这是另一个话题了，在此暂且略过不谈。需要强调的是，这类说法通常表现在一些
特定群体中，人文思想界对其认可度并不高。

② René Girard, *Things Hidden since the Foundation of the World*, trans. Stephen Bann
and Michel Metteer, Stanford：Stanford University Press，1987，pp. 6－7.

③ J. G. 弗雷泽：《金枝——巫术与宗教之研究》（上），汪培基、徐育新、张泽石
译，北京：商务印书馆，2013 年版，第 26 页。

④ 加布里埃尔·塔尔德：《模仿律》，埃尔希·克鲁斯·帕森斯英译，何道宽译，
北京：中国人民大学出版社，2008 年版，第 165 页。

复形式），都来源于某种革新，就像一切光线都是从一个中心点发射出来的一样"①，其论证逻辑有太多的跳脱之处，学理上很难让人信服。再比如，他强调自然的振动现象亦即模仿，其界说未必是周延的。

吉拉尔显然不能同意他们的学术立场或研究方式，他自信确然能够通过经验的、符合现代学术逻辑的方式证明模仿是人类原初的精神冲动，是人类主体意识的第一推动。他试图证明，并在相当程度上已经证明：模仿——他还强调说，模仿总是占有性的，是人类建构自我主体意识的始基，个体借助模仿且只能借助模仿，才能形成自我的主体意识；是在模仿的基础上，个体才得以发展出与他者的关系模式；如果不考虑神启等宗教信仰因素，人类现有的共同体构造逻辑事实上都可以追溯至人的模仿本能。

吉拉尔赞同近代以来西方主体理论的一般逻辑：对象化过程是主体性自我意识形成的必要环节，主体需要自觉地将自我意识投射到客体对象上，完成主客意识的自觉分离，在此基础上通过辨析客体对象与自我分殊的特性以确立自我的特性。这个客体对象是与自我相关但绝非自我的差异者，它可能是自然世界，可能是具体的物，也可能是其他具有精神性质的东西。但吉拉尔试图纠正说：就主体自我的形成过程来说，这种传统的主客关系逻辑未免太过粗糙了。他认为，在主体意识形成之初，主体不可能就其意欲达成的目的形成明确的意向性关系，这种意向性关系都是通过对某种事情的模仿而达成的。即使表面上看起来受本能控制的欲望同样如此，"欲望在本质上是摹仿的"②。"我们当然有欲求，但是，为了令欲求变成欲望，我们首先得找到一个模体（model）。从某种程度上说，摹仿性欲望（mimetic desire）可能是人与动物的差别所在，因为在动物那里欲望并不存在。"③ 这样，传统的线性、对峙性主客关系就变成了主体、模体（model），亦称介

---

① 加布里埃尔·塔尔德：《模仿律》，埃尔希·克鲁斯·帕森斯英译，何道宽译，北京：中国人民大学出版社，2008年版，第6页。

② Rena Girard, *Violence and the Sacred*, trans. Patrick Gregory, Baltimore and London: The Johns Hopkins University Press, 1977, p. 146.

③ Phil & Rose, "A conversation with René Girard", *Journal of Violence, Mimesis, and Culture*, vol. 18, 2011.

体（mediator）①、客体的三角几何关系，主体对象化的过程就是主体对模体的模仿过程："所谓我们的欲望是模仿（或摹仿）性的，并不是说欲望根植于它们自己的客体（objects），抑或根植于我们，它们根植于第三方（party）——模体（model）或者介体（mediator）。我们模仿模体或介体的欲望，希望与他们变得相像（resembling），希望自己与他们的存在能'融和'（fused）在一起。"② 在这种关系中，人类的模仿本能成了主体自我意识形成的第一推动："主体为了获得存在，就需要其他人告知他自己的欲求之物是什么。如果那个已明显被赋予更高级存在的模体，欲求某一客体，那么该客体必然能给他一种更丰富的存在。"③

为了达成把握客体对象的目的，主体将与模体形成多层次、多维度的复杂关系，这些关系模式、功能作用难以一一清算④，大体来说，主体与模体的关系可以分成外中介（external mediation）、内中介（internal mediation）

---

① 吉拉尔在行文中，存在介体、模体混用的情况。不过总的说来，模体可视作介体的一种功能作用，他有时用"模体－障碍体"来表示介体，即他人。在本文中，我们主要运用模体这个概念对问题展开讨论。

② René Girard, "mimetic desire in the Underground: Feodor Dostoevsky", in Robert Doran（ed.）, *Mimesis and Theory: Essays on Literature and Criticism 1953 - 2005*, Stanford: Stanford University Press, 2008, p. 246.

③ Rena Girard, *Violence and the Sacred*, trans. Patrick Gregory, Baltimore and London: The Johns Hopkins University Press, 1977, p. 146.

④ 吉拉尔在其作品中以大量的笔墨分析了主体与模体之间的羡慕、嫉妒、怨恨、受虐与施虐、精神错乱等关系。他说：如果欲望本质上是摹仿的，所有随之发生的现象必然倾向于交互作用。在目标的层面上，所有的敌对不论因何而起，都已经有种互动的特点。如果每一个都变成另一个的障碍－模体，互动在欲望的层面上也将介入。欲望察觉到了这种互动，它观察，不断积累着对他者和自身的认识，但这种认识绝不可能突破其"异化"的循环。欲望试图逃脱它发现的这种互动。在剧烈敌对的影响下，每个模体迟早将自身转变为一个反模体（antimodel），变得相异而非相似。大家都想打破互动，但这种互动恰恰永存于逆反的形式中。（勒内·基拉尔：《双重束缚——文学、摹仿及人类学文集》，刘舒、陈明珠译，北京：华夏出版社，2006 年版，第 64 - 65 页）

两大类型。① 它们大致形成了这样的功能作用：当个体以模体为楷模时，其主体的构建包括自己的诸多欲求将成为对中介的跟随；但模体也可能成为障碍体，主体必须超越、克服模体作为范本的压力才能实现自己的目的，亦即实现对象化。模仿的决定性作用由此凸显：因为模体的介入，主体对象化的过程经常会（如果不说"总是"的话）发生一种不经意的转折，对象化变成了模体化，模仿模体而不是成为主体原初意志所是成了自我主体实现的主要动力。② 个人通过与模体的复杂关系——无论这种模体与主体的关系远近，无论这种模体在主体现实生存中在场与否，无论这种模体实质是精神性或物质性、想象（虚构）性或实体性的，无论主体主观意愿对模体亲近或疏远，无论主体个体性的道德修养的高低——形成了主体的自我标定之点，形成了主体确证自我不可移易的立场。也可以说，主体通过模仿，通过自觉或不自觉地模仿另一个个体的（发生或即将发生的）行为以获得（或夺得）该行为所指对象的占有，占有了自我。

这里需要补充说明的一点是，吉拉尔大概把占有当作主体确证自我的一个不言自明的前提；没有清晰可辨的这个占有物，主体如何能够肯定虚空中的这一点就是自己而不是别的呢？黑格尔说过："我对于一事物的权利不仅是占有，而且是作为一个人的占有，这就是所有物，即合法的占有，而占有事物作为所有物，这也就是作为一个人存在，这件事被安置在现象

---

① 吉拉尔说："如果介体和主体各居中心的两个能量场的距离太大彼此不接触，我们把中介称为外中介。如果两个场距离很小，因而或多或少彼此渗透，我们就把中介称为内中介。衡量中介和欲望主体之间距离的当然不是物理空间。地理上的远近固然是一个因素，但是距离首先是精神概念。"（勒内·基拉尔：《浪漫的谎言与小说的真实》，罗芃译，北京：北京大学出版社，2012年版，第8页。）

② 吉拉尔这样论述莎士比亚的《仲夏夜之梦》：当狄米特律斯因为拉山德将自己的爱从赫米娅转向海丽娜，他无疑是选择了他人眼中的爱情。当赫米娅因为海丽娜选择狄米特律斯时情况也是如此。我们之前研究的作品也是如此。普罗丢斯对西尔维娅的爱也是出于他的朋友凡伦丁的选择；塔奎因也从未用他自己的双眼看过鲁克丽丝，他必然会根据他人的眼光选择爱情。（René Girard, *A theater of Envy: William Shakespeare*, New York: Oxford University Press, 1991, p. 73.）也就是说，吉拉尔认为我们之所以要去追求一个客体，并不是因为我们认为客体多有价值，而是因为他人赋予了它价值，即他人认为它有价值进而去追求。

的关系中，即与另一个人相联系的关系中，就发展为他人尊重我的权利的义务。"① 对于这类源自西方近代法、经济思想的自我/占有观，吉拉尔完全认同："如果像一切似乎表明的那样，模仿确实在人身上起到一种关键的作用，那么一种占有性模仿（或者说独占性模仿——如果人们更愿意这么说的话）必然存在。"② 他还说，大凡具有自觉主体意识的个体，"都期待从占有中获得自身存在的彻底改变"③。

据此，吉拉尔不无自负地把模仿论的核心直接界定为"占有性模仿"。他认为，他这一洞见是自柏拉图以来对模仿理论最大的推进：

> 柏拉图对模仿的解释没有提及关于占有的行为。显然，和其他所有生物一样，占有欲是人类行为中可怕的一部分，并且这种行为是可复制的。在讨论模仿时，人们没有理由把占有欲排除在外；尽管如此，柏拉图还是这样做了。此外，从亚里士多德开始，柏拉图的所有继承者都追随他的引导，因此，这一排除之举被忽视了。正是柏拉图彻底地决定了模仿的文化意义，但这一意义对模仿有所简化，它是从占有行为的本质中撕扯下来的，而占有行为也是冲突的一个方面。如果某些高等动物的行为——尤其猿类——看起来似乎预示了人类行为，那可能完全是由以下原因造成的：尽管占有性模仿（acquisitive mimesis）在这些动物的行为中不像在人类行为中那样起着关键作用，也起到了重要作用，如果一只猿发现另一只伸手去拿一个目标，它马上就会受到诱惑去模仿这一举动。④

根据这种"占有性模仿"说，不管主体原初的意愿如何，所有的模仿

---

① 黑格尔：《黑格尔著作集 第 10 卷：哲学科学百科全书 Ⅲ 精神哲学》，杨祖陶译，北京：人民出版社，2015 年版，第 276－277 页。

② 参见 René Girard, *Things Hidden since the Foundation of the World*, trans. Stephen Bann and Michel Metteer, Stanford：Stanford University Press, 1987, pp. 7－8.

③ 勒内·基拉尔：《浪漫的谎言与小说的真实》，罗芃译，北京：北京大学出版社，2012 年版，第 49 页。

④ René Girard, *Things Hidden since the Foundation of the World*, trans. Stephen Bann and Michel Metteer, Stanford：Stanford University Press, 1987, p. 8.

形式最终都得归结到"替身"（doubles）① 这一关系模式上来。也就是说，主体与模体之间的关系归根结底是对抗性的敌我关系。并且，这一关系将随着自我主体性的深化、自觉而加强，因为这时主体陷入模仿漩涡的程度可能更深，"钦羡的摹仿性越强烈，人们就越是意识不到自己的摹仿本性"，"也就越受摹仿对象的'奴役'"。② 这样，吉拉尔就得出了他关于人类主体特性的一个基本判断：唯其占有性模仿的本性——暴力天性是人类主体的基本属性，主体间关系也自然是暴力性的。这简直是必然的：如果模仿是人的本能，主体间的关系事实上就是一种互相模仿的关系；如果模仿是占有性的，它就具有一种排他性的功能，主体在克服他者达成"自我"的过程中就不能不对他者产生深刻的、几乎是根性的敌意；如果这种敌意是必然的，"我"和"他"之间就存在着一种大恐惧，他人成了地狱。③ 吉拉尔感慨道："在模仿现象中，令人印象深刻的是，那些参与其中的人从不停止模仿他人，每个人都把自己转化成他人的影像。我们会在其中看到，区别产生自冲突的结果，即胜利一方和战败一方之间的区别。传统社会和原始社会强调冲突的相互作用，或者换句话说，即对抗者的互相模仿。使原始人意识到这一点的是竞争对手间的相仿、目标和战术的一致性、姿势的相似性等等"④；"双方的一切都变得越来越相同的时候，人际关系就变得充满暴力、毫无结果，'什么都处在对抗之中。'这是一种在危机中显示出来的

---

① 这是吉拉尔学说的一个概念，中文一般译为"捉对竞争"。但笔者怀疑该词实际来自"monstrous double"（魔鬼的替身）这一说法。因此，文中涉及"doubles"这一概念时，均译作"替身"。参见勒内·基拉尔：《双重束缚——文学、摹仿及人类学文集》，刘舒、陈明珠译，北京：华夏出版社，2006年版，第13页。注1：见 René Girard, *Violence and the Sacred*, Baltimore and London: The Johns Hopkins University Press, 1977, p. 160.

② René Girard, *I See Satan Fall Like Lightning*, trans. James G. Williams, Maryknoll: Orbis books, 2001, p. 15.

③ 勒内·基拉尔：《浪漫的谎言和小说的真实》，罗芃译，北京：北京大学出版社，2012年版，第58页。

④ René Girard, *Things Hidden since the Foundation of the World*, trans. Stephen Bann and Michel Metteer, Stanford: Stanford University Press, 1987, p. 11.

捉对竞争（即替身）关系"①。

也可以说，吉拉尔的模仿即占有说也便是模仿即暴力说。② 吉拉尔由此引出了他关于人类共同体基本性质的考察及其解脱之道。根据模仿即暴力的观点，吉拉尔判断人类社会的基本组织逻辑必然也是暴力性的。③ 当然，剧烈而本质暴力的活动并没有摧毁人类的类存在。吉拉尔解释说，人类的明智在于，在暴力的基础上发展出了一种缓和暴力之道，这使得人类社会作为一个共同体得到了维系，而"牺牲""替罪羊"便是这种根本性的"以暴易暴""以暴抑暴"之道。

共同体最终在漫长的历史性的博弈过程中发明了一种缓解共同体内部暴力的机制（手段），即将集体性的暴力诉求集中到某个个人（或某特定群体）上，从而既疏泄了模仿占有造成的暴虐欲望，又使得社会结构处于相对稳定的状态。这个个人（或某特定群体）就是替罪羊；这个拣选替罪羊的过程就是牺牲机制。④ "一旦达成一致意见，邻里之间广泛传播的暴力就不再存在；相反，只剩下所有无辜的公民面对一个罪人。这个替罪羊承担

---

① 勒内·基拉尔：《双重束缚——文学、摹仿及人类学文集》，刘舒、陈明珠译，北京：华夏出版社，2006 年版，第 192 页。

② 人们或许诧异：这种暴力面向是否就是模仿最终的唯一属性呢？模仿是否可能从根性上为我们导引出一些更积极的东西呢？在个别场合，吉拉尔的确这样含糊地说过："我所说的摹仿性欲望即使是产生不好的作用时，其仍然内蕴着好的向度（intrinsically good），它并不同于狭义的模仿（imitative）。换言之，它是自我开放的（opening out of oneself），也是对他人敞开的（openness to others）。……文化的模仿就是模仿性欲望的一种积极形式。"（Rebecca Adams & René Girard，"Violence, Difference, Sacrifice: A Conversation with René Girard"，*Religion & Literature*，vol. 25，no. 3，1993，pp. 24 – 25.）不过，必须指出的是，他这样的说法较罕见，并且通常和他所谓的基督信仰有关："我想说，只要你有欲望，在你对另一个人有效、积极地模仿中就存在一种神圣的恩典。毫无疑问，这就是基督教所告诉我们的。如果我们否定了这一点，就会陷入某种乐观的人文主义。"（Rebecca Adams & René Girard，"Violence, Difference, Sacrifice: A Conversation with René Girard"，*Religion & Literature*，vol. 25，no. 3，1993，pp. 25.）这就说明，他的积极模仿和一般意义上的人文精神没有关系。

③ René Girard, *Things Hidden since the Foundation of the World*, Stanford: Stanford University Press. 1978, p. 16.

④ 勒内·基拉尔：《双重束缚——文学、摹仿及人类学文集》，刘舒、陈明珠译，北京：华夏出版社，2006 年版，第 8 – 9 页。

了所有邪恶……不是因为这样一个负有责任的人真地存在，而是因为只有通过摹仿对某个神话式罪犯达成同仇敌忾才能带来康复。神谕导致了危机的爆发；异议必然在解决方案之前达到顶点。"① 为什么替罪羊通常总是单个的呢？是"一只替罪羊"（即使是多人，他们成为替罪羊时通常被归为一类）？吉拉尔解释说："一旦两个或更多的竞争者联合起来反对任何特定的某一个，他们共同目标的摹仿性吸引力就会随着两极分化的人数增加而增加。当这种敌对摹仿的雪球效应达到每一个个人之时，一个实际上的和解在牺牲这一单个替罪羊的基础上达成了。"②

　　但通过替罪羊而缓解暴力并非正道。与其说它缓解了暴力，不如说为共同体生产了属于未来的、更为酷烈的暴力冲突。前人施加在替罪羊身上的暴力行径，正可以成为后人模仿的对象：

　　　　撒旦是整个摹仿进程之名；因此他不仅是争斗、混乱的来源，也是人类所有形式的秩序的来源。因此，撒旦从起初就是一个杀人凶手；他的秩序只有创始性谋杀这一来源，而创始性谋杀是一个谎言。人类是撒旦的子孙，因为他们就是创始性谋杀的子孙。③

　　吉拉尔的这些批评当然是与他的现实关切，诸如核战阴影、恐怖主义、

----

① 勒内·基拉尔：《双重束缚——文学、摹仿及人类学文集》，刘舒、陈明珠译，北京：华夏出版社，2006年版，第148页。

② 勒内·基拉尔：《双重束缚——文学、摹仿及人类学文集》，刘舒、陈明珠译，北京：华夏出版社，2006年版，第262页。

③ René Girard, *Things Hidden since the Foundation of the World*, Trans. Stephen Bann and Michel Metteer, Stanford：Stanford University Press, 1978, p. 162.

极端主义等紧密相关的①，他的研究其实都带有强烈的讽喻性色彩。

---

① 吉拉尔经常从模仿论出发批判现代文化机制中的暴力现象。按照他的看法，正是因为人们对自己的模仿天性缺乏批判性自省，才会常常身处暴力情境而不自知，也找不到解脱之道。在此我们简略征引几条他的相关论述。这些论述能够凸显他的基本价值取向：原始社会并不专于暴力。其暴力和"虚伪"也不比我们自己社会的少。如果想要真正全面地了解，我们就应该考虑到所有或多或少仪式化的、将威胁从附近的客体转移到更远的客体的暴力形式。例如，我们应该考虑战争。很明显，战争不限于一种特定类型的社会。成倍增长的新武器和新技术并没有成为原始战争与现代战争的根本区别。此外，如果我们将依附于司法制度的社会与实行献祭仪式的社会相比，就可以发现，这些机制的存在或出现是区别原始社会和"文明"社会的一个基础。我们必须仔细考察这些机制，不是为了抵达某种价值判断，而是为了获得这些制度各自所属社会的客观知识。（René Girard, *Violence and the Sacred*, trans. Patrick Gregory, Baltimore and London：The Johns Hopkins University Press，1977, p. 19.）在9·11事件之后不久，法国的《世界报》曾采访吉拉尔，问他那些有关"模仿的对抗"的观念是否可以被运用到当前的国际局势，他给予了审慎的肯定。他说，我们错在每当人们和多种文化之间产生"模仿性对抗"时总是去寻找"差异"，模仿欲望驱策着这种对抗。吉拉尔对《世界报》的编辑们说："毫无疑问，虽然恐怖主义与一个和我们的世界'有差异的'世界关系密切，但是导致恐怖主义的东西并不存在于这种'差异'之中……相反，它存在于一种要求一致与相像所恶化的欲望之中'。我们正在经历的东西是'全球范围内模仿性对抗的一种形式'。在伊斯兰世界中，我们看见了要发动'那些沮丧者……从他们与西方世界的模仿对抗的多种关系方面'的努力。"（拉塞尔·雅各比：《杀戮欲：西方文化中的暴力根源》，姚建彬译，北京：商务印书馆，2013年版，第213页）施米特误解了现代战争的环境。举例来说，他并没有意识到核威慑的利害关系。自1945年起，一切都按照这一原则开始运作，就像马菲家族之间的协议，而不是类似法制的东西。换言之，没有任何东西被合法化，没有任何东西通过联合国。为了使威慑产生作用，不受任何干预，这就形成一种黑手党系统（mafia system）。施米特看到了这一问题，关于战争的结束，他试图从法学的角度来解决这个问题。这和绝大多数医生对医学抱有幻想一样。我们不能把战争视为一种流行病。施米特认为，战争与和平之间的摇摆不定导致了潜在暴力的无限增长，这是对的；但他低估了肆无忌惮的技术的作用。他没有看到，民主自杀式恐怖主义或许可以抵抗任何战争遏制。从这个角度来看，自杀式袭击是原始牺牲的巨大倒置；而不是通过杀害一个"受害者"来拯救其他人。恐怖主义通过杀害自己来杀害别人。这是一个比任何时候都颠倒的世界。（René Girard, *Bttling to the end：conversations with Benoît Chantre*, Michigan：Michigan State University Press，2010, p. 67.）这个理论（指极端伊斯兰教义）的隐藏结构就像是对拿破仑的模仿。……克劳塞维茨用比黑格尔更现实的方式表明，意识形态的无力反抗已经到达它的极限。意识形态战争、诡谲的合理性暴力将人们带到了时下战争的范围之外。西方将与恐怖主义作斗争，无疑它的傲慢已经被点燃。（René Girard, *Battling to the end：conversations with Benoît Chantre*, Michigan：Michigan State University Press，2010, p. 209.）

　　就吉拉尔来说，最终的解决方案还是要回到信仰上来。他认为遵从耶稣基督的教诲乃是从根柢上平复人类暴力的解决之道。他认为，耶稣阻止彼得的暴力反抗及自我牺牲等事迹，显示了他的一种特殊知识。这种知识就是他对牺牲机制的洞悉。耶稣在牺牲机制统治的国度中活下去等于是向暴力妥协，他的死等于是把另一半脸也转过去让人打，完全实践了上帝在《利未记》中所列举诸条例中最末也是最难的一条——爱人如己。因此，耶稣单方面地放弃了暴力乃至自卫的权利。从某种程度上说，耶稣以伪装的自杀打破了暴力的循环，看似依旧是迫害、牺牲和替罪羊，却是与替罪羊机制极端对立的模式。因为耶稣与牺牲机制格格不入，所以他必须被驱逐；也正因为耶稣被驱逐，才能显示出他与牺牲机制格格不入。耶稣是一个最完美、最无辜的受害者，揭示了暴力的本质与受害者的无辜，令死去的受害者都从坟墓中起来。这也是耶稣作为替罪羊惨遭迫害的根由："在拒绝这种知识的人看来，这种知识是不吉的；是所有暴力中最坏的一种。在献祭的共同体看来，事情就是这样。"①

二

吉拉尔以占有性模仿为中心推衍、展开的整个学说框架，博大精深，又涉及许多来自世界不同时代、不同地域的复杂语言文献资料，非本文所

―――――――――

① René Girard, *Things Hidden since the Foundation of the World*, trans. Stephen Bann and Michel Metteer, Stanford：Stanford University Press, 1978, pp. 208. 具体说来，人们在今天如何领会耶稣所带来的知识依然是一个极端复杂的问题，人们并不能通过对《圣经》寻章摘句或原教旨式地照搬照抄获得这种知识。吉拉尔强调说耶稣的语言是一种"阻碍"的语言。在他的著作中，我们发现"skandalon"和"skandalidzein"两个词同时使用在了撒旦和耶稣身上。"skandalon 通常会被翻译为'绊脚''阻碍''绊脚石'或埋伏的'陷阱'。这个词以及衍生的 skandalizo（导致'绊脚'）来自词根'skadz'，意为'我一瘸一拐'。"（René Girard, *Things Hidden since the Foundation of the World*, trans. Stephen Bann and Michel Metteer, Stanford：Stanford University Press, 1978, p. 416）关于"skandalon"，还可参见第三卷第五章最后一节（pp. 416–431），撒旦当然是使人不断跌倒的绊脚石。吉拉尔强调说，作为人，彼得也不能超越占有性模仿的困境。《马太福音》中，彼得在耶稣预言他的受难和复活后劝耶稣说不可如此，耶稣却对彼得说："撒旦，退我后边去吧！你是绊我脚的，因为你不体贴神的意思，只体贴人的意思。"彼得在此处成为耶稣的绊脚石，耶稣甚至将彼得等同为撒旦，因为他只体贴人的意思。何谓人的意思？按照吉拉尔的说法，人的意思无疑是模仿性欲望与牺牲机制。后来，彼得三次不认耶稣，果然没有拒绝模仿性欲望的诱惑。但吉拉尔又说，撒旦作为绊脚石在这里还有阻碍人模仿其唯一值得模仿的楷模（即耶稣）的意思。由于这一层阻碍，人们只能通过比喻、寓意的途径来领会耶稣的教诲："使用系统资源，以至于他以他们知道的唯一语言告诉他们。"（勒内·吉拉尔：《替罪羊》，冯寿农译，北京：东方出版社，2002年版，第236页。）这其中，领会占有性模仿这一机制的运作规律又是能够领会耶稣教诲的先决条件。根据他的研究，人们是否就能切实地把握住耶稣所带来的得救的道理呢？吉拉尔对此其实是不无困惑的："我在《隐蔽事物》的结尾说道，'牺牲'一词的词义变化涵盖了人类全部的宗教的历史，我认为这也是应该提倡的正确态度。所以当我们今天在一个教堂或者在宗教的语境里说'牺牲'时，我们指的是一种与原始宗教完全无关的东西。当然，我在这本书的写作中，讲到'牺牲'时指的全是原始宗教，此外，我的主题是原始宗教与基督教的区别，所以我完全把'牺牲'的词义变成原始的……所以我把'牺牲'这个词变成了替罪羊。"（Rebecca Adams & René Girard, "Violence, Difference, Sacrifice：A Conversation with René Girard", *Religion and Literature*, vol. 25, no. 3, 1993, p. 29）

能评论。我们在此只追问这样一个问题：如果将事情追溯至主体诞生的原初，模仿是否必然是占有性的？换言之，我们可以这样设问：即使我们承认他关于主体、模体、客体三角关系的假说，也就是承认模仿本能在人类主体精神构建进程中的支配性地位，我们是否就能假定模仿的运作就如物权占有那样，必然是物欲的、零和的（我占有，别人就不能占有）、排他的？就如同黑格尔说的那样，"我把某物置于我自己的外部力量支配之下，这样就构成占有；同样我出于自然需要、冲动和任性而把某物变为我的东西，这个特殊的方面就是占有的特殊利益"[1]，以此，人才得到原初的自我意识，并"通过他的自我意识把自身把握为自由的，他才占有了自身，有了他自身的所有权，以对抗他人"[2]。

根据历代思想大师对模仿问题的讨论，我们认为，很难断定占有就是人类模仿本性的第一推动、人类由模仿而产生的各种现象最后必须也只能还原到占有精神上。至少，模仿先天地与人类的认知和游戏天性相关，不能说占有也主导了这两种人类天性，更不能说这两者也都将诱使人们用敌意眼光来看待他者。

我们先来看模仿与人的认知关系。亚里士多德早就注意到了这一点。

---

[1]　黑格尔：《法哲学原理》，邓安庆译，北京：人民出版社，2016 年版，第 97 页。

[2]　黑格尔：《法哲学原理》，邓安庆译，北京：人民出版社，2016 年版，第 112 页。黑格尔还说："法首先是自由以直接的方式给予自身的直接定在。占有，就是所有权。自由在这里是一般抽象意志的自由，或者，正因此是一个单一的人格仅仅同自身相处时的自由。人自身同自身区分开来，要与另一个人发生关系，虽然双方都只是作为所有人而相互具有定在。他们本来存在的同一性得以实存，是通过将一方的所有权让渡给另一方，依据共同的意志并保存它们的权利，这就是在契约中。意志作为是在对自己的关系中，不与另一个人相关，而且在自身中自我区分，这种意志作为特殊的意志，与自身作为自在自为地存在着的意志是有区别和对立的，就是不法和犯罪。"（黑格尔：《法哲学原理》，邓安庆译，北京：人民出版社，2016 年版，第 88 页）这种占有理论是近现代欧洲人文学界的通行观念，述及者很多。这里特别值得提到的是，德勒兹曾经指出，塔尔德式的模仿论的哲学背景其实是莱布尼茨的单子论，而莱氏的单子论强调：单子若要"拥有一个形体"，就要明确所有权，"充满拥有领域的是征服现象、统治现象和强占现象，而拥有领域则总是处于某种力量之下"。（吉尔·德勒兹：《福柯 褶子》，于奇智、杨洁译，长沙：湖南文艺出版社，2001 年版，第 314－315 页）笔者认为，这个判断恐怕也适用于吉拉尔的模仿说。

在《诗学》中他即有这样著名的论断：

> 首先，从孩提时候起人就有摹仿的本能。人和动物的一个区别就在于人最善摹仿，并通过摹仿获得了最初的知识。其次，每个人都能从摹仿的成果中得到快感。可资证明的是，尽管我们在生活中讨厌看到某些实物，比如最讨人嫌的动物形体和尸体，但当我们观看此类物体的极其逼真的艺术再现时，却会产生一种快感。这是因为求知不仅于哲学家，而且对一般人来说都是一件最快乐的事，尽管后者领略此类感觉的能力差一些。①

吉拉尔曾说柏拉图的模仿论，也就是行动模仿理念的观点实际已包含了一定程度的"替身"意味。站在吉拉尔的立场，我们相对能够理解这一说法。但是如何才能解释亚里士多德所指出的这种认知快感的现象呢？很难说，孩童通过模仿习得某种能力并尝试运用这种能力理解外部世界的时候，他具有什么明确的行为意向，恐怕是因为通过模仿而把握外部世界这一事实让他感到愉快。如孩子模仿家长擦火柴的动作而点着火之类，让他愉快的当是他能够生产火这一事情而不会是他赢得模仿竞争的隐微心理动机——如果有，这应当出现在更晚、更复杂一些的心理发展阶段。

吉拉尔批评前辈的模仿理论时，时常将柏拉图与亚里士多德并举。但他在具体分析他们的模仿论时，指摘的往往只是柏拉图的模仿学说，很少正面批驳亚里士多德的观点。② 显然，他不可能把亚里士多德的学说仅当作柏拉图理论可有可无的回旋曲。但为什么他在与前辈争锋的时候，亚里士

---

① 亚里士多德：《诗学》，陈中梅译注，北京：商务印书馆，1996 年版，第 47 页。还可参见亚里斯多德：《修辞学》，罗念生译，上海：上海人民出版社，2006 年版，第 56 页；鲍列夫：《美学》，乔修业、常谢枫译，北京：中国文联出版公司，1986 年版，第 278 页。

② 吉拉尔说："根据亚里士多德的学说，人类出于对摹仿的热爱而热爱戏剧。为什么摹仿就应该是愉悦的呢？亚里士多德从来没有回答过这个问题，但是莎士比亚做到了：这其实是对典范（the model's being）的向往。表演内在的神秘和含混可以用摹仿中的转变来解释。一旦一个角色渗透到我们心中，一旦被我们正式地在人文学方面授予权力去表演，表演便丧失了它的威望。身份的角色会比我们自身的角色更吸引人。"（René Girard, *A Theater of Envy*: *William Shakespeare*, New York: Oxford University Press, 1991, pp. 59 - 60.）这样的批评显然不能让人信服。

多德的声音却又是沉默的呢？这是值得玩味的。

　　吉拉尔之所以低估模仿的认知作用这一面，可能与他强调主体与模体在形象学意义上的类同有关。① 尽管具象性的形象不无认识功能——他可能因此顺理成章地推想人类的认识冲动也是由占有性模仿派生而出，但他还是低估了主体模仿实践中超脱模体束缚，其意向指向创新、自由、超功利的一面，而这些与人的认知冲动在类本质的一面更有密切关系。他很少谈论模仿中的相似性、抽象性和工具（媒介）性等问题。这些问题均与模仿

---

　　① 吉拉尔学术的开端源自他的文学研究，他是从莎士比亚、塞万提斯、司汤达、福楼拜、陀思妥耶夫斯基、普鲁斯特等作家的创作中洞察了人类精神运作的一个基本状况，亦即主体自我的确证，通常不是映照在其精神力图把握的对象身上，而是映照在其自觉不自觉模仿的模体（介体）身上。他把小说当作人类学意义上类似于神话一样的文本对象来处理，这在学理上并无问题。事实上，我们甚至可以说这一方法是对狄尔泰、早期卢卡奇“精神科学”（卢卡奇：《小说理论》，燕宏远、李怀涛译，北京：商务印书馆，2012 年版，第 2 - 3 页）研究方式的推广与深化。但这一研究特色可能也形成了某种思维惯性，使得他较少考虑抽象因素在模仿过程中的作用，他还有把图像思维与图形思维混同起来的倾向。图像在自我认知过程中当然发挥了很大作用。有关这点，当代学者讨论甚多，在此不展开。但人类认知过程中将抽象概念图式化的复杂程度显然远远超过了图像认知这一点。康德也认为他的先天图式论（transcendental schematism）是其理论观念中最困难之点。阿甘本对此评论说，“康德写道：‘知识概念的图式论……就是一个瞬间，在那一刻，形而上与形而下的边缘，触及到了倾注的斯第克斯之水（Styx interfusa）。’……斯第克斯沼泽之水作为‘诸神伟大而可怕的誓言’而发挥作用：那里有一潭令人厌恶的阴暗死水的沼泽，将他们迅速围起来，斯第克斯设置了九道关卡，并向其间注入此水。……在那一瞬间，在某种誓言中，图式论（语言）将两个似乎必须永久分离的王国结合起来”（吉奥乔·阿甘本：《语言的圣礼——誓言考古学》，蓝江译，重庆：重庆大学出版社，2016 年版，第 158 - 159 页）。当然，图形、图像、形象、自我的关系与差异问题是一个极其复杂的问题。而吉拉尔强调图像的优先地位，也许和基督教信仰中上帝按照自己的形象（image）造人有关（关于图像在人类认识自我中信仰根源的讨论，可参见 T. W. 阿多诺：《克尔凯郭尔：审美对象的建构》，李理译，北京：人民出版社，2008 年版第 3 章、第 7 章的相关论述）。这个问题非常复杂，不是我们在此所能详细讨论的。我们仅试图说明：吉拉尔学说的某些预设未必足够缜密周详。

的认识功能紧密相关，而与欲望导致的占有性①较少牵涉。

首先需要讨论模仿与相似性的问题。这两者理所当然地有所联系，并且相互印证、补充。②但两者间究竟哪一个是更原初的人类冲动，哪一个是派生形式，学界颇有不同的看法。按照弗雷泽的观点，相似性更像是人类原初的精神冲动。吉拉尔当然强调模仿的优先性。我们姑且赞同吉拉尔的立场。即便如此，我们还是需要指出，模仿与相似有着一些精神质量的区别，不能将相似简单看成是求"逼真模仿"而不可得的低级形态。吉拉尔强调模仿的"占有性"，其实就是强调主体与模体各有各的"格位"，个体正是需要占据那一个能够清晰标定其存在特异性的独特位置，才能成其所是；而又因为在精神层面模体总是已经占据了这个格位，主体需要排他性地占据才能获得这个位置，所以必然发生纷争。然而这种假定已经预定主体与模体间必然是替代性关系，主体总是渴望整体意义上占取模体已经占据的那个位置。但人类的模仿欲果真永恒地指向这种替代性关系吗？相似性普遍存在的事实表明，在完成替代性心理效应之前，主体对于模体的模仿常常会随意地终止于某一阶段。这种随意终止有时固然缘于主体精神意志的薄弱，但不少时候确是根于主体自由意志的裁断，就是说，主体根据自我自由裁量的意愿，判断对模体的模仿已经达成其目的，他已经能够根据这些形似的东西来判断客体对象的真假与虚实。虽然较为理性成熟的人们可以抱怨说这更像是一种任性，但在主体精神诞生之初，却是一种必然。

---

①　吉拉尔似乎没有系统地讨论过人的欲望根源问题，不过，按照他一贯以来的表述，人们不难导出这样的判断，即模仿塑造欲望；欲望趋向占有："根据我们的定义，即受摹仿效果的干预，欲望并不与动物的本能和需求相关，从某种程度上说，它已经被人化的过程从根本上改变了。换句话说，摹仿的作用和大规模的符号重塑联手改变了欲望的内涵。那些我们一般意义上所说的心理学全部元素以及那些定义我们为人的精神维度都一定是极其缓慢地形成的，但最终是由失序和摹仿功能的不断复杂重组来实现的。"（René Girard, *Things Hidden since the Foundation of the World*, trans. Stephen Bann and Michel Metteer, Stanford：Stanford University Press, 1987, pp. 283 – 284.）

②　偶有例外。如美国美学家 H. G. 布洛克这样说："'模仿'乃是一种人类试图获得的能力或技艺，人们努力追求它，有的成功，有的失败。'相像'则不然，它只不过是一种偶然性的现象。"（H. G. 布洛克：《美学新解——现代艺术哲学》，滕守尧译，沈阳：辽宁人民出版社，1987 年版，第 42 页。）但他并未对艺术史或日常生活中如此之多的"相似性"现象做出合理解释，论说相当随意。

康德在谈论经验的类比时说，"它们的原则是：经验只有通过对知觉作某种必然连结的表象才是可能的"①，对原初的精神来说，只要洞觉到那些表象间存在某种"连结"——相似性无疑是最凑手的一种"连结"形态，这就足够让他们做出类比判断了。② 有足够多的人类学文本能够凸显原始知识学积累形成时的这种境况。③ 需要强调指出的是，这种不求逼真模仿、只求相

① 康德：《纯粹理性批判》，邓晓芒译，北京：人民出版社，2004 年版，第 165 - 166 页。

② 分析美学家内尔森·古德曼（Nelson Goodman）在其名作《相似性的七点局限》中，几乎是以一种抓狂的心情批判人们对"相似性"这一概念的随意利用。按照他的看法，"相似"这一概念虽然无处不在但几乎没有什么固定所指，堪称"是一种冒名顶替者，骗子，江湖郎中"（弗雷德·奥顿、查尔斯·哈里森：《现代主义，评论，现实主义》，崔诚、米永亮、姚炳昌译，上海：上海人民美术出版社，1991 年版，第 131 页）。不过这一批判正说明了"相似性"在人们一般认知过程中的活跃程度——虽然说建立在它基础上的知识通常并不牢固。

③ 弗雷泽在《金枝》中列举了很多善意的发自"相似律"的巫术，如"没有任何地方比澳大利亚中部的荒瘠地区更加系统地实地运用了交感巫术的原理，以争取丰足的食物。在这里，各部落划分为许多图腾氏族，为了本氏族的共同幸福，每个氏族都有责任利用巫术仪式来增殖它的图腾生物。绝大多数的图腾都是可食用的动物或植物，因而这些仪式通常都是为保证这个氏族的食物或其他生活必需品的供应而举行的。这些仪式一般都含有人们所要产生的效果的模拟"［弗雷泽：《金枝》（上），汪培基、徐育新、张泽石译，北京：商务印书馆，2013 年版，第 36 页］。又如："在印度教的古书里记载着一条规则：在新婚之夜，新郎必须和他的新娘安静地坐在一起，从太阳落山直到天空星光闪烁。当北极星出现，他必须指给她看，并对这颗星说：'您是坚定不移的，我看见您了！您这永恒的星。求您坚定地和我同在吧，啊，您这旺盛的星！'然后他转向他的妻子，他必须说：'布里哈斯帕蒂已经将你赐给我了，为我，你的丈夫，生儿育女吧！跟我白头到老吧！'这种仪式很明显是企图用星星的永恒不变的影响力来防止人生的命运多舛，祸福无常。"［弗雷泽：《金枝》（上），汪培基、徐育新、张泽石译，北京：商务印书馆，2013 年版，第62 - 63 页］我们会发现，这些善意的巫术经常与我们今天所说的认识活动密切相关。类似的人类学证据很多，不一一枚举。阿甘本在《万物的签名》中曾提到一个事例很有趣味，转引于下。他指出，古医学通常与同形相似的巫术思维有关："帕拉塞尔苏斯的医学著作，提供了大量的范例。潘神兰（satyrion）'形如男根'，这个签名表明它能够'壮阳催情'。小米草有一个眼状的标志，由此揭示了它治愈眼科疾病的能力。如果名为 Specula pennarum 的植物能够治疗女性的乳房，那是因为它的形状让人想到了乳房。石榴的种子和松仁，形如牙齿，可以减轻牙痛。在其他情形下，相似性是隐喻的：长刺的蓟可以缓和剧痛；马鞭草（Syderica）的叶子有蛇形标记，是各类毒剂的解药。"（吉奥乔·阿甘本：《万物的签名：论方法》，尉光吉译，北京：中央编译出版社，2017 年版，第 40 页）

似的本能，为原初的精神带来了客观知识的原始形态，并在其中得到了自我肯定的愉悦之情。诚然，对他来说，构建起一个真正意义上的知识系统还需要漫长历程，在此过程中相似律也将暴露出其重大弊端，并且必须为成熟的主体意识所扬弃，但其最初的认知推动作用仍然不能被低估。

模仿时有抽象化的倾向：人类凭借自己天赋的抽象能力① 将对主体所观照的对象特点进行抽象、概括、提炼，在此基础上，试图模仿并复制这些抽象性特点。柏拉图所谓对理念的模仿就涉及了模仿的这一特性。这一特点多少与前面所论述的相似性问题有关，但更涉及人类天赋的心理能力（笔者认为让模仿止于相似更像是来自自由裁量的意志）。它也是模仿的基本作用方式之一，既不是吉拉尔强调的"逼真模仿"的低级版、弱化版，也不是"逼真模仿"的高级版，而是主体意志通过各种模仿训练后的升华与发展。有很多人类学的证据能够说明这一点，如原始艺术中，人类最早的艺术家们都表现出了一种对抽象图案的迷恋。并不是说这一时期的艺术家们缺乏精准造型、描绘的能力，而是抽象创造为他们带来了别样的愉悦之情。沃林格认为，几何学就是从这种抽象图形的制作、模仿、复制过程中发展出来的。②

就主体与模体的关系而言，在抽象化模仿中，主体与模体的关系是复杂的，难以详述，但有一点似乎可以判定，在此精神过程中，心灵处理的模仿对象通常不是一个而是一群、一类，有时还会把人类与动物，生命体与非生命体等不同事项的东西混杂在一起，很难设想主体精神狂妄到将它

---

① 皮亚杰在其《发生认识论》中对人类的语言的命名、指称、逻辑归纳、推理等天赋能力做出了科学实证的解释，已被学界广泛接受，此不详述。

② 参见 W. 沃林格：《抽象与移情——对艺术风格的心理学研究》，王才勇译，沈阳：辽宁人民出版社，1987 年版，第 40-41 页。我们认为，如果不那么强调抽象是与移情相对立的一种天赋心理能力，他的观念将更具解释效能。[李格尔就认为"不管自由发明的装饰形式看似如何地背离自然，自然原型总是在它一些独有的细部里显露出来。……用轮廓表现的动物形象依然实际上再现了动物"。（阿洛伊斯·李格尔：《风格问题——装饰历史的基础》，邵宏译，杭州：中国美术学院出版社，2016 年版，第 14页）] 沃林格的相关论述可参见《抽象与移情——对艺术风格的心理学研究》，王才勇译，沈阳：辽宁人民出版社，1987 年版，第 39、42-43 页；沃林格尔：《哥特形式论》，张坚、周刚译，杭州：中国美术学院出版社，2004 年版，第 25-26、47 页。

们一并归入竞争敌手的那种心理情感。

吉拉尔还可能低估了模仿中工具及媒介的作用。这里所说的工具及媒介指的是人类通过与外部世界打交道而发展出来的物质性手段，不是吉拉尔所谓的"介体"。人类在与模体打交道的过程中，除了直接的精神性层面的因素，通常还需要和直接的物质性现实发生联系。比如描摹一个形象，绘画与雕塑就需要借助完全不一样的介质。就雕塑来说，使用泥土、木材、石头等不同材料所需要的主体才能也有很大差别。就是说，主体运用不同介质来完成模仿行动时，在付出直接的、巨大的、物质性的辛苦劳作的同时，也付出了极大的精神劳作。这种精神劳作，一方面指向各种物性的理解、各种具体技艺的掌握①；另一方面也在开拓模仿的更大的可能性，使得人们用更多的手段，从更全面、更具包容性的范围里，在更精致、更细密、更深刻的程度上来描摹这个世界。就像照相技术、电影技术发明后，人类模仿世界的视野大大被拓宽了那样。② 有必要指出的是，物质媒介的发明及

---

① 海德格尔在《艺术作品的本源》（参见《林中路》，孙周兴译，上海：上海译文出版社，2004 年版）中对相关问题有重要讨论，在此不赘引。

② 在此我们可以以电影艺术为例。克拉考尔指出，电影技术的发展，从很多方面扩展了人类的感知可能性，使人们看到了那些"在正常条件下看不见的东西"，或者说，鼓励人们去看那些"在正常条件下看不见的东西"："在正常情况下观察不到的许多物质现象可以分成三类。第一类包括小得非肉眼所能一下注意到或甚至觉察到的物象，和大得没法看全的物象。"（齐格弗里德·克拉考尔：《电影的本性：物质现实的复原》，邵牧君译，北京：中国电影出版社，1981 年版，第 57 页）"第二类在正常条件下看不见的东西是转瞬即逝的东西。……电影摄影机仿佛对我们环境中最不持久的东西更其偏爱。街道，就这个词的最广泛的意义而言，可以说是一个必然能遇到这类景象的地方。"（齐格弗里德·克拉考尔：《电影的本性：物质现实的复原》，邵牧君译，北京：中国电影出版社，1981 年版，第 65 页）"第三类也是最后一类在正常条件下看不见的东西是那些属于头脑里的盲点之列的现象；习惯和偏见使我们不去注意它们。有一份记载非洲土人对一部在当地拍摄的影片的反应的报告，非常清楚地说明了注意或不注意某些东西跟文化水准和传统有关系。……不合习惯的复合体。电影会揭示出通常被隐没在人物和背景的习惯结合形式中的某些实际存在的复合体。……有许多东西始终不受注意，只是因为我们不屑一顾。绝大多数人对垃圾箱、脚下的污物或扔掉的废品，都是不看一眼的。电影没有这种禁忌；相反地，我们通常不爱注意的东西恰恰由于这种普遍的思想而引起了电影的兴趣。"（齐格弗里德·克拉考尔：《电影的本性：物质现实的复原》，邵牧君译，北京：中国电影出版社，1981 年版，第 67－68 页）

其对人们模仿能力的展拓，从根本上说是不可预测的。卡尔·波普尔（Karl Popper）早就指出，真正的知识是不可预测的。① 也就是说，在此进程中主体的精神活动没有什么真正的模体可言。

回到占有性模仿这个话题上来。我们即使假定占有性欲望是人类发展物质媒介技术的重要推动力，但不能说它就是第一推动力。我们还必须承认，这种物质技术功能展拓的一面会在模仿过程中构成一个独立的维度，它自我娱乐、自我祝福、自成价值向度。主体倘若在自我精神形成过程中不能直面这一点，它的模仿便只能停留在任性而随意的层面，更容易因为占有性的暴力冲动而朽坏。

三

模仿还和人类的游戏天性有所关联。② 古罗马时期的希腊作家弗·菲罗斯特拉图斯（F. Philostratus）已较为深入地谈论过这方面的问题。他曾构拟过一段对话以探究模仿中的游戏性质：

> "喔，达米斯，那么绘画是摹仿吗？"
>
> "它还能是别的什么吗？"他说，"如果它不是摹仿，一定是一种可笑的儿戏的涂鸦了。"
>
> "然而，我们在天空中所看到的各种形状，是什么呢？"阿波罗尼阿斯说，"浮云变幻，有时是半人半马的怪物，有时是独角的野牛，更不用说，它时而如狼，时而如马了。难道你把它们都称为摹仿吗？"

---

① 波普尔在《科学发现的逻辑》（查汝强、邱仁宗、万木春译，杭州：中国美术学院出版社，2008 年版）、《猜想与反驳——科学知识的增长》（傅季重、纪树立、周昌忠等译，上海：上海译文出版社，1986 年版）等名著中对这一点有充分论说，可参看。

② 有不少思想者倾向于肯定游戏与人的自由天性有关。马克思就有这样的观点。他认为资本主义体制异化劳动的一大罪过就是人们不能把劳动当作"体力与智力的游戏来享受"（米海伊尔·里夫希茨：《马克思 恩格斯论艺术》，曹葆华译，北京：人民文学出版社，1960 年版，第 369 页）。此处的"游戏"，其他的中文译本或作"活动""自由活动"［可参见马克思《资本论》（法文版），冯文光、李其庆等译校，北京：中国社会科学出版社，1983 年版，第 166 页等处］。弗洛伊德、拉康等研究孩童的游戏（如"fort-da"游戏等），则是为了考察欲望的初始形态。

"我想是如此，"他说。

"那么，达米斯，上帝是不是一个画家？他驾着有翼的车子，上天下地，指挥万物；然后坐下来，象小孩子在沙上乱涂一样，他也图绘万物，借以自娱吗？"①

虽然，游戏与模仿两者间究竟何者更据有一种支配性的地位，是模仿决定了游戏天性，还是游戏决定了人的模仿行为，这问题不容易说清楚，但能够肯定的是，游戏行为通常都伴随一定的模仿现象。就其模体的不同来源，我们可以将游戏分作社会游戏、群体游戏和个人游戏。社会游戏的模体大致是人类社会的各种组织现象，如节日中诸种狂欢②。群体游戏指的是根据游戏者可直接观察到的群体行为发展出来的游戏，如儿童扮演的"过家家"游戏等，席勒等观察的儿童游戏行为大致都可以归入此类。③个人游戏指的是精神自我通过想象力模仿外部世界的事情而获得快感，其模体大致来源于人类主体的意愿，既有想象综合的因素，可能还有其他更多复杂的因素。所谓的"白日梦"等就是个人游戏的典型形态。在一定程度上，我们正可以从个人游戏的诸相关现象中看见人类对于游戏的秉好。赫拉克利特（Heraclitus）较早就指出游戏具有自发意义上的人类本质精神蕴涵："生命的时间就像儿童玩棋，王权是掌握在儿童手里的。"④

本文主要讨论个人游戏中的模仿现象。

如果不考虑意识形态幻象欺骗等玄学问题，对于一个正常的心智来说，他在一般情况下都能够分清主体身处游戏状态时与身处现实环境时的根本差别。这是谈论游戏问题的先决条件。就游戏来说，主体固然能够时时构

---

① 弗·菲罗斯特拉图斯：《堤阿纳的阿波罗尼阿斯传》，载中国社会科学院外国文学研究所外国文学研究资料丛刊编辑委员会编：《欧美古典作家论现实主义和浪漫主义》（一），北京：中国社会科学出版社，1980年版，第61页。

② 巴赫金在其名著《弗朗索瓦·拉伯雷的创作与中世纪和文艺复兴时期的民间文化》［《巴赫金全集》（第6卷），李兆林、夏忠宪等译，石家庄：河北教育出版社，1999年版］中对相关问题有深刻的研究，已得到学界的广泛认同，兹不赘述。

③ 弗里德里希·席勒《审美教育书简》（冯至、范大灿译，上海：上海人民出版社，2003年版）中的相关讨论已广为学界所知，兹不赘述。

④ 汪子嵩、范明生、陈村富等：《希腊哲学史》第1卷，北京：人民出版社，1997年版，第482页。

拟一些貌似真实的情境，但他也能很随意地从这种情境中撤离；而现实环境是规定性的、单一的，不论主体意愿如何，他只能身处其中。就如一个孩童，可以忽而设想自己得到了一个极大的宝藏，忽而又设想自己成为小伙伴中最风光的一位等等，但这不妨碍他明白自己正在挨训的事实，他绝不会援引自己想象游戏中的处境来辩驳长辈对他的训斥。① 对孩童的心灵来说，这是一个自明的问题。

由此，我们首先要指出的就是，游戏中的主体是一种不完全的主体。发动游戏活动的主体是处在一种特定游戏状态中的自我。在此状态中，自我显然投入了个体的感情与意识，其"想象必然就是关于自己的想象"②。但这一想象又有其特殊性，主体精神在参与这一活动时，本身是不完全的，至少是不求完全的。③ 比如说，一个孩童根据一幅较抽象的素描图自由想象其上究竟画了些什么，当他在把它想象成象、马、驴等动物时，多半根据的是主体的瞬间意愿；但如果这是一场考试，他就会调动其主体的全部能力，如知识储备、社会意识（例如考砸后的后果）等。在后一种情境中，即使是一些很小的事情，主体调动的自我资源储备都是全面的、整体性的，至少其意愿如此。

---

① 马克·吐温的《汤姆·索亚历险记》对儿童的这种心理形态有着极其生动的描写，可参见其中译本（张友松译，北京：人民文学出版社，1955年版）第92页等处。

② 肯达尔·L. 沃尔顿：《扮假作真的模仿：再现艺术基础》，赵新宇、陆扬、费小平译，北京：商务印书馆，2013年版，第42页。

③ 沃尔顿对此做过一个较为细密的分析：想象"de se"之中出现的自我概念，无须一定是充分完全的概念，这一点有助于澄清疑云。当我想象自己看到一头独角兽，这可能是说我没有想象肯达尔·沃尔顿看到一头独角兽，或想象沃尔顿正在看独角兽。我想象的时候，我的思想里无须出现自己的言辞表征，不论是我的名字还是自己的什么描述，或是第一人称的代词。我可以这样想："那是一头独角兽"，而不是"我看到一头独角兽"，虽然前者将独角兽设定在同我的想象关系里。我并没有挑出一个人来——我自己——然后来想象他。我也没有以任何常规来识别某人（我自己），以作为我想象的客体。（见肯达尔·L. 沃尔顿：《扮假作真的模仿：再现艺术基础》，赵新宇、陆扬、费小平译，北京：商务印书馆，2013年版，第42-43页）游戏中也可能出现完备主体的状况，如狄尔泰考察过的那种歌德式的心灵（可参见威廉·狄尔泰：《体验与诗：莱辛·歌德·诺瓦利斯·荷尔德林》，胡其鼎译，北京：生活·读书·新知三联书店，2003年版，第158-160页）。但必须承认，这是一种非常罕见的心灵能力，在日常的游戏状态中几乎可以存而不论。

　　当然，何谓不完全主体？它又具有怎样的运作规则？这些问题值得进一步思考。笔者认为，培根所谓的市场假象、洞穴假象、戏剧假象[①]等观点，大体能够说明那些主体因其不完备而耽于游戏状态所能得到的乐趣了。限于篇幅，我们于此暂且略过不谈。

　　游戏中的模体也是一种不完全的模体，这是说，如果某个事物被游戏中的主体当作模仿对象，因为主体的不完全性质，它就有些随便或随意的含义。在这个意义上，它毋宁被称作"道具"（prop）。这被称作道具的模体在游戏行为中有以下几个基本特征。

　　第一，道具化模体的功能主要是生成性的，是主体完成游戏目的的中介，模体自身的内容属性在此过程中容易被轻易地扬弃。比如说一个孩童假想自己扮作了熊，吓了友人一跳，扮熊这个过程在心理作用中经常会被轻易省略，让孩童感到有趣、喜闻乐见的是友人因之被吓了一跳的结果。[②]当他追求将这熊扮得更惟妙惟肖，意识到道具真实才能引发后果的真实时，已是他主体意识发展到较高层次而出现的精神追求了。

　　第二，道具化模体的排他性比较弱。在游戏想象中，道具的主要功能是引发主体对游戏情景的认同感，而不是让主体的注意力单单集中到道具

---

　　① 培根说："围困人们心灵的假象共有四类。为区分明晰起见，我各给以定名：第一类叫作族类的假象，第二类叫作洞穴的假象，第三类叫市场的假象，第四类叫作剧场的假象。"（培根：《新工具》，许宝骙译，北京：商务印书馆，1984 年版，第 18－19页。详见第 20、21、33 页）笔者认为，人们在游戏状态中，所遵循的主体逻辑，大致和培根所论断的这四种假象都有所关系。至于他说到的第一种"族类的假象"，就是指习惯于根据自己的感官作为"事物的量尺"（培根：《新工具》，许宝骙译，北京：商务印书馆，1984 年版，第 19 页）。笔者认为，就主体精神的自我构建来看，这类假象倒不是自发产生的，它出现在主体的自我意识已发展到相当明确、成熟的阶段。它与其说是游戏性的，不如说是偏执性的。

　　② 帕斯卡说过："孩子们害怕自己所涂的鬼脸。"（布莱士·帕斯卡尔：《思想录》，何兆武译，天津：天津人民出版社，2014 年版，第 52 页）这个现象大体接近于我们在此所分析的游戏心理。

这一点上来。① 比如孩童假想自己是一头熊，但并不意味着在这个场景中就只有这头熊。他还可以假想孩童甲就是一只鹿，另一个孩童乙则是一匹马，等等。这些想象自然也是其心灵模仿的产物。在此期间，模体/道具的存在主要彰显的是其精神的自由转化能力，而不总是抠住对象的一枝一节进行想象上的占有克服（就是说，一个想象自我在假扮熊的时候还可以扮别的，这个想象自我在扮熊时也不一定寻求这个扮熊的角色在整个游戏过程中就要占据优越的地位）。

第三，道具化模体较少引发移情体验。如前所论，既然道具容易被克服扬弃，且排他性不一定很强，模体在模仿过程中就不一定被凸显为一个绝对的异己的标定点，也就未必引发主体高度认同的所谓"同一化"的体验热情。②

以上我们主要讨论的是个人游戏中想象力作用机制的问题。需要指出

---

① 沃尔顿说："通过约定命题的想象，道具生成虚构性真实。但是想象并不是排他性的命题。想象一头熊不仅仅是想象某个地方有一头熊，想象游泳、爬山，或者讲演，也不仅仅是某人想象自己游泳、爬山或讲演，即便那并不是全部。"（肯达尔·L.沃尔顿：《扮假作真的模仿：再现艺术基础》，赵新宇、陆扬、费小平译，北京：商务印书馆，2013年版，第56页。）

② 里普斯这样界说模仿中的主体与客体对象的同一化过程：首先，我所感觉到的活动，据我的体验，是完全来自对所见到的动作的观照；它直接地而且必然地和这观照联系在一起，而且只和这观照联系在一起。其次，我的活动的对象并不就是我自己的活动（这和所见到的活动不同），而只是我所看到的这个活动。我感觉到我在这动作里或在这发动作的形体里活动，并且由于我把自己外射到那个动作的形体里，我感觉到我自己也在使力完成那个动作。此外别无办法。因为在假定的条件之下，就不能有其他动作，就只有所见到的动作，作为我的意识的对象。……这时我连同我的活动的感觉都和那发动作的形体完全打成一片，就连在空间上（假如我们可以说自我有空间范围）我也是处在那发动作的形体的地位；我被转运到它里面去了。就我的意识来说，我和它完全同一起来了。既然这样感觉到自己在所见到的形体里活动，我也就感觉到自己在它里面自由、轻松和自豪。这就是审美的摹仿，而这种摹仿同时也就是审美的移情作用。（里普斯：《论移情作用》，朱光潜译，见古典文艺理论译丛编辑委员会：《古典文艺理论译丛》第八辑，北京：人民文学出版社，1964年版，第48-49页）笔者怀疑，吉拉尔的"占有性模仿"假说其实受到了里普斯观点的启发，因为得先有欲求"同一化"的心理历程，才有针对某一个主体特定"格位"敌意性的竞争。但里普斯关于"同一化"的讨论，明确地集中在康德式的审美模仿中，而吉拉尔的观点则把里普斯理论无限泛化了，在学理上是否恰当，还值得反思。

的是，可能还有其他一些因素参与了人类的游戏天性，至少，身体姿态的模仿欲望值得特别关注。早有研究者这样强调身体模仿的特殊性："从古希腊悲剧时代起，演员的艺术在理论上和实践上都体现了理想主义与现实主义之间，说话模仿与身体姿势、身体动作的模仿之间的双重对抗。理想主义的演员一般偏爱于口头价值，而现实主义者则忽视演讲的美，迷恋于身体的表现力。……表现在身体上的是整个心灵状态而不只是飞逝的纷乱而已，就仿佛灵魂真地是身体的理念一样。……完全从身体反映出来的内心过程。"① 近年来，思想界越来越重视身体姿态的塑造与人的自觉主体意识构建之间相当深刻的关系——尽管这种关系的实质现在还很难得到准确的描述。② 但有一点能够肯定，人类能够从姿态的模仿中得到身体某种直接的乐趣，而这种乐趣并不一定来自占有性模仿竞争得胜的感觉。人们模仿傻子的举动或动物的样子，模仿得越像越开心（即使无人旁观亦如是），但这种开心多半不是来自与傻子或动物竞争得胜的成果，也不是为占据了傻子或动物那一个"格位"而沾沾自喜，更可能是人类于此觉察到人类行为、姿态包蕴生命活力的缘故。在这个问题上，可能还是柏格森（Henri Bergson）的解释更有说服力：

> 所谓模仿别人，那就是把他身上机械自动的部分抽取出来。这也就是使它变得滑稽，因此，模仿引人发笑，也就不足为奇了。如果说模仿姿势本身已经可笑，那么，当模仿时同时努力在不使原姿势变形的范围内，把它们引到某种机械性的操作，例如锯木、打铁、不断拉铃绳上去，这种模仿就更加可笑了。庸俗并不是滑稽的要素（虽然它肯定有些作用）。倒是当人们可以把一个姿势和机械性的操作联系起

---

① 玛克斯·德索：《美学与艺术理论》，兰金仁译，北京：中国社会科学出版社，1987年版，第306页。
② 卢卡奇在早期论述《悲剧的形而上学：保罗·恩斯特》（格奥尔格·卢卡奇：《卢卡奇论戏剧》，罗璇等译，北京：北京师范大学出版社，2014年版）中，对姿态问题就有了非常精妙的阐述，其精神意蕴甚至可能超过了布莱希特、阿尔托的见解，可参考。

来，仿佛它具有机械的本性时，这个姿势的机械性才更加明显。①

简而言之，游戏中的想象性模仿或姿态模仿都不一定构成非零和的占有性竞争关系。这正如卡尔·施米特（Carl Schmitt）指出的那样："spiel（游戏、比赛、玩耍、演出、演技、演奏等等）……打开了无限多的观点，……小孩子和淘气的猫尤其热衷于玩耍 Spielen；但那时他们的游戏 spiel 的魅力在于他不是遵守一定的严格的规则，而是完全自由地玩耍这一点。"②

布洛赫（Ernst Bloch）曾经高度赞美人类做白日梦的天性。他认为此中包含了一种至为可贵的人性秉有的积极精神：

> 重要的白日梦中的幻想图像并不制造任何虚幻的泡影，相反，它敞开心灵之窗，在这方面至少蕴含着可以形态化的白日梦世界。因此，在这一终点上，夜梦与白日梦这两种梦之间的差异同样显而易见。愿望满足的方式和内容相互分开地包含着这两种梦。这一点一再重复出现：夜梦生活在退行之中，毫无选择地被卷入自身的图像之中。相比之下，白日梦把自身的图像投射到未来的东西之中，因此，它并非毫无选择地被卷入自身的图像之中，而是凭借狂热的想象力加以调适，并通过客观可能性加以中介。

> 夜梦的内容是隐匿的、曲解的，白日梦的内容是敞开的、构思的、预先推定的，而且自身的潜势位于前面。白日梦本身来源于向前的自我扩张和世界扩张，到处都想拥有更美好的东西的愿望，到处都想知道更美好东西的愿望。无论夜梦还是白日梦，都具有渴念（Sehnsucht）这一共同的特征。因为正如我们注意到的一样，这种情绪是所有人的

① 亨利·柏格森：《笑》，徐继曾译，北京：北京十月文艺出版社，2005 年版，第 22 页。布列逊对于人类长期来热衷观察身体姿势趣向的介绍，值得重视，可参考。参见诺曼·布列逊：《语词与图像：旧王朝时期的法国绘画》，王之光译，杭州：浙江摄影出版社，2001 年版，第 90－97 页。

② 卡尔·施米特：《哈姆雷特或赫库芭：时代侵入戏剧》，王青译，上海：上海人民出版社，2015 年版，第 53 页。

惟一诚实的品性。①

或许，布洛赫这种说法有些过于浪漫的成分，但还是无可争议地指出了人类精神运作的一种可能的价值向度。

第二次世界大战以来，越来越多的思想者开始重视人类精神在运作初始状态便自然具有的暴力本性。② 吉拉尔的占有性模仿论在这一思想大潮中无疑具有相当的影响力，如伊格尔顿、齐泽克等都明显接受过他的一些观念。伊格尔顿著名的《甜蜜的暴力》后半部分更试图直接把替罪羊理论解释成现代悲剧及现代悲剧文化的核心运作机制。阿甘本关于"赤裸生命""牺牲"的洞见，与吉拉尔学说有着明显的呼应联系。③

本文所欲争论的则是：即使我们接受吉拉尔关于人类模仿天性、模体与主体说等论断，他的那些关于人和人类共同体无可化解的暴力冲突必然性的论断是否也具有必然性呢？我们的看法是，模仿固然有其指向占有、

---

① 恩斯特·布洛赫：《希望的原理》第1卷，梦海译，上海：上海译文出版社，2012年版，第99页。阿甘本也高度估价游戏对于人类共同体暴力属性的消解力：游戏场是一个国家，其居民都忙于庆典，操纵各种器物和神圣词语，却忘记了这些器物和词语的意义和目的。但是，如果通过这种遗忘，通过本文尼斯特所说的分割和倒置，他们也把神圣从与日历、与日历制定的时间的循环节奏中解脱出来，继而进入另一个时间维度，一个时日转瞬即逝、毫无变化的维度，那么，我们也就不该感到惊讶了。在游戏中，人们摆脱了神的时间，并在人的时间中将它"遗忘"。（吉奥乔·阿甘本：《幼年与历史：经验的毁灭》，尹星译，开封：河南大学出版社，2011年版，第63页。）

② 德里达的观点就较有代表性。在他看来，当人们产生了逻各斯冲动，美的灵魂即遭破坏，文字的发明就是人类暴力本能的开端："《斐德若篇》曾宣布文字是诡诈技巧的入侵，是完全原始的破墙入盗（effraction），是典型的暴力：是外在性从内在性中喷发出来，是对灵魂深处的破坏，是灵魂在真正的逻各斯之内的活生生的自我呈现，是言语的自助。"（雅克·德里达：《论文字学》，汪堂家译，上海：上海译文出版社，1999年版，第47页。）

③ 匈牙利哲学家赫勒也曾谈到过模仿的排他性问题［参见阿格妮丝·赫勒《日常生活》（衣俊卿译，哈尔滨：黑龙江大学出版社，2010年版）第10章第3节"模仿"与第4节"类比"］。赫勒的观点应是原创（他的导师卢卡奇非常重视模仿问题，其晚年定论《审美特性》花费了巨大篇幅讨论模仿说的必要与必然，但创见不多），与吉拉尔的论点可谓有异曲同工之妙。当然，就模仿论研究的深刻程度而言，赫勒的研究远不能与吉拉尔相比，但她把模仿分为"行动的模仿""行为的模仿""召唤模仿"等观点，似不无可资借鉴之处。

指向替身的一面，但这未必是模仿的唯一属性。诸如模仿中的认识冲动、游戏冲动等，未必都能归结到占有欲这一点上——并且吉拉尔对相关问题的认识也带有明显的偏颇。① 我们因此不妨说，模仿天然具有自反的属性。套用瓦格纳《帕西法尔》中的一句格言就是：为神矛刺伤的伤口，唯神矛能治愈。

---

① 吉拉尔对于游戏现象似无专门的研究。这一点颇令人惊异。他似乎也没有系统讨论过人类的认识现象等问题，如有，似多集中在谈论幻觉等话题的时候："对仪式与非仪式的催眠状态的对比研究，以及其他宗教现象研究表明，人类群体加快了摹仿的互相作用，不仅能够改变参与者之间的关系——就像我们主张的那样——变成交互个体（interdividual）间的关系，而非个体间的关系（interindividual），即超越了自我与他人尚能被有意义地区别开来的那一点；而且能改变整体的感性认识，它造成的混合和干扰效果决定了仪式面具的复合性质以及神话生物的怪物属性。所谓对于占有（possession）的狂热崇拜，试图重现摹仿性催眠及其献祭结局，是因为人们将此视为一种基本的宗教体验——这看起来很合理。幻觉与知觉混乱只会有助贪婪性摹仿以及由此导致的冲突性摹仿转向以一个单独敌手（即替罪羊）为中心的和解性摹仿。牺牲品一方面使引起幻觉的现象极端化，另一方面也使其得到遏制。这就是为什么原始神往往怪异畸形的原因。"（René Girar, *Things Hidden since the Foundation of the World*, trans. Stephen Bann and Michel Metteer, Stanford：Stanford University Press, 1987, p. 35.）需要指出的是，吉拉尔的这些看法，充斥着现代人的认识优越感。因为就古人而言，他们并不总是在塑造"怪异畸形"的神灵，吉拉尔所谓的"怪异畸形"往往只是他们渴望获得能力的变形放大（以"怪异畸形"来恐吓威逼的现象当然也是存在的）。"重现摹仿性催眠及其献祭结局"也不能一概论定为"幻觉与知觉混乱"。就古人来说，他们通常认为在其中得到的是"真知"，并无幻觉的成分。他们的"真知"在现代人看来之所以有些怪诞，是因为他们缺乏必要的契合现代认识论的观念和经验能力。这是历史的局限，却不能认定他们有意搞混幻觉和清醒认知的区别。也就是说，按照现代的科学认识论，古人的一些观念看起来像是混淆了经验现实和主观想象，但不能据此说明古人就缺乏分辨经验现实和幻觉的心理能力。吉拉尔似乎忽视了这一点，以至于忽略了现实对人的客观制约能力而过分夸大了主观心理意愿对人类行动的支配作用。这样，人类原初的文化机制都变成了纯然幻觉的东西。但事实是，现代人的认知正是建立在数千年来古人的认知积淀和不断试错的基础上的。因此，讪笑古人缺乏现代人"交互个体"的意识固然简便，却不能说是符合历史实际情况的，并且还可能导致我们错估现代人的有限性与匮乏。

"味" 论与东方共同诗学

王向远①

　　作为一种区域性的"东方诗歌"是否存在，进而作为一种区域性的"东方诗学"是否存在，它与"西方诗歌"或"西方诗学"有什么本质区别，需要进一步加以研究论证。而要研究作为区域诗学的"东方诗学"，就需要突破国别研究的界限，从东亚、南亚、西亚三个区域的维度，探寻三个区域诗歌系统的形成机制，在此基础上对各自的诗学概念加以相互比较、相互发明，提炼出既能凸显各自特点，又能在三个区域内共通使用的基本概念或核心概念，以有助于东方共通诗学的呈现与体系建构。

一、东方诗歌之东亚、南亚、西亚三大系统的形成

　　从世界文学与世界诗学的角度看，世界古典诗歌宜分为四大体系：一是以中国为中心的东亚诗歌，二是以印度梵语诗学为主体的南亚诗歌，三是以阿拉伯和波斯诗学为主体的西亚诗歌，四是欧洲诗歌。其中，前三个诗歌体系存在于东方，可总称为"东方诗歌"。

　　在东方诗歌三大系统中，东亚诗歌的母体是汉语与汉诗。在汉语的启发影响下形成了日本的假名文字；在汉诗的影响下产生了日本民族的诗歌样式"和歌"，确立了被称为"五七调"的基本格律；在汉语的影响下产生

　　① 作者简介：王向远，北京师范大学文学院教授、博士生导师，近年研究领域：东方美学。

了朝鲜的谚文、越南的喃字；在汉诗的影响下衍生出越南的喃字诗、朝鲜的"时调"与"歌辞"。虽然东亚各国都有了自己的民族诗歌，但一直到20世纪初，汉诗都是东亚各国正统的诗歌样式，是东亚各国传统社会中一般文化人的一项基本修养。

南亚诗歌的语言载体是梵语与梵诗（包括以印度雅利安语吟诵书写的吠陀诗、史诗、往世书等形式），其衍生诗体是中世纪之后的印地语诗歌、孟加拉语诗歌、旁遮普语诗歌、马拉提语诗歌、古吉拉特语诗歌、阿萨姆语诗歌、奥里亚语诗歌等。此外，印度梵语字母曾随着佛教的传入进一步由恒河、印度河流域向南方流传，传播至德干高原的达罗毗荼人，又继续向南，越海传播到斯里兰卡，影响了僧伽罗语；向北，随着佛教的传播，梵文字母传至西藏，经改造形成了藏文字母，还传播到了西域地区，形成了西域笈多斜体字母和草体字母；向东，则传至中南半岛，除了越南北部，中南半岛大部分及东南亚的广大岛屿国家大都采用了印度梵文字母。与此同时，这些民族和地区的语言及其诗歌都受到了梵语及梵语诗歌多方面的影响。东南亚各国诗歌则是从引进和改写印度史诗肇始的。就这样，古代印度河、恒河流域的梵语及梵语诗歌不断向四周放射，形成了南亚诗歌系统并波及东南亚。

西亚古典诗歌系统是以阿拉伯语诗歌为基础和中心的。随着阿拉伯帝国的建立与伊斯兰教的传播，阿拉伯语成为"阿拉伯－伊斯兰文化圈"的通用语言。而之前属于"阿拉马"（Aramaeans）系统的其他语言文字则相对萎缩和式微了。除阿拉伯语外，后来用阿拉伯字母书写的还有波斯语、突厥语、希伯来语、乌尔都语等。阿拉伯字母被广泛采用是阿拉伯语影响其他语言的一个重要表征，而阿拉伯语诗歌作为这一地区主要的诗歌样式，也在体式、用语、题材、风格等多方面影响了波斯语及其他民族诗歌。例如，新生的中古波斯语受到了阿拉伯语的很大影响，波斯语诗歌以阿拉伯语及阿拉伯诗歌为基础与规范，故而从一开始就表现得高度成熟，在10世纪及此后的四五百年间高度繁荣。这样看来，西亚中东地区的古典诗歌是以阿拉伯语诗歌为中心的，波斯语诗歌则是在阿拉伯语诗歌基础上的延伸与发展。而后来突厥语各民族的诗歌又受到阿拉伯语与波斯诗歌的双重影响。由此，西亚中东地区的古典诗歌形成了一个密切关联的整体。

上述东方传统诗歌的三大体系互有关联，又各有特色。

首先，在诗歌创作的根本动机方面，东方三大诗歌体系各有不同。东亚诗人主要是以诗明志，重在修身养性，自娱自足。虽然东亚诗人也有"穷则独善其身，达则兼济天下"的浓厚的家国情怀，虽然写诗也具有科举应试那样的功利目的，但总体上中国及东亚诗人还是以独抒性灵者为上。诗人不是职业性的，即便很多人以诗名世，但写诗亦只是余技，是他们在闲暇之余的言志抒情，是在得意或失意时的寄托与排遣。南亚诗人则主要为宣扬宗教目的而吟诗，以诗娱神，为神立传，甘当神之喉舌，诗歌中充满虔敬或信仰的激情，诗人吟诗的旨归是婆罗门教及印度教的人生四大目的——"法""利""欲"和"解脱"，是为了赞美众神，弘扬神迹，是修行悟道的手段。而在西亚，无论是阿拉伯还是波斯，诗人大都是作为一种职业性的群体，写诗主要是一种谋生手段。蒙昧时期的阿拉伯诗人以诗作为部落的喉舌，作为与其他部落斗争的工具。阿拉伯帝国时期的阿拉伯及波斯诗人则是以歌功颂德的诗来获取君主权贵的赏赐。在那个娱乐方式匮乏的时代，诗人是俳优弄臣之属，以诗娱君、以诗谋生，于是曲意奉承，对权贵歌功颂德，或自矜自夸，高自标置，以获取更多的财物赏赐。相比而言，总体上，东亚诗人追求人格，诗人常常也是道德上的楷模；南亚诗人追求神性，诗人往往被神秘化、传说化；西亚诗人则追求金钱利益，许多诗人甚至为了名利而无所不用其极，然而只因为他们享有诗名，人们并不以普通人的标准来要求和看待，且喜欢拿诗人做谈资，对他们的恶德败行往往持宽容态度。

从总体的风格上看，南亚诗歌以浓艳、繁复为美，西亚诗歌以激昂、夸饰、张扬为宗，东亚诗歌则以冲淡、含蓄、清雅为上。在南亚诗歌中，无论是篇幅宏大的"大诗"，还是短小抒情的"小诗"，都把"爱、笑、悲、怒、勇、惧、厌、惊"八种"常情"浓烈化。本来所谓的八种"常情"就不是日常之"常情"，而是人在极不平静的状态下的激烈感情，再加上南亚诗歌主要用作戏剧表演和说唱，不浓烈就难以感动人，又因为处在热带气候条件下，南亚诗歌整体上呈现出五彩斑斓的浓艳风格。这不仅表现为大量浓墨重彩的叙述描写，还表现为对非常识的各种奇迹——人神相交、神游梦幻、生死流转、诅咒灵验等事情津津乐道。与此相适应，因主要传播方式是口头吟唱，南亚诗歌在结构上往往繁复拖沓、叠床架屋、辗转反复、一唱三叹，不厌其烦。不同诗作之间相互重叠踏袭，这与讲求含蓄、凝练、余情、格调、性灵之美的东亚诗歌形成了强烈对照。西亚诗歌则是游牧民族情感表现的产物，总体上激情四溢、亢奋抖擞、夸饰张扬。由于诗歌大多不是诗人独自低吟浅唱的自我陶醉或自我抚慰，而是在公众场合下朗诵，以吸引他人的注意为目的，故而调子激越高昂，常常不免矫揉造作。表现在结构上，话题转换随意，场面切换自由，题材内容杂糅，往往缺乏洗练的逻辑结构，表现为一种散沙式的无结构的结构。

由于语言载体上的不同，传承流变的方式也不同。东亚诗学的载体是汉字，而在汉字基础上衍生的日本假名文字、朝鲜谚文或越南字喃，其基本特点都是以形表义，最适合书写，因而东亚诗歌的外显方式主要是书写，当然也可以口头吟咏，但口头吟咏必须以书写为根据。或者说，在一定的场合吟咏后，还必须形诸文字书写。例如，中国最早的诗歌总集《诗经》和日本最早的诗歌总集《万叶集》的形成，其实就是把吟咏之诗变为书写之诗。因此可以说，东亚诗歌主要不是"吟"诗而是"写"诗。这样一来，东亚古代诗歌虽然也有异本，但仍然保持了原有的面貌；而以梵语梵诗为中心的南亚诗歌系统则与东亚诗歌很不相同，以梵语为代表的南亚语文属于拼音文学，"吟咏"是梵语诗歌的主要传承方式，两大史诗《罗摩衍那》和《摩诃婆罗多》是由专业的婆罗门诗人吟唱出来的，而一代一代的诗歌传承人都靠口耳相传、吟唱背诵把史诗传诵下来。这种口头传承的方式，使得两大史诗等古代诗歌在流传过程中不断衍生、变异，很难有一个确定的文本，而相对的定本竟是由千年之后的现代学者整理出来的，这就造成了东亚诗歌的"书写中心主义"与南亚诗歌的"吟诵中心主义"的根本不同。西亚诗歌系统在传承流变的方式途径上介乎东亚与南亚之间，例如在古代阿拉伯，一般先由诗人口头吟诵，接受者主要是聆听者，然后再由诗人自己或"传诗人"（侍奉在诗人身边专门背诵、记录诗人作品的人）加以记录。由于同时注重口头传诵与文字书写，作品规模极其庞大的阿拉伯古典诗歌与波斯古典诗歌有相当一部分都能够流传下来，而主要靠口头吟诵传播的印度及南亚诗歌，失传现象则较为严重。

二、东方三大诗学体系及其基本概念

上述东亚、南亚、西亚三大诗歌系统的异同，造成了其诗学的不同风貌。例如，在关注的焦点上，东亚诗学是"知人论世"，最看重诗人为人，然后是诗作本身，注重对诗人及其作品做伦理美学的价值判断，其诗学的本质是美学和伦理学的，其诗学载体主要是随笔风的"诗话"。而南亚诗学重在"诗"本身，而不重诗人，重在诗歌的语言与修辞上的规范和批评，而对诗人的传记生平只有一些片段的、不可稽考的传说，建立在语言学语法学基础上的南亚"诗学"著作，本质上是语言学与修辞学的。西亚诗学最重视的是诗人本体，无论是诗界还是一般社会，人们喜欢以诗人为谈资以助谈兴，津津乐道诗人的逸闻趣事，其诗学的主要载体也是大量的诗人品评与传记性著作，因而其诗学本质是文学社会学的。

对诗学本身而言，最重要的理论结晶是诗学概念或范畴。东方三大诗歌与诗学系统中的概念范畴都相当丰富，有时不免显得驳杂。要研究作为一个区域诗学的"东方诗学"，就需要突破国别研究的界限，从东亚、南亚、西亚这三个区域维度，对三个区域各自的诗学概念加以相互比较、相互发明，提炼出既能凸显各自特点，又能在三个区域内共通使用的最基本的统筹性概念或核心概念。从这个思路出发，可以认为，东亚诗学的两个核心概念是"风""气"及以"风""气"二字为基础形成的概念群，南亚诗学的两个核心概念是"庄严"与"韵意"，西亚诗学的两个核心概念是"对比"与"律动"。

先说南亚诗学的基本范畴。

今日所谓"南亚"，在历史上其实就是被称为"身毒""印度"的那个文化区域，比今天印度国家的版图要大得多。历史上，与其说印度是一个国家，不如说它是涵盖整个南亚并且连带着东南亚的一个完整的文化区域。南亚的古典诗学就是印度古典诗学。从历史长河和文化发展的角度来看，印度的古典诗学是南亚文化区域古典诗学的滥觞，印度古典诗学主要是梵语诗学，此外并没有其他原创的诗学体系。在受梵语影响的相关语言中，即便有诗学性质的文献，也是梵语诗学的祖述和延伸。

　　正如佛学概念十分丰富一样，南亚诗学的范畴与概念也十分丰富。印度学者帕德玛·苏蒂的《印度美学理论》中文本译者欧建平在书后整理附录了《印度美学术语梵汉对译索引》，所胪列的美学（诗学）术语有六百多个。[1] 现代梵语学家黄宝生在《印度古典诗学》一书中，对印度古典诗学及其范畴做了细致的评述、提炼与研究，分章对印度诗学的四个重要概念——庄严、风格、味、韵——及其所形成的诗学流派做了分析研究，并翻译出版了《梵语诗学资料汇编》（上下册），足资参考。细读之下，笔者发现包括上述四大范畴在内的印度诗学范畴之间是有内在构造的，虽然印度诗学的原典著作在今天看来有许多地方表述暧昧，互有抵牾，拖沓烦琐而常常使人不得要领。然而若是仔细辨析，也会看出诸概念之间是有逻辑关系的。它们之间不是简单的平行关系，而往往有一个主次级差、包含与被包含的关系。从这一认识出发来考察印度的诗学范畴，就会发现印度诗学最高的统筹性概念就是"庄严"。这个"庄严"就是汉译佛经中的"庄严"，乃装饰、修饰之意。诗学沿用佛学的译法，可保留这个词在汉语中的相续性。但"庄严"与一般的"装饰""修饰"不同，带有现代汉语中的"庄严"一词所具有的严肃性与神圣性。狭义上，"庄严"是修辞学的，指的是词语使用、句法安排等修辞上的问题，包括所谓"音庄严"（语言修辞）、"义庄严"（语义修辞）；广义上，"庄严"是诗学的、美的，它可使诗作有"诗德"而无"诗病"，是语音与意义完美结合的产物。

　　古代印度人崇拜语言音声，把语言看作神的最高贵的赐予，视其为人与神交流、凡人追求神性与神圣的主要途径，因而并不将语言使用、语言修饰等仅仅看成单纯的语言问题，更是一个神圣、神秘的宗教问题。写诗、诵诗是人与神沟通交流的重要方式，而诗歌创作的根本问题就是"庄严"的问题。婆摩诃的《诗庄严论》、楼陀罗吒的《诗庄严论》、尤婆吒的《摄庄严论》之"庄严论"，其实也就是"诗论"或诗学本身，因为诗歌的根本在于"庄严"。以此我们就可以理解，为什么印度诗学与印度宗教关系如此密切乃至诗学建立在宗教的基础上，为什么印度梵语诗学建立在语言学及

―――――――――――

　　[1]　帕德玛·苏蒂：《印度美学理论》，欧建平译，北京：中国人民大学出版社，1992年版，第269－307页。

语法学的基础上，为什么他们把"庄严"看作诗学最重要的问题，为什么"庄严"会成为印度诗学的最高范畴。要使语言正确而优美，要避免"诗病"，求得"诗德"，就要"庄严"；有了"庄严"，才可以创作出好诗来；作出了好诗，不仅能够颂神、敬神、求神，还可以在现实生活中获取名利。这似乎就是许多印度诗学家的想法。

不同的"庄严"势必造就不同的风格。南亚诗学中的所谓"风格"，实际上是"庄严"这个最高范畴的衍生概念。在风格论的代表性著作、檀丁的《诗镜》中，"诗德"被视为"庄严"的从属概念，有一些"庄严"是所有风格中都具备的，而有一些"庄严"在一些风格中是特定的。所谓"风格"论，究其本质，就是因不同地域的语言有所不同，造就了东西南北不同地方风格的差异。伐楼那在《诗庄严经》中也以"庄严"作为诗学的最高概念，来统筹"诗德""诗病"及"风格"诸概念，他认为："诗可以通过庄严把握。庄严是美，来自无诗病、有诗德和有庄严。"① "风格"之外，"曲语"概念也是"庄严"的概念延伸，"曲语"（语言的曲折表达）早在婆摩诃的《诗庄严论》中就被使用过，檀丁在《诗镜》中把"曲语"看作除"自性庄严"之外一切"庄严"的总称，而在伐楼那的《诗庄严论》中，"曲语"是特定的"义庄严"的总称。10世纪恭多迦在《曲语生命论》中，为了强调"曲语"，而把它看作统摄"庄严"、诗德、风格等的概念，进而把"庄严论"的"音庄严""义庄严"纳入"曲语"的范畴，但实际上他所说的"曲语"毕竟也是一种"庄严"。正如黄宝生先生所分析指出的：恭多迦"认为各种庄严体现诗人的曲折表达，具有特殊的魅力，能使读者获得审美快乐。这样，他肯定了庄严独立的审美意义。也就是说，庄严就是曲语"；"也可以说，他把'庄严'批评概念改造成涵盖面更广的'曲语'"。②

本质上看，"庄严"作为南亚诗学的基础概念，是立足于语言学及修辞学的诗学概念。此外，南亚梵语诗学还有一个主要从语义角度切入的诗学概念"dhvani"，金克木和黄宝生都把它译为"韵"。可以说，"庄严"是诗

---

① 黄宝生：《印度古典诗学》，北京：北京大学出版社，1999年版，第291页。
② 黄宝生：《印度古典诗学》，北京：北京大学出版社，1999年版，第374页。

的途径与手段，而通过"庄严"所要达到的诗的艺术效果就是"韵"。据黄宝生的阐释，"韵"本来是语法学家使用的概念，把能表示"常声"（词固有的表示义）的词音叫作"韵"，而诗学家则把能展示"暗示义"（即言外之意）的词音和词义称为"韵"。①"韵"字在汉语中与音声相关，《说文解字》云："韵，和也。"一方面，"韵"指的是和谐悦耳的声音，由此而衍生出韵脚之"韵"，乃至指称带有和谐之美的诗文。但另一方面，南亚诗学中的"韵"实际上不仅仅是诗歌声韵的问题，它更强调"音外之意""韵外之致"的表现，因而若要更细致地翻译转换的话，似乎可以译作"韵意"，来呈现原文的"韵外之意"的内涵。把"韵意"作为汉语译词，能使汉语读者准确理解"dhvani"的意思。"韵意"这个概念固然与"庄严"有关，例如诗的语言暗含之意，实际上也可以归于"义庄严"中。但是在一定程度上，"韵意"又超出了"庄严"的范畴，它常常表现为没有"庄严"的"庄严"。从句法词汇上看或从表面上看，似乎并没有特别的"庄严"修饰，却能有言外之意、韵外之旨。这与中国诗学中的"不着一字，尽得风流"的意思是相通的，用最平常的不加修饰、没有"庄严"的字词语句，表达令人回味的意味，这正是诗的灵魂，是诗意的最大来源。"韵意"这个概念的诗学理论价值，似乎正在于此。

再说东亚诗学的基本范畴。东方诗学的基本范畴全部来自汉语及汉语诗学的概念。中国古典诗学的概念及范畴十分丰富而又自成系统。从东亚各国诗学概念的普遍使用情况来看，则集中于"风""气"两个基本概念和在此基础上形成的"风""气"二字概念群。在韩国、日本的传统诗话中，相关概念的使用频率在有些篇章文献中则达到了俯拾皆是的程度，在日本"歌学"（和歌、论连歌理论）的文献中也多处可见。

"风"这个概念，以自然界的空气流动为象征，以风的有声无色、来去无定、可感可触而不可把持，来表现一种旺盛的、生动的、活跃的生命力，形容自由自在、无拘无束、奔放无羁而又所向披靡的姿态与精神，在"风"的这些自然特性中，最根本的一点就是"游"，就是"流"，就是"自由"，而"自由"恰恰是美与审美的本质，也是诗与诗意的源泉。因而"风"字

---

① 黄宝生：《印度古典诗学》，北京：北京大学出版社，1999 年版，第 332 页。

概念群都是以"风"及其特征、特性，来修饰、形容人与物的姿态和内在精神。如"风流""风雅""风骨""风神""风度""风韵""风力""风情""风格""风姿""风体""风气""风味"等。这些词语几乎全部进入日语和朝鲜语，并成为诗学与审美范畴的词语（美辞）。"风"字在日语和韩语中也如同在汉语中一样有极强的构词能力，并形成了一系列相关概念。例如，在日本中世戏剧理论家世阿弥的能乐论中，"风""风姿花"是其核心概念，在其名作《风姿花传》中，戏剧之美被称为"风姿"。"花"是世阿弥美学中能乐之美的核心范畴，"风姿花"则是"花"中最美者；在《九位》中，世阿弥把能乐艺术分为九个位阶，依次为"妙花风""宠深花风""闲花风""正花风""广精风""浅文风""强细风""强粗风""粗铅风"。①

在"风"字概念群中，东亚诗学最高的统筹性概念是"风流"。而"风神""风度""风骨""风力"等都可以看作"风流"的衍生概念。"风流"这个概念对东亚国家影响最为深远，是日语、汉语传统诗学最重要的基础概念，并由诗学扩大到更广阔的美学领域，成为重要的审美概念。韩国学者闵周植教授在对东亚历史上"风流"概念做了梳理分析之后，认为在中、日、韩等东亚各国，"风流是一种自由奔放的精神，是一种生命力的发挥，它脱离了世俗的价值观但与现实有密切的联系，自然为之提供了使精神自由不受束缚的广阔空间，诗乐、酒、妓是发挥这种精神的媒介物，风流具有美和伦理性，是一种行为和生活方式"②。蔡美花认为："'风流'作为一个具有浓郁的韩国民族本土化意味的美学范畴，绝对可以担负起韩国传统历史文化'原型意象'的角色。因为它不但具有明确的精神价值取向，而且还形成了相对稳定的日常生活范型。它不只对韩国文化哲学的形成与发展影响巨大，即便在今天依然潜在地影响与规定着韩国民众的思维方式及行为准则。同时，'风流'的理念与精神诉求一直是韩国文学艺术创作主导的价值取向。所以，我们有理由说，'风流'是韩国古典美学的主导范畴与

① 世阿弥：《风姿花传》《九位》，参见《日本古代诗学选译》（上册），王向远译，北京：昆仑出版社，2014年版。
② 闵周植：《东亚美学中的"风流"概念》，载《文史哲》，1999年第1期，第90-96页。

基干范畴。"① 日本学者冈崎义惠在《风流的思想》一书中，不仅把"风流"作为诗学的核心概念，也将其作为日本美学史思想史的概念。他在该书序言中说："'风流'这一思想成立于中国古代，与日本的'雅'（みやび）等思想相结合，形成了一个悠久的传统，而及于今日。"② 栗山理一在《风流论》一文中也指出："风流已经深深植根于我们日本人的美的生活原理。换言之，作为形成我们日本人审美教养体系的强有力的要素，至今仍生动地表现在我们的现实生活中……"③ 与"风流"密切相关的是"风雅"一词，"风雅"是"风流"之雅，可以说是"风流"概念在诗学中的具体化。在日本诗学中，"风雅"不仅是审美判断用语，有时也特指诗歌样式（如松尾芭蕉便以"风雅"称呼"俳谐"这种文学样式），还被用来指称文章、书画等文体样式。

以"气"论诗也是东亚诗学的一种传统。实际上，"气"与"风"两个概念具有密切的关联，都是生命活泼流动的一种有力状态，"气"是"风"的内在化、限定化、寄托化。"风"来去无定，"气"则充盈于某人、体现于某物。"风"不可招拒、不可或止，而"气"则可蓄、可养、可注入、可调节，故有"调气""养气"之说。如果说"风"及其"风"字概念群主要是用来描述人总体上的自由无羁的存在状态，那么"气"字则主要指人的生命力与精神状态的内涵与表征。在东亚诗学中，经常使用的"气"字概念包括"气韵""气骨""骨气""逸气""气象""景气""神气""灵气""生气"等，用以对诗人的人格、对诗学创造力的强弱盛衰、对作品的美丑优劣进行评价。东亚诗学文献中使用较多的"气"字概念则有："文气""气骨""逸气""气节""俗气""和气""阴阳之气""意气""爽气""生气""壮气""老气""气动""真气"等。例如，朝鲜诗人崔滋在其《补闲集》中通篇以气论诗，如："诗画一也。杜子美诗虽五句中，尚有气吞象外。李长卿走笔长篇，亦象外得之，是谓逸气。谓一语者，欲

① 蔡美花：《韩国古典美学范畴——"风流"》，载《东疆学刊》，2013 年第 1 期，第 1-6 页。

② 冈崎义惠：《日本芸術思潮 第二卷 風流の思想》（上），东京：岩波书店，1948年版，第 1 页。

③ 栗山理一：《風流論》，东京：子文书房，1939 年版，第 3-4 页。

其重也。夫世之嗜常惑凡者，不可与言诗。况笔所未到之气也。"① 又如：
"诗评曰：'气尚生，语欲熟。'初学之气生，然后壮气逸，壮气逸然后老气
豪。文顺公年少时走笔，皆气生之句，脍炙众口。"② 日本的"气"字使用
相当广泛，日语中的"气"字词组数以百计，这些词在诗学中也同样使用
广泛，如和歌理论家藤原定家在《每月抄》中论述如何吟咏他所提倡的
"有心体"的和歌时，就用了"蒙气"和"景气"两个词，来指代歌人及
其和歌创作时的心境、心理状态。③ 他认为歌人如何用"气"，是歌人的修
养，也是歌人创作成败的关键。戏剧理论家世阿弥在《风姿花传》中也运
用了"气"的概念，即用中国的阴气、阳气及阴阳和合的观念来解释能乐
剧场的艺术氛围营造问题。④ 此外，江村北海在《日本诗史》卷四论汉诗兴
衰消长时也反复使用"气""气运"的概念，如："明诗之行于近时，气运
使之也。请详论之。夫诗，汉土声音也。我邦人不学诗则已，苟学之也，
不能不承顺汉土也。而诗体每随气运递迁，所谓三百篇，汉魏六朝，唐宋
元明，自今观之，秩然相别，而当时作者，则不知其然而然者，气运使之
者，非耶？我邦与汉土，相距万里，划以大海，是以气运每衰于彼，而后
盛于此者，亦势所不免。其后于彼，大抵二百年。"⑤

　　最后是西亚诗学的两个基本概念——"对比"和"律动"。

　　西亚诗学，指的是 7 世纪以后六七百年间阿拉伯帝国版图内的诗学，主
要包括阿拉伯语诗学和波斯语诗学两个部分。波斯诗人内扎米·阿鲁兹依
在其名著《四类英才》的第二章《论述诗歌这门学问的性质和诗人的优越
性》开篇即写道："作诗是一门技艺，诗人以这门技艺将一些虚构的素材整

---

① 崔滋：《补闲集》，载蔡美花、赵季主编：《韩国诗话全编校注》，北京：人民文
学出版社，2012 年版，第 99 页。

② 崔滋：《补闲集》，载蔡美花、赵季主编：《韩国诗话全编校注》，北京：人民文
学出版社，2012 年版，第 117 页。

③ 藤原定家：《每月抄》，载《日本古典文学大系 65 歌論集·能樂論集》，东京：
岩波书店，1961 年版。

④ 世阿弥：《風姿花伝》，载《日本古典文学大系 65 歌論集·能樂論集》，东京：
岩波书店，1961 年版。

⑤ 江村北海：《日本詩史》，《新日本古典文学大系·日本詩史 五山堂詩話》，东
京：岩波书店，1991 年版，第 508 页。

齐有序化，将一些富有结论性的类比付诸实现，基于这样的方式：将细微的意义夸大化，或将宏观意义细微化，将美罩上丑之外袍来显示，或将丑以美的外形来显现……使情绪抑郁或舒畅，将重大事项引导人世间的秩序。"① 这段话可以说是西亚诗学中少见的关于诗的言简意赅的定义。这个定义中包含三个关键概念，第一是素材"整齐有序化"，简言之就是"整一"。阿拉伯诗歌中的长诗虽然有一定的套路，但话题转换灵和、内容驳杂，语义与内容如何在多样性、灵活性中保持逻辑上的整一性，成为西亚诗学的重要问题之一，故而特别强调"整齐有序"。鉴于古希腊亚里士多德《诗学》对西亚诗学影响较大，这个问题似与亚氏关于悲剧的整一性的论述有关。第二是"类比"，西亚古典诗歌常见大量的"类比"，多用于论辩、夸耀、攻讦等场合，而在诗学评论中多用于诗人之间的比照。第三是"使情绪抑郁或舒畅"，指内在感情的起伏抑扬，亦即"律动"。与东亚诗学、南亚诗学比较而言，后两个概念在西亚诗学中最为关键，也最具特色。

上述波斯诗歌创作中的所谓"类比"，在阿拉伯诗学批评中经常被使用并被称为"对比"。"对比"也可以译为"比较"。但现代学术术语"比较"的含义是求同而又辨异，阿拉伯诗学的比较则主要是求异，因而属于比较中的"对比"。"对比方法"是西亚古典诗歌批评的主要方法，也是一个"批评"的概念，虽然还不是现代意义上的"比较诗学"之"比较"，但也是世界上最早的大规模跨文化比较实践的产物，是世界诗学史上的古代形态的比较诗学。"对比"既包括诗人与诗人、诗作与诗作的对比，也包括阿拉伯帝国内部各民族诗人的对比，乃至阿拉伯与古罗马、印度、中国的对比，大都是《四类英才》所说的"富有结论性的类比（对比）"。当年的阿拉伯帝国广泛接收和吸纳西方的古希腊罗马文化，东方的波斯、印度、埃及文化，熔铸成新的阿拉伯－伊斯兰文化。在各民族交往日益频繁的大背景下，学者、文学家们自然产生了文学与文化的对比意识。例如，伊本·阿布德·朗比在《珍奇的串珠》一书记载了著名翻译家、学者、作家伊

① 穆宏燕：《波斯古典诗学研究》附录《波斯古典诗学资料选译》，北京：昆仑出版社，2011 年版，第 449－450 页。引用时省略了有关词语概念后面括号中波斯语写法及其注音。

本·穆格发对波斯人、罗马人、中国人、印度人等民族不同特点的比较与议论。① 阿拉伯帝国的阿拔斯王朝时代前期，各民族文化产生了深度融合和激烈冲突，并出现了所谓"反阿拉伯人的民族主义"，即"舒毕主义"思潮，学者们就阿拉伯文化与其他民族文化孰优孰劣的问题展开了激烈争论，与此同时也对阿拉伯人的民族性与其他民族的民族性进行了对比，其中自然涉及了语言文学及诗学的比较。例如，著名学者、作家查希兹在《修辞与释义》（一译《解释与说明》）第八卷中将阿拉伯民族和别的民族做了比较，强调阿拉伯人的诗歌天赋。文学史家伊本·萨拉姆在《诗人的品级》一书中，将此前的蒙昧时代和伊斯兰时代的阿拉伯著名诗人分为十个等级，每一等级中列出四位诗人，按作品数量、题材多样性、质量等原则进行对比，并得出"诗歌是一个民族的旗帜。没有其它作品比诗歌这面'旗帜'更显著了"这一论断。② 阿拉伯文学批评史上第一位专业批评家叶海亚·艾米迪在《艾布·泰玛姆与布赫图里之对比》一书中，对两位诗人及其作品做了全面、客观的对比分析，使得"对比"作为重要的诗学批评概念、一种有效的批评方法而牢固确立起来。③ 接着，阿拉伯学者、文学家艾布·曼苏尔·赛阿里比在散文著作《稀世珍宝》（四卷）中记载并评论了阿拉伯文学史上的著名诗人，并对他们做了对比评论。他以诗人所在的地区、国家，如沙姆④、埃及、摩洛哥、伊拉克等，来划分诗人的类别，基于这样的地域划分加以对比评论。⑤ 阿拉伯文学研究家艾布·哈桑·哈兹姆在《修辞学家的提纲、文学家的明灯》一书中，以亚里士多德的《诗学》的模仿理论为中心，也转述了他的前辈学者伊本·西拿对《诗学》的阐释，然后将古希腊与阿拉伯的诗歌与诗学做了比较研究，指出了阿拉伯诗学的一系列特

---

① 艾哈迈德·爱敏：《阿拉伯-伊斯兰文化史》（第2册），朱凯、史希同译，北京：商务印书馆，1990年版，第45页。

② 曹顺庆：《东方文论选》，成都：四川人民出版社，1996年版，第465页。

③ 参见王有勇：《阿拉伯古代文学批评史》，上海：上海外语教育出版社，2014年版，第195页。

④ 沙姆，即现在的叙利亚、黎巴嫩地区。

⑤ 曹顺庆：《东方文论选》，成都：四川人民出版社，1996年版，第519页。

点。① 此外，西亚阿拉伯诗学中的一个重要问题是对诗人诗作"剽窃"行为的发现与批评，而发现剽窃并分析剽窃，也依赖于不同诗人及其诗作的对比，并在对比中阐明什么是剽窃，什么是借用，什么是创新。

"律动"（vaza），是 10 世纪后在阿拉伯诗学基础上发展起来的波斯诗学的一个重要概念。波斯诗学认为，诗歌语言最本质的特征在于"律动"。对此，穆宏燕在《波斯古典诗学研究》一书中认为："在波斯古代，词语声音的抑扬顿挫被视为诗歌律动的根本。因此律动（vaza）与格律（bahe）两个词基本是同义的，两词混用。"② 但是"律动"又不同于"韵"（qāfiya），波斯诗学认为，"韵"是为了让律动暂时告一段落而设置的，是人为的，因而不是诗歌的本质特征，而"律动"则具有非人为性、先在性，存在于人的先天禀赋中，是"神授"之物，并可以统括"音节""韵""韵律"等概念。只有那些觉悟到这种律动并使用带有律动之语言的人才是真正的诗人，因为"律动"是生命的呼吸节奏，也是语言的表征。大诗人贾米在长诗《七宝座》中有这样的诗句："凡是以呼吸证实生命的人/ 除了语言其生命不会欢欣/呼吸所向披靡其灵魂是语言/ 请从心灵鲜活者倾听这呼吸……语言并不依赖那常规发音/ 语言之鸟有着神奇的调门/ 其中任何隐秘落入你心里/ 你都会从中获得新的意义。"③ 这就把"律动"与生命的节奏——"呼吸"联系在一起了。西亚诗学把"律动"作为诗歌的本质，既抓住了诗歌基本的审美特征，又赋予了诗歌以宗教的神圣性与崇高性。因为这种以阿拉伯-波斯的诗歌"律动"为主体的西亚诗学的格律、韵律与修辞，都是以《古兰经》为源泉和典范的。《古兰经》作为一种富有特殊"律动"的语言文体，推动了西亚诗歌的成熟，因此从《古兰经》获得的"律动"的启示，就使诗歌带有了神圣性，在这个意义上，一些西亚诗学家把诗学称为"神智学问"。④

总之，比较而言，南亚梵语诗学中的"庄严"与"韵意"把诗学建立

① 曹顺庆：《东方文论选》，成都：四川人民出版社，1996 年版，第 555 页。
② 穆宏燕：《波斯古典诗学研究》，北京：昆仑出版社，2011 年版，第 168 页。
③ 贾米：《七宝座》，见穆宏燕《波斯古典诗学研究》附录《波斯古典诗学资料选译》，北京：昆仑出版社，2011 年版，第 537 页。
④ 穆宏燕：《波斯古典诗学研究》，北京：昆仑出版社，2011 年版，第 174 页。

在语言学的基础上。从诗歌语言外在的修辞方法"庄严"，到内在意韵表达的"韵意"，南亚诗学在两个层面上解释了诗的审美特征。而东亚诗学共有的两大基础概念"风""气"及在此基础上形成的概念群，是建立在中国传统哲学与传统美学基础上的，与"道"的哲学、"气"论哲学、"天人合一"的伦理学都有着密切关联，造就了东亚诗学的独特面貌。西亚诗学的"对比"范畴则与阿拉伯帝国时期多元文化的构成和相互的比较意识有关，而其"律动"的范畴又体现了诗学与宗教信仰的深层联系，同时也受到了西方古希腊诗学的影响，成为东方传统诗学与西方诗学的衔接形态。

三、"味"论与东方共同诗学

在上文分析论证的基础上，再从"东方"及"东方学"的角度，对东方诗学的共用概念加以发掘提炼，如此则可以发现，包括东亚、南亚、西亚三大诗学体系在内的东方诗学的一个共用范畴，就是"味"。

波斯的"味"（namak），本义为"盐"。据内扎米·阿鲁兹依·撒马尔罕迪的《四类英才》第二章记载，一位诗人批评拉希迪的诗缺少"味"，拉希迪作诗回击道："你挑剔我的诗缺盐少味/ 也许如此，说得不错/ 我的诗如同蔗糖和蜜/ 糖与蜜中不需盐添味/ 你的诗作如同萝卜蚕豆/ 需要盐从中撮合。"[①] 这段话表明，有没有"味"，已经成为当时诗歌鉴赏批评的概念之一。而这个"味"正如同盐之于菜肴。没有盐，菜肴就没有"味"。也就是说，"味"本来就不是食物具有的，而是适当添加上去的，因此这个"味"不同于"蔗糖"或"蜜"，因为这两样甜味是其本身所具有的。而这个类似于盐味的"味"是什么呢？在西亚诗人看来，这个"味"就是人的感情，特别是爱情。对此，波斯诗人内扎米·甘贾维在长诗《雷莉与马杰

---

① 　内扎米·阿鲁兹依·撒马尔罕迪：《四类英才》，参见穆宏燕《波斯古典诗学研究》，北京：昆仑出版社，2011 年版，第 242 页。关于这节诗，张鸿年的译文是："说我的诗缺乏韵味/ 此议或许言之有理/ 我的诗甘甜如同蜜糖/ 糖里何必要加盐？/ 蠢货啊，而你的诗如萝卜蚕豆/ 萝卜蚕豆没有盐如何下咽？"见《四类英才》商务印书馆，2005 年版，第 92 页。

农》中说："任何地方因爱情而摆开宴会/ 这故事都会为盛宴添盐加味。"①
这是比喻的说法，是说诗歌叙述任何一个故事，都如同一场盛宴，有了爱
情的描写，才能为这盛宴"添盐加味"。同样的意思，在贾米的《七宝座·
献给艾赫拉尔的赠礼》中也可以看到，其中有这样的诗句："我讲了这一大
篇，在此之列/ 爱情之作料才是事业之根业/ 爱情其光芒将天空的舞蹈引
领/ 语言之宴的味道来自爱的激情/ 你头脑若没有这激情，贾米啊/ 就休摆
这语言之宴……"② 这就表明，诗歌创作作为"语言之宴"，要有"味道"
就必须有"爱的激情"；反过来说，没有"爱的激情"就不要写诗，因为即
便写出来也没有"味道"。也就是说，诗之"味"是靠激情，特别是"爱的
激情"激发出来的。

　　这一主张与西亚诗歌的创作实践是十分吻合的。无论在阿拉伯古典诗
歌还是在波斯古典诗歌中，爱情都是最常见的题材和最重要的主题，几乎
每篇每首都有爱情的点缀，而且常常表现得肝肠寸断、神魂颠倒、死去活
来，属于"激情"型的。这种爱的激情来自两个方面：一方面是世俗男女
之爱，这在阿拉伯古典诗歌中最多；另一方面是波斯的苏菲派神秘主义诗
歌中"爱的激情"，是以男女之爱来隐喻人对神的爱慕或追慕，因此表面上
那些貌似世俗的死去活来、情味浓烈的爱情描写，就成为人神联通之神秘
体验的表达，俗诗也就成了"圣诗"。这就为西亚诗学的"味"确定了审美
上和宗教上的依据。

　　在南亚梵语诗学中，"味"（rasa）的原意是汁液，也是植物的精华，引
申义"味"也带有事物之精华的意思。人的感情是人所具有的"精华"，感
情也是表现人、描写人的诗的精华。这样，诗学必须论及感情，于是就有
了"情"的概念。"情"又被喜欢分类的印度人分为八种基本感情，包括艳
情、滑稽、悲悯、暴戾、英勇、恐惧、惊异、厌恶（一说九种，加上"寂
静"），被称为"常情"。"常情"之外的其他种种感情，称为"不定情"。
"常情"的激发需要有缘由，就是所谓"情由"，而要说明这些感情如何被
传达和被体会，就有了"味"的概念。八种"常情"，当它们客观存在的时

---

① 穆宏燕：《波斯古典诗学研究》，北京：昆仑出版社，2011 年版，第 244 页。
② 穆宏燕：《波斯古典诗学研究》，北京：昆仑出版社，2011 年版，第 245 页。

候，是"常情"；当它们被感知的时候，就成为八种"味"。婆罗多在《舞论》中给"味"下的定义是："味产生于情由、情态和不定情的结合。"①毗首那特在《文镜》中给诗下的定义是："诗是以味为灵魂的句子。"② 在梵语诗学中，"味"不是诗之本体，也不是感情本体，"味"也不同于原本就一直客观存在的"常情"。"味"不是固定的或预定的结果，它的形成是有前提条件、有过程的，是主体在一定条件下发生的一种感知与品尝，是被文艺作品激发出内心潜在的种种感情之后，而获得的一种感受与感觉。"味"只有在被体会、被品尝的时候才是存在的，是被品尝的存在。它必须通过戏剧、诗歌的中介，成为观众或读者的感受体验。尽管诗学家们就细节问题有种种观点与争论，互有龃龉，但概括之，梵语诗学中的"味"的界定与认识大体就是如此。

正是因为"味"不是一个本体概念，而是隐含在诗中的有待读者品尝的一种感觉性的东西，因而在南亚诗学中，"味"就可以和其他本体概念相结合。诗要有"味"，就需要"庄严"，有了"庄严"，就有了恰当的艺术表现，就有了"诗德"，因而"味论"本来是被包含在"庄严论"中的。欢增的《韵光》说："如果味等等附属其它主要语义，我认为在这样的诗中，味等等就是庄严"，称为"有味庄严"。③ "味"和"情"这个概念结合，被称为"情味"。具体地说，八种或九种"常情"各有其"味"，包括"艳情味""滑稽味""悲悯味""暴戾味""英勇味""恐惧味""厌恶味""惊异味"和"寂静味"。这样一来，"味"就和"情"结合在一起了，而且本质上，味出于"情"，所谓"味"就是"情味"，故而"味"又可以称为"情味"。

关于"味"的性质，印度"味论"诗学家新护在《舞论注》中认为，味"这种感知完全以品尝为特征"，"味就是情，一种以品尝为特征的、完

---

① 婆罗多：《舞论》，载南亚文化编：《梵语诗学论著汇编》（上），黄宝生译，北京：昆仑出版社，2008年版，第45页。

② 毗首那特：《文镜》，载南亚文化编：《梵语诗学论著汇编》（下），黄宝生译，北京：昆仑出版社，2008年版，第816页。

③ 欢增：《韵光》，载南亚文化编：《梵语诗学论著汇编》（上），黄宝生译，北京：昆仑出版社，2008年版，第248页。

全摆脱障碍的感知对象"。① "味"的"这种品尝不同于通过感觉（'现量'）、推理（'比量'）、言辞证据（'声量'）和类比（'喻量'）等等日常的认识手段"②。也就是说，"味"本身是不可视的，也是不可认识的。品"味"也不同于一般的认知方式，品"味"本身就是目的，"味"的品尝是纯感性的、无功利的。因而品"味"过程就是审美接受与审美欣赏的过程。

中国古代诗学中的"味"与西亚的"味"、南亚梵语诗学中的"味"一样，是由食物的味觉感受引申出来的文艺欣赏与审美感受的概念，但与西亚来自"盐"的"味"和印度来自植物汁液的"味"相比，中国的"味"的来源要丰富得多。古代中国人把"味"分为辛、酸、咸、苦、甘五种，称为"五味"，《左传·昭公二年》载："天有六气，降生五味，发为五色，徵为五声。"认为"味"来源于"气"，即天地自然。因而"味"在根本上与中国传统哲学特别是阴阳五行观念相联系。到了六朝时代，"味"被引进诗学领域，来说明诗文的审美意蕴与欣赏体验，并形成了"味"字概念群，如"神味""韵味""情味""雅味""真味""趣味""兴味""余味"等。关于为什么"味"会在六朝时代大量出现于诗学与文论中，陶礼天教授分析指出：这"是与佛经传译、佛学研究中较多的使用'味'的术语、范畴有密切的关系……特别是关于佛经翻译的讨论、译者和评论者常常使用'味'的范畴来比喻译文的'音义'、'文质'等方面的问题，这些'味'的范畴并不都涉及到佛理'义理'本身的内涵问题"③，而只是诗学与文论问题。陶礼天还通过对刘勰的学佛经历及与佛教的因缘，分析了《文心雕龙》中的"味"与佛教之"味"的关联，都是很有参考价值的。④可以说，作为诗学概念的中国的"味"与印度的"味"也有着深刻的影响

① 新护：《舞论注》，载南亚文化编：《梵语诗学论著汇编》（上），黄宝生译，北京：昆仑出版社，2008年版，第486页。

② 新护：《舞论注》，载南亚文化编：《梵语诗学论著汇编》（上），黄宝生译，北京：昆仑出版社，2008年版，第492页。

③ 陶礼天：《"艺味"说》，南昌：百花洲文艺出版社，2005年版，第73页。

④ 陶礼天：《僧佑及其与刘勰之关系考述》，载中国《文心雕龙》学会：《文心雕龙研究》第7辑，保定：河北大学出版社，2007年版；《〈文心雕龙〉与佛学关系再探》，载《陕西师范大学学报》，2009年第1期。

与接受的关系。佛教作为印度传统宗教哲学之一派，与婆罗门教哲学在概念范畴上有很多相同、相通性，佛教的"味"概念与上述印度诗学中的"味"概念是有内在关联的，而且上述的印度古典诗学著作本来就属于印度教哲学思想的组成部分。通过印度佛典传译，中国的"味"势必会受到印度之"味"乃至印度诗学之"味"的影响，故而在佛教兴盛的六朝时期才成为一个重要的诗学概念。然后逐渐影响到朝鲜半岛、日本、越南，并成为中、日、韩、越古代诗学的重要概念。

东亚之"味"有自己的鲜明特点。在"味"的指向上，西亚波斯诗学中的"味"主要是指"爱情"。爱情好比菜品中的盐，在任何一部诗作中都不可或缺。有了它，整个作品才有"味"，因而这种"味"是特指的、具体限定的。南亚梵语诗学中的"味"也与"情"相联系，"味"是由八种或九种"常情"所决定的，虽然其中表现男女情爱的"艳情味"最为重要，但不限于"艳情"，范围比西亚波斯诗学的"味"有所扩大。在东亚诗学中，虽然也有"情味"这一概念，但指的是作品所蕴含的感情韵味，而并不特指男女情爱。在东亚诗歌中，中国、朝鲜的诗对男女之情的吟咏最为含蓄，几乎不直接描写男女情事。日本的一部分汉诗的所谓"狂诗"（如一休宗纯的诗）多描写男女情事且较为直露，但日本的和歌、俳句虽然写男女之事较中国诗歌为多，而且更为洒脱，但由于篇幅体制太小，总体上也是含蓄的。因此，东亚诗学中的"味"并不像西亚、南亚诗学那样依赖于男女情事。

在"味"的浓度上，无论是西亚之"味"还是南亚之"味"，都强调感情的浓烈，有时表达甚至露骨，认为只有这样"诗味"才能更好地传达出来，才容易被人品味。东亚之"味"在这一点上颇为不同。诚然，中、日、韩三国语言及诗学著作中都有"情味"这个词和概念——也是"情"与"味"的合成概念，但"情味"指的是作品的情感韵味，而非波斯的"爱情"之"味"、印度的"艳情"之"味"，而且即便是吟咏男女感情的场合也是非常暧昧含蓄的，认为这样才有"真味"，才有"韵味""余味"或"诗味"。中国诗学历来推崇"无味之味，是为至味"，推崇感情的含蓄表达，追求"平淡""冲淡"之味，因而把"淡化寡味""无味之味""味无味"视为最高的"味"，也就是司空图所说的"味外之旨"。明代"前七子"之一谢榛《因味字得一绝》言："道味在无味,咀之偏到心。犹言水有迹,暝坐万松深。"说的就是"道味"即"无味"。受中国诗学"味"论影响的朝鲜、日本诗学也是如此。如日本俳论(俳句理论)主张"寂"的审美趣味,而"寂"的美学就要求有"淡味",如俳谐理论家森川许六就提出:"要尽可能在有味之事物中去除浓味。"① 日本的"意气"(いき)美学不但提倡淡味,而且认为"甘味"是庸俗的,而淡淡的"涩味"是高雅之"味"。中日茶道美学中提出的"茶味",则是以苦涩味为上。日本则把"涩味"由茶道推广到一切审美领域。近代日本著名画家岸田刘生强调:"涩味是渗入艺术作品深处的极为重要的要素,而且它的玄妙之处,非经特有的专门训练,是难以理解的。"② 此外,涩味也能为一般人所体会,日本现代美学家柳宗悦在《日本之眼》一文中写道:"像'涩'这样平易的词,已经普及到国民中间。不可思议的是,如此简单一个的词,却能够将日本人安全地引导到至高、至深的美。总之,这个'涩'字成为全体日本国民所具有的审美选择的标准语,这是令人惊讶的事情啊!"③ 总体来看,在"味"的浓度上,西亚、南亚诗学主张浓烈之"味",而东亚则推崇"清淡"之味乃至"无味之味";在"味"的嗜好上,西亚诗学偏于咸味,印度诗学偏于甜味,而东亚诗学则由"淡味"进而偏于"茶味"那样的"涩味"与"苦味"。

　　要确认"东方诗学"的存在,就要首先确认"东方诗歌"的内在联系性;要确认"东方诗学"的内在联系性,就要分析"东方诗学"的内在结构,就要去发掘、发现它们所共有的基本诗学范畴。通过以上分析我们可以看到,是"庄严"与"韵意"的概念构成了南亚诗学的轴心,是"风"与"气"及"风""气"概念群使东亚各国诗学连为一体,是"对比"与"律动"构成了西亚诗学的特色与根基。而"味"这一从味觉转化来的诗学审美概念,作为东方诗学共有的概念,使南亚、东亚、西亚三个区域诗学

---

　　① 王向远:《论"寂"之美:日本古典文艺美学关键词"寂"的内涵与构造》,载《清华大学学报》(哲社版),2012年第2期。

　　② 岸田刘生:《美術論》,载《現代日本思想大系》第14卷,东京:筑摩书房,1964年版,第51页。

　　③ 柳宗悦:《茶と美》,东京:讲谈社学术文库,2000年版,第324-325页。

气味相通，充分显示了东方诗学的"诗性"智慧与敏锐"通感"。而由以上条件所形成的"东方诗学"，也足以与"西方诗学"相对蹠、相拮抗。唯有在此基础上，真正的"东西方比较诗学"才能成立，"人类共同诗学"的探求才有了可靠的途径与方法。

明清小说评点之"自娱"

李梦圆①

　　"自娱"是明清小说评点价值论系中主体价值范畴之一。对明清小说评点者主体而言,"自娱"既是明清小说评点带来的主体性价值,又是评点者进行小说评点的基本动力之一。在传统儒家所主张的文学"兴观群怨"说、"为人生而艺术"的文学创作传统及文学批评的大语境下,"自娱"因"娱"字庶几遭人贬损,罹受肤浅轻薄之恶意,但它无可争议地代表了文学"游戏说"的起源,是对人性本质的暗合,是"根源于作家的生命需要"。②

一、"游戏之作"

　　文学的起源是重要文艺理论问题之一。探讨文学起源,不仅可以从发生学的角度探究、阐释文学的产生,而且能发掘文学与人的本质的关联性,由此回归人本身,从本体性位置出发,探讨文学活动的性质和意义。

　　中外关于文学起源的观点各式各样、不一而足,兹简要介绍几种较有代表性的文学起源理论,以对关于文学发生的不同解释作一对照。

　　其一,"模仿说"。首先提出艺术起源于对自然的模仿的是古希腊哲学家德谟克利特。亚里士多德《诗学》也认为诗歌起源于对自然和社会生活

---

　　① 作者简介:李梦圆,上海商学院工商管理学院副教授。
② 吴建民:《"发愤"与"自娱":古代作家创作的基本动力形式》,载《曲靖师范学院学报》,2003 年第 5 期,第 41 页。

的模仿。其二，"神示说"。古希腊哲学家柏拉图认为诗歌的产生是由于神的灵感降临、附着在诗人身上。薄伽丘认为诗歌是发源于上帝胸怀的实践艺术。其三，"心灵表现说"，即认为文学艺术是人类心灵的一种表现。柯勒律治认为诗歌发源于想象力。托尔斯泰则更明确地将心灵的范围缩至人类的感情。其四，"巫术说"。此说由18世纪意大利哲学家维柯最先提及，但对其进行深入研究的则是19世纪以来以泰勒、弗雷泽、哈特兰特等为代表的人类学家。其五，"劳动说"，即认为艺术起源于劳动，此说始于19世纪晚期一些民族学家、艺术史家的理论观点。其六，"游戏说"。游戏说作为艺术起源的理论观点之一，具有较大的包容性和弹性。文艺复兴时期倡言模仿说的意大利哲学家马佐尼，既把诗歌看成模仿的艺术，又把诗歌看作游戏，即认为文学起源于模仿的游戏。倡言游戏说的代表人物主要有康德、席勒、谷鲁斯等。最早从理论上系统阐述游戏说的是康德，他认为艺术是"自由的游戏"，其本质特征是无目的的合目的性或自由的合目的性。席勒在康德的基础上更进一步，认为"过剩精力"是文艺与游戏产生的共同生理基础。德国学者谷鲁斯则认为人在游戏类型上的选择性和殚精竭虑、废寝忘食的专注难以用"过剩精力"来解释，他认为游戏有隐含的实用目的，艺术活动在本质上与游戏相通。所谓"游戏"，其实也就是一种审美活动，艺术活动是无功利、无目的、自由的游戏活动，是人与生俱来的本能，艺术就起源于人的游戏本能或冲动。

以上所列举的几种关于文学发生的不同说法，无论是"神示说""心灵表现说""巫术说"，还是"劳动说"等，都在不同程度上包含了"游戏"的质素。倡言神示说的柏拉图便曾发现艺术与游戏的类似之处。柏拉图认为各种再现性艺术和各种实用艺术之间的区别可看作游戏和一本正经之间的区别。神示也可以看成是"神的游戏"，人类心灵的表现、人类情感的传达也难说具有严肃的逻辑态度，巫术在一定程度上也是人类的一种"游戏"，而劳动则会加上"游戏"的成分以使其本身变得更轻松。

"游戏说"也适用于解释中国文学史或文学批评史上作家创作或批评家批评的现象。尽管功利性的文学创作观或文学批评观在中国文学史或文学批评史上未曾消歇甚或占据主流，但也有相当一部分作家或评论家在进行文学创作或文学批评的时候，不甚思考和重视作品或批评的社会影响和社会价值，他们通过创作或批评以"自娱"，以满足主体性生命的本质需要，获得内心期求的自适与愉悦。

如陶渊明"常著文章自娱，颇示己志。忘怀得失，以此自终"（《五柳先生传》），即通过写文章来自我消遣、自我娱乐，忘怀所有的得与失，看淡世间的悲与喜，不管贫贱与富贵，只借诗酒度日，逍遥自在，若以此等逍遥心态了此一生，何尝不是一个值得效法的选择？苏轼亦言："某平生无快意事，惟作文章……笔力曲折无不尽意。"（何薳《春渚纪闻》卷六《东坡事实》）苏轼认为，人生中其他事都不及作文章能够"快意"自娱，作文章表达思想的"尽意"过程便是其发泄情感、快适挥洒的过程。任情恣性的李贽亦是作文以自娱的典型，"老来无事……总类别目，用以自怡……"（《藏书·世纪列传总目前论》），阐明其自娱自乐的文学观念，表其自身著书缘由与目的是"老来无事""用以自怡"，即著书立说是为使自己身心愉悦和谐，而非发行于世，取悦于人。李贽又"作《读书乐》以自乐"（《〈读书乐〉引》），且道："大凡我书，皆是求以快乐自己。"（《与袁石浦》）李贽著书，其目的是让自己快乐。李贽的"自怡""自乐""快乐自己"等均乃"自娱"，显示了其鲜明的文学以自娱的态度。

作诗以自娱在古人中也不乏其例，如曾巩"虽病不饮酒，而间为小诗，以娱情写物，亦拙者之适也"（《齐州杂诗·序》），作诗以"娱情"，自娱自乐，以作诗作为饮酒的替代品来自我消遣。邵雍亦作诗以自娱，"自歌自咏自怡然"（《安乐窝中诗一编》），作诗不是为他人而作，而是为自己而作，达到自身愉悦和怡然自得。

王国维《人间词话》道："诗人视一切外物，皆游戏之材料也。"[1]"游戏"便是用来自娱的。王国维受康德、席勒等文艺起源"游戏说"的影响，倡言游戏的文学。在《文学小言》中王国维言：

> 文学者，游戏的事业也。人之势力用于生存竞争而有余，于是发而为游戏。婉娈之儿，有父母以衣食之，以卵翼之，无所谓争存之事也。其势力无所发泄，于是作种种之游戏，逮争存之事亟而游戏之道息矣。唯精神上之势力独优而又不必以生事为急者，然后终身得保其

---

① 王国维：《王国维文学论著三种》，北京：商务印书馆，2001 年版，第 56 页。

游戏之性质。①

　　王国维认为，文学就是游戏。如果人的精力用在生存竞争方面还有剩余，那么人的精力所余下的部分便用在游戏方面。人在孩童时期，有其父母为之提供饮食住所，并没有生存竞争的压力，所以孩子们的精力无处发泄，便喜欢玩各式各样的游戏。但当孩童长大之后，需要自立于世，自我养活，有了生存竞争的压力，那么也便不再去玩小孩子们常玩的游戏。唯独那些精力充沛而无所释放，又不存在生存竞争压力的人们，方能终身拥有"游戏"资格。王国维又在《人间嗜好之研究》中道：

　　　　希尔列尔［席勒］既谓儿童之游戏存于用剩余之势力矣，文学美术亦不过成人之精神游戏。故其渊源之存于剩余之势力，无可疑也。且吾人内界之思想感情，平时不能语诸人或不能以庄语表之者，于文学中以无人与我一定之关系故，故得倾倒而出之。易言以明之，吾人之势力所不能于实际表出者，得以游戏表出之是也。②

　　王国维认为文学是"游戏的事业"，他继承了席勒关于"过剩精力"的说法，认为文学艺术是成人的"精神游戏"，王国维还认为精神世界比较丰富而又不迫于生计的人，才能真正将文学之游戏的性质一以贯之，并且文学作为游戏还有一个好处，就是能把在现实生活中不能向别人说或不能以正经话明说的话在文学中以戏语出之。李渔《闲情偶寄·语求肖似》言：

　　　　予生忧患之中，处落魄之境，自幼至长，自长至老，总无一刻舒眉。惟于制曲填词之顷，非但郁借以舒、愠为之解，且尝作两间最乐之人，觉富贵荣华，其受用不过如此，未有真境之为所欲为，能出幻境纵横之上者——我欲做官，则顷刻之间便臻荣贵；我欲至仕，则转盼之际又入山林；我欲作人间才子，即为杜甫、李白之后身；我欲娶绝代佳人，即作王嫱、西施之元配；我欲成仙作佛，则西天、蓬岛，

---

　　① 姚淦铭、王燕：《王国维文集》第1卷，北京：中国文史出版社，1997年版，第25页。

　　② 姚淦铭、王燕：《王国维文集》第3卷，北京：中国文史出版社，1997年版，第30页。

即在砚池笔架之前；我欲尽孝、输忠，则君治、亲年，可跻尧、舜、彭、篯之上。①

李渔自表身世，即生于忧患之中，处于落魄之地，从孩童到成年，以至年岁渐老，无时无刻不处在忧愁之中，难以舒展眉宇。唯独在"制曲填词"时，能够心情畅快，一切阴郁烟消云散，所有愁烦苦恼离他而去。"制曲填词"能起到自我娱乐的作用，并且在现实生活中不可能实现的愿望可以在曲词中轻易实现，无论是做官入仕、才配佳人，还是成仙成佛为君为臣，都唾手可得。"制曲填词"是李渔的"游戏"，李渔在"游戏"中实现了自我满足。

与诗文曲词相较，身为"小道"的古代小说更加"闲居一隅"，自娱色彩亦更为浓厚。鲁迅《中国小说史略》即认为，逸事小说"若为赏心而作"，"虽不免追随俗尚，然要为远实用而近娱乐矣"。② 小说是为悦目赏心而作的，小说通俗、近俗、尚俗，不为实用之目的，而有娱乐之作用，正如鲁迅在《中国小说的历史的变迁》中所言："一般人民，是仍要娱乐的；平民的小说的起来，正是无足怪讶的事情。"③ 小说，无论于创作者，还是于读者，都是触动快乐神经的调剂品。有研究者指出，《聊斋志异》中相当比例的作品均为作者自娱心态下的产物。④

就明清小说评点而言，以上所论，便是"自娱"范畴的第一层内涵，即对小说创作者自娱动机和目的的揭橥。张冥飞《古今小说评林》言："《新红楼梦》为跰人游戏之作，无甚道理。"⑤ 所谓"道理"是以严肃的知识引人思考的，"无甚道理"正从侧面显出了作者所作小说轻松愉悦的特点。托名金圣叹伪撰的贯华堂所藏古本《水浒传》前序道："……是《水浒传》七十一卷，则吾友散后，灯下戏墨为多……一：心闲试弄，舒卷自恣；

---

① 李渔：《李渔全集》第 3 卷，杭州：浙江古籍出版社，1991 年版，第 47 页。

② 鲁迅：《中国小说史略》，合肥：安徽人民出版社，2013 年版，第 34 页。

③ 鲁迅：《中国小说史略》，合肥：安徽人民出版社，2013 年版，第 222 页。

④ 朱振武：《自娱：〈聊斋志异〉创作心态谈（一）》，载《蒲松龄研究》，1996 年第 3 期，第 34 页。

⑤ 参见朱一玄：《明清小说资料汇编》（下），天津：南开大学出版社，2012 年版，第 529 页。

二：无贤无愚，无不能读……吾友读之而乐，斯亦足耳……"① 虽为托名伪撰之序，但不妨碍将其作为明清小说评点中视小说为娱乐游戏之作的证据，文中所提及的"灯下戏墨为多""心闲试弄，舒卷自恣"都表明了小说作者自娱游戏的心态。

二、"批点得甚快活人"

文学创作可自娱，文学批评亦可自娱。明清小说评点家在评点小说时，有些是以自娱为动力、目的和导向的。

李贽《续焚书》言："《水浒传》批点得甚快活人，《西厢》、《琵琶》涂抹改窜得更妙。"② 李贽批点《水浒传》，不是为求取功名利禄，不是为敷衍塞责，不是为完成一项未竟的事业或使命，也不是受他人委托或不得已所做，而是完全出于其自身的强烈意愿和需要，因为在批点《水浒传》的过程中，李贽所体验到的是一种酣畅淋漓的"甚快活人"的感觉。这种感觉自然是万般愉悦的，而批书的自娱性亦于此体现出来。

"甚快活人"是一种自由自在、酣畅淋漓地表达自己主观思想、情感的评点状态，而不是受到某种律条的束缚或规约，屈从于权势或权威，违心地做他人命令或意愿的传声筒。在李贽的《水浒传》回评中，处处可见其真性情无羁约地流露，所谓"惟大英雄能本色，是真名士自风流"，李贽便是本色风流人，做真我、说真话、表真情，亦得真自在、真快活。对假道学的揭露和抨击，李贽可谓是毫不吝啬、不遗余力。兹举数例如下：

> 此回文字，分明是个成佛作祖图。若是那班闭眼合掌的和尚，决无成佛之理。何也？外面模样尽好看，佛性反无一些。如鲁智深吃酒打人，无所不为，无所不做，佛性反是完全的，所以到底成了正果。算来外面模样，看不得人，济不得事，此假道学之所以可恶也与！此

---

① 陈曦钟、侯忠义、鲁玉川辑校：《水浒传会评本》，北京：北京大学出版社，1981年版，第23页。
② 朱一玄：《明清小说资料汇编》（下），天津：南开大学出版社，2012年版，第276页。

假道学之所以可恶也与！①

人说鲁智深桃花山上，窃取了李忠、周通的酒器，以为不是大丈夫所为。殊不知智深后来作佛，正在此等去。何也？率性而行，不拘小节，方是成佛作祖根基。若瞻前顾后，算一计十，几何不向假道学门风去也？②

如今世上都是瞎子，再无一个有眼的，看人只是皮相。如鲁和尚却是个活佛，倒叫他不似出家人模样。请问出家人模样的，毕竟济得恁事？模样要他做恁？假道学之所以可恶、可恨、可杀、可剐，正为忒似圣人模样耳。③

拼命三郎是个汉子，一刀两段，再无葛藤，却又精细，所称智勇足备者非耶？杨雄一见，便认他为弟，亦自具眼，到底得他气力。豪杰相逢，多是如此。若是道学先生，便有多少瞻前顾后。④

王矮虎还是个性之的圣人，实是好色，却不遮掩。即在性命相并之地，只是率其性耳。若是道学先生，便有无数藏头盖尾的所在，口夷行跖的光景。呜呼！毕竟何益哉？不若王矮虎实在，得这一丈青做过妻子，也到底还是至诚之报。⑤

第一则例子乃李贽《水浒传》第四回回评，此回中鲁达三拳打死镇关

---

① 《古本小说集成》编委会：《李卓吾批评忠义水浒传》，施耐庵集撰，罗贯中纂修，李贽批评，上海：上海古籍出版社，1997年版，第151页。
② 《古本小说集成》编委会：《李卓吾批评忠义水浒传》，施耐庵集撰，罗贯中纂修，李贽批评，上海：上海古籍出版社，1997年版，第183页。
③ 《古本小说集成》编委会：《李卓吾批评忠义水浒传》，施耐庵集撰，罗贯中纂修，李贽批评，上海：上海古籍出版社，1997年版，第214-215页。
④ 《古本小说集成》编委会：《李卓吾批评忠义水浒传》，施耐庵集撰，罗贯中纂修，李贽批评，上海：上海古籍出版社，1997年版，第1467-1468页。
⑤ 《古本小说集成》编委会：《李卓吾批评忠义水浒传》，施耐庵集撰，罗贯中纂修，李贽批评，上海：上海古籍出版社，1997年版，第1600页。

西，被官府通缉，在赵员外处暂时躲避。然官府耳目众多，为避免出现意外，赵员外劝鲁达出家为僧。智真长老亲自为鲁达受戒，赐其法名"智深"。但鲁智深入佛门之后，积习难改，多次吃酒犯戒。在山腰抢了小二的酒，醉酒之后打人滋事。后又下山在酒铺吃狗肉、喝烧酒，以至酩酊大醉。上山打坏了半山亭，拆了山门金刚，打伤了一众和尚。智真长老出于无奈，只好将鲁智深介绍到东京大相国寺其师弟智清和尚处了。在此回，鲁智深的真我本性暴露无遗。李贽感叹，那些被鲁智深打的和尚，表面上遵守佛门清规戒律，而反失却真心，失掉佛性。鲁智深表面不守佛门规矩，但一片真心，一腔赤诚，葆有完全的佛性，最终修成正果。李贽以此鞭挞道学之可恶。第二则为李贽《水浒传》第五回回评，李贽感叹鲁智深行事率性，不拘小节，认为此乃大丈夫之所为，才可成佛作祖，讥刺假道学瞻前顾后，精于算计，小肚鸡肠。第三则引自李贽《水浒传》第六回回评，此回鲁智深火烧瓦罐寺，打死崔道成和丘小乙两个假扮道士和尚、实则蓄意捣毁寺院的贼人。李贽由此感叹，世人有眼无珠，看人只看表面做派，殊不知，虚伪者横行于世，真性情的人却不被理解，真乃可恨可悲。鲁智深最不像出家人，反而修成正果，那些像出家人的人，又有什么用？假道学，表面上是圣人模样，实际龌龊不堪。第四则乃李贽《水浒传》第四十四回回评，李贽赞拼命三郎石秀做事果断，雷厉风行，不拖泥带水，而又精细无比，与那些瞻前顾后的道学先生形成鲜明对比。第五则为李贽《水浒传》第四十八回回评，他大赞王矮虎之真诚不虚，好色而不遮掩，讥刺道学先生表面衣冠楚楚，实乃口夷行跖。

李贽对装模作样、道貌岸然的"假道学"深恶痛绝，在批评《水浒传》时也将此类感情代入其中，而鲁智深、拼命三郎、杨雄、王矮虎等人不同于"假道学"的地方便在于表里如一、率性而为、不拘小节、雷厉风行、光明磊落，这正是李贽所欣赏的品质。李贽倡"童心说"，"童心"即赤诚无假的"真心"，有"真心"的人方是"真人"。李贽欢喜"真人"，厌恶"假道学"，在评点《水浒传》人物的时候，亦尽情表达自己对《水浒传》中"真人"英雄的喜爱与激赏，对书中或现实生活里的"假道学"进行辛辣讽刺和极力批判。在此过程中，评点者李贽投入了自己主观上的真感情，释放了自我情感，表达了自己的主观思想意愿和个人好恶。这种自在酣畅的评点状态自然是"甚快活人",自娱性即体现出来。

敢于无所顾忌地讲真话对于评点者自身而言,正可获得一种精神上的娱乐与畅快。李贽批评《水浒传》,不仅揭露了假道学的丑恶嘴脸,而且毫无顾忌地指摘书中包括官吏等在内的统治者们的"强盗"实质:

> 从来捉贼做贼,捕盗做盗,的的不差。若要真正除得盗贼,只须除了捕快为第一义。①

> 李秃老曰:"朱仝、雷横、柴进不顾王法,只顾人情,所以到底做了强盗。若张文远,倒是执法的,还是个良民。或曰:'知县相公也做人情,如何不做强盗?'曰:你道知县相公不是强盗么?"②

> 卓吾曰:"一僧读到此处,见桃花山、二龙山、白虎山都是强盗,叹曰:'当时强盗真恁地多!'余曰:当时在朝强盗还多些。"③

> 李秃翁曰:"今人只管说男盗女娼便不好了。童贯、高俅那厮,非不做大官,燕青、李师师都指为奸佞,是又强盗娼妇不如了。官大那里便算得人?"④

从以上引文可知,李贽毫无顾忌地表达内心想法,将当时的社会现实情形赤裸裸地展现出来:捕快才是真强盗,除掉捕快便是除掉真正的强盗,"捉贼做贼,捕盗做盗";顾人情的反而是强盗,而王法却容不得人情,知县相公做人情,"知县相公不是强盗么";强盗之多令人瞠目,"在朝强盗还多些",当朝统治者实是最大的强盗;童贯、高俅位居高位之人,比所谓的强盗娼妇都不如,"官大那里便算得人";等等。这些不加遮掩的犀利评点表现了李贽精神的绝对自由,可以想见,这种自由自在、想吾所想、说吾

---

① 《古本小说集成》编委会:《李卓吾批评忠义水浒传》,施耐庵集撰,罗贯中纂修,李贽批评,上海:上海古籍出版社,1997年版,第557页。

② 《古本小说集成》编委会:《李卓吾批评忠义水浒传》,施耐庵集撰,罗贯中纂修,李贽批评,上海:上海古籍出版社,1997年版,第689页。

③ 《古本小说集成》编委会:《李卓吾批评忠义水浒传》,施耐庵集撰,罗贯中纂修,李贽批评,上海:上海古籍出版社,1997年版,第1892页。

④ 《古本小说集成》编委会:《李卓吾批评忠义水浒传》,施耐庵集撰,罗贯中纂修,李贽批评,上海:上海古籍出版社,1997年版,第2632页。

想说的状态令人何等愉悦、何等畅快。

批书的主观性或主观意愿的强弱直接影响到自娱的程度高低。一般而言，批书的主观性愈强，便带有愈多的自娱性成分；反之，则自娱性成分愈少，或难以体现出自娱性。曹立波《〈红楼梦〉评点从文人自娱到商业传播的转型——东观阁评与脂砚斋评的主要差异》即指出《红楼梦》脂砚斋评主观性较强，具有文人自娱性；东观阁评客观性突出，具有书商导读型特征。① 脂砚斋在进行评点时，心灵是开放的，对《红楼梦》文本倾注了一己真感情，故在脂砚斋评语中，读者感受到的是一个活生生的带有真感情的鲜活生命，评语中激荡着脂砚斋自身主观情感之潮。

如在《红楼梦》第一回正文"有命无运，累及爹娘"处，脂砚斋评（甲戌本眉批）："八字屈死多少英雄？屈死多少忠臣孝子？屈死多少仁人志士？屈死多少词客骚人？今又被作者将此一把眼泪洒与闺阁之中，见得裙钗尚遭逢此数，况天下之男子乎……"② 又如在《红楼梦》第十五回正文"其中阴阳两宅俱已预备妥贴"处，甲戌本夹评："大凡创业之人，无有不为子孙深谋至细。今后辈仗一时之荣显，犹自不足，另生枝叶，虽华丽过先，奈不常保，亦足可叹，争及先人之常保其朴哉？近世浮华子弟来着眼。"③ 从此二则批语，可读出脂砚斋自身的主观想法，体会到脂砚斋阅读《红楼梦》文本时的内心激荡之情。《红楼梦》文本的文字对脂砚斋产生了实实在在的触动，脂砚斋亦将所受到的触动真真切切地形诸文字。故在批点过程中，脂砚斋的主观性参与其中，批点文字是脂砚斋自身真实感情的汇聚，而不是客观、僵化、被动的死物。在脂砚斋的评点文字中，文人自娱性得到充分显现。

三、"寓怒骂于嬉笑"

有些文学创作或文学批评不是单纯的"自娱"，其背后还隐藏着其他因

---

① 曹立波：《〈红楼梦〉评点从文人自娱到商业传播的转型——东观阁评与脂砚斋评的主要差异》，载《河南教育学院学报》（哲学社会科学版），2005年第2期，第1-6页。

② 朱一玄：《红楼梦脂评校录》，济南：齐鲁书社，1986年版，第14页。

③ 朱一玄：《红楼梦脂评校录》，济南：齐鲁书社，1986年版，第204页。

素。在此类情况下，如果只看到"自娱"的表象，而不深究其背后原因，便不能对文学作品或文学批评著作有准确把握和深刻理解。

含晶子《西游记评注自叙》言："《西游记》……世传其本以为游戏之书，人多略之，不知其奥也……予近多阅道书，溯源竟委，乃知天地间自有一种道理。"① 有的书表面看起来是"游戏之书"，但读者如果具有相关知识背景和知识储备，就能洞悉其中壶奥，明了其并非单纯自娱或娱乐的小说，而是蕴含着更深刻的道理。读小说不能粗粗读过，否则仍似囫囵吞枣，不知其味，正确读法应是"察其时势""得文得心""知人论世"，如潘德舆《读水浒传题后一》即言："……不察其时势而读是书者，徒取其文而赞之颂之，即爱为史迁，尊为《左》、《国》，自以为洞中其文之骨髓，然而作书之人终不乐，盖得其文未得其心，知其人不论其世，均之无与于文章之道也，作书者何望焉……作者之忧患深矣！读者徒觉其豪快骏爽，可以已沉疴而消魂礧，乌知作者之苦有不可言者乎？"② 得其文亦应得其心，知其人也须论其世，否则就会难以体认著书者想要表达的意思，无法洞观文中精髓，使得著书人的意图未能彰显以致抱憾。

《一叶轩漫笔》有云："《儒林外史》一书，寓怒骂于嬉笑……"③ 即表面上看起来嬉笑自娱的《儒林外史》其实内含怒骂与愤懑，故读者应透过自娱的表象找寻其所讽谏的实质。兹举几则《儒林外史》评点中此类例证如下：

> 范进进学，大觞瓶酒，是胡老爹自携来，临去是披着衣服，腆着肚子；范进中举，七八斤肉、四五千钱，是二汉送来，临去是低着头，笑迷迷的。④

① 丁锡根：《中国历代小说序跋集》（下），北京：人民文学出版社，1996 年版，第 1384 - 1385 页。

② 朱一玄：《明清小说资料汇编》（上），天津：南开大学出版社，2012 年版，第 311 页。

③ 朱一玄：《明清小说资料汇编》（上），天津：南开大学出版社，2012 年版，第 447 页。

④ 吴敬梓：《儒林外史汇校汇评》，李汉秋辑校，上海：上海古籍出版社，2010 年版，第 60 页。

才说不占人寸丝半粟便宜，家中已经关了人家一口猪，令阅者不繁言而已解。

上席不用银镶杯箸一段，是作者极力写出。盖天下莫可恶于忠孝廉节之大端不讲，而苟索于末节小数，举世为之而莫有非之，且效尤者比比然也。故作者不以庄语责之，而以谑语诛之。①

胡三先生素有钱癖，幸而不为憨仙撞骗。却又喜结斗方名士，湖上一会，酸气逼人。至今读之，尤令人呕出酸馅也。②

自科举之法行，天下人无不锐意求取科名。其实，千百人求之，其得手者不过一二人；不得手者，不稂不莠，既不能力田，又不能商贾，坐吃山空，不至于卖儿鬻女者几希矣。倪霜峰云："可恨当年误读了几句死书。""死书"二字，奇妙得未曾有，不但可为救时之良药，亦可为醒世之晨钟也。③

俗语云："吃了自己的清水白米饭，去管别人家的闲事。"如唐三痰辈，日日在县门口说长论短，究竟与自己穿衣吃饭有何益处，而白首为之而不厌耶？此如溷厕中蛆虫，翻上翻下，忙忙急急，若似乎有许多事者，然究竟日日如此，何尝翻出厕坑之外哉？④

以上所引《儒林外史》评点的引文，皆属著者通过自娱的表象，蕴藉讽喻的实质，寓深刻的怒骂于表面的嬉笑之中。从胡屠户前倨后恭、令人喷饭的表现，可以透见人情冷暖、世俗凉薄，这些就不仅仅停留在娱乐的层面，而揭示了背后令人怨愤痛惜的真相；不占人丝毫便宜的严贡生，竟然关了别人一口猪，他前后极其鲜明的言行不一的举止不只是可笑的，更是可恨的；对表面守礼，而实际上内心龌龊不堪的"假道学"，吴敬梓采取

---

① 吴敬梓：《儒林外史汇校汇评》，李汉秋辑校，上海：上海古籍出版社，2010年版，第71页。

② 吴敬梓：《儒林外史汇校汇评》，李汉秋辑校，上海：上海古籍出版社，2010年版，第220页。

③ 吴敬梓：《儒林外史汇校汇评》，李汉秋辑校，上海：上海古籍出版社，2010年版，第292－293页。

④ 吴敬梓：《儒林外史汇校汇评》，李汉秋辑校，上海：上海古籍出版社，2010年版，第496页。

的是"以谑语诛之"的表现手法，即表面看起来是逗乐，而实际上是怒骂、讽刺此类道貌岸然之辈；胡三先生的"酸气逼人"，亦是虚伪做作，令人作呕；科举所造成的人的异化也让人感到好笑，那些所谓"得手者"得了失心疯，如范进中举的表现可谓极矣，而这背后隐藏的恰是作者吴敬梓对泯灭人性的科举制度的批判和咒骂；把唐三痰辈比作厕所中"翻上翻下，忙忙急急"的蛆虫亦是"谑中藏讽"。批点者在批点小说的自娱中寓批判，在浅表的无所谓的姿态下潜藏对社会人生的思考和关切，从艺术的层面走向人生的层面，在一定程度上，亦可谓从小我走向大我的精神的升华。

正如世上没有任何绝对纯粹的东西一样，明清小说评点中的某个范畴也非绝对独立，而是与其他范畴或事物有着或多或少的牵涉和瓜葛。将某一范畴疏离、独立开来，亦是出于对其主要特征和质素的考量，而不是对其隐含的其他成分的忽略或排除。正是因为复杂性造就了事物的丰富性，而丰富性即研究的价值所在，一个干巴巴的单面向的纯质是没有多少探究价值的。对复杂性和丰富性的揭示过程，便是接近和认清事物本质的过程。明清小说评点"自娱"范畴涵盖的不只是"游戏""娱乐""快活"等，其背后行文或评点的用心亦是不可忽视的。

读书会

阿多诺语言哲学五人谈

与谈人：

黄金城　华东师范大学中文系讲师

匡　宇　四川大学文学与新闻学院副教授

徐文贵　中国政法大学人文学院讲师

林云柯　南开大学文学院助理研究员

汪尧翀　中国社会科学院文学所助理研究员

一、译文

关于哲学家语言的提纲①

阿多诺　著　　黄金城　译

1. 哲学语言中形式与内容的区分并非呈现为无历史的永恒性的析分。它尤其属于观念论思想：与对认识的形式和内容所做的观念论区分相呼应。它基于这种观念，即概念，以及借着概念的词语，是诸特性之多样性的缩略式，而这些特性的统一性则纯粹由意识构成。如果说，杂多的统一性作

---

① 原文源自：Theodor W. Adorno, "Thesen über die Sprache des Philosophen", in *Philosophische Früh schriften*, vol. 1 of *Gesammelte Schriften*, ed. Rolf Tiedemann (Frankfurt am Main: Suhrkamp, 1997)；并参考：Adorno, "Theses on the Language of the Philosopher", trans. Samir Gandesha and Michael Palamarek, in *Adorno and the Need in Philosophy: New Critical Essays*, ed. Michael Pala marek et al., Toronto: University of Toronto Press, 2007.

为形式主观上范铸于杂多之上，那么，这种形式就必然被视为可分离于内容。在实事领域中，这种可分性被否认，因为实事本身据说仅仅是主观性的产物。在语言领域中，这种可分性则无处可藏。一切由观念论意识形成的物化，其标志就在于，事物可以被随意命名；至于语言，其精神构成据说具有客观性，而所谓的客观性仍流于形式，并无法铸造语言形态。对于一种将事物排他性地把握为思想之函项的思考而言，名称便是随意的：名称是意识的自由设定。这种主观构成的诸概念之统一性，在存在者层面上具有"偶然性"，在概念的名称的可交换性中，这种"偶然性"成为自明的。在观念论中，名称与意指物之间处于图像性关系，而非具体的实事性关系。对于一种不愿再承认自律性和自发性为认识之正当理由的思考而言，语言与实事之符号性指归的偶然性彻底成为疑难。

2. 意在真理的哲学语言并不在意"Signa"（符号）。通过语言，历史分有真理，同时，词语决不只是在其中被思考之物的符号，而是历史突入词语，并塑造其真理特征。历史对词语的分有，始终规定着每一个词语的选用，因为历史与真理在词语中汇合。

3. 哲学的语言是由含有实事性在先规定的。哲学家并非选择性地表达思想，而是必须找到这样的词语，它们必须以其中的真理状况为根据，才能够正当地承载哲学家想要说出的意图，而哲学家除非选中在历史性时刻真理就存在于其中的那个词语，否则便什么也无法说出。

4. 哲学语言具有"可理解性"，即其社会可沟通性，这是观念论的要求，它必然立足于语言的符号性特征，并且设定语言可分离于对象，因而，同一个对象能够以不同的方式相即被给予。然而，通过语言，对象根本并未相即被给予，毋宁说，对象依附于语言，并与语言处于历史的统一中。在一个同质化的社会中，哲学语言的可理解性从未被要求，却处处是在先被给予的：当词语的存在论力量所及甚远，以至于词语在社会中被赋予客观的尊严时。这种客观性决不是哲学语言调适于社会理解的结果。应该说，这种使语言"可理解"的客观性，正是将词语明确指归给哲学家的同一种客观性。它不能被要求；在它成为疑难之所在时，它便根本不存在，同时，就像它在社会中只沦为传闻一样，对于哲学家来说，它也几乎不是在先规定的。这种使语言相即于对象和社会的抽象观念论要求，恰恰是真实的语言实在性的对立面。在一个原子化的、崩解的社会中，语言回顾其可闻本然（vernommensein），塑造——亦即浪漫主义地虚构了词语的存在论约束力地位，而这很快就被词语本身的无力否定。没有和衷的社会（geschlossene Gesellschaft），就没有客观的语言，因而也就没有真正可理解的语言。

5. 如今，哲学语言所意图的可理解性，在所有方面都被揭露为欺骗。它要么是平庸的，因而天真地把词语设定为是在先给予的和通用的，但其与对象的关系事实上早已成为疑难；要么是不真实的，因为它力图遮掩上述问题。它利用那些看似摆脱了历史动力的词语所怀揣的情志，证明词语本具有无历史的通用性，并因而与可理解性如出一辙。今天，哲学语言中唯一正当的可理解性，乃在于它忠实地与被意指的实事协调一致，并且根据词语中真理的历史状况忠实地使用词语。任何被有意追求的东西，都从根本上面临着语言批判。

6. 与此相反，确乎存在着一种对词语的历史问题加以检验的程序，然而，它却致力规避这种问题，因为它致力建立一种立足于个体的新的哲学语言，而这同样是不允许的。海德格尔的语言逃离历史，但依然摆脱不了历史。其术语所在的方位，都不出离那种微光闪闪并在词语诞生之前便在先形塑了词语的传统哲学——和神学——术语；与此同时，海德格尔那显白的语言无法在与传承下来的哲学语言的辩证关联中完整揭示后者的崩解。被自由设定的语言，要求哲学家具有独立于历史强制的自由，而在海德格尔那里，这种非分之想早已遭到无处不在的反驳——海德格尔洞见到这种必然性：既然语言的实际问题只有在历史中才有其根据，那么批判性地对待这种语言，便是必然的。传统的术语，即便已被摧毁，仍然需要加以保存；如今，要塑造哲学家的新词语，只有立足于词语构型的变迁（词语处于历史当中），而非发明这样一种语言：它固然承认历史力量高于词语，却致力到一种只在表面上保证可以豁免于历史的、私人化的"具体性"中去，以期规避历史力量。

7. 如今，哲学家面对着已然崩解的语言。他的材料乃是词语的废墟，历史将他缔结于此。他的自由仅在于，能够按照词语中的真理强制而进行词语构型。他几乎不许把一个词语思考为在先给予的，一如他几乎无法发明一个词语。

8. 如今，哲学家的语言程序几乎无法抽象地加以命名，但无论如何，只能辩证地加以思考。在今天的社会状况下，就其本己意图而言，没有任何词语被在先给予，而客观上现成的哲学词语已被掏空了存在，不具约束力。用旧语言来清晰传达新内涵，这样的尝试罹患于形式与内容之可分性的观念论前提，因而，在实事层面上是不正当的。它歪曲了内涵。对于他来说，剩下的希望仅在于将词语置于新的真理周围，从而使得其单纯的构型产生新的真理。这种程序不可等同于那种用传统词语来"解释"新真理的意图，应该说，构型性语言必将杜绝那种预设着词语之未受损的尊严的简明程序。相对于传统的词语和无言的主观意图，构型乃是第三者：不经由中介的第三者。因为，诸如意图之类，恰恰不是借助语言的手段而被客观化；相反地，构型性语言所意味的正是这个第三者，即概念与实事在辩证意义上彼此交叠和在阐释意义上不可消解的统一体。这种出离综合逻辑范畴的统一体，其阐释意义上的不可消解性，如今不可抗拒地导致一切严肃的哲学语言的根本困境。

9. 在形式－内容二元性的领域中，哲学语言曾经对此漠不关心，而这正是因为物化意识的特殊结构在先规定了它的无足轻重。今天，它在认识中的奠基性分量——如果说，观念论时代的无言本质破坏了一切真正的含有实事性，那么，这种分量同样蛰伏于这个时代——再次显豁。所有哲学批判，现在作为语言批判，成为可能。这种语言批判不仅涉及词语与实事的"相即"，而且确乎同样在自身中涉及词语的地位。至于词语，需要追问的是，它们在多大程度上有能力负荷那些超载于其身的意图，其力量在多大程度上已经消失在历史之中，它们在多大程度上（比如在构型性意义上）得以保存。与此相关的标准，在本质上是词语的美学尊严。这些词语迄今仍允许完整地享有哲学的厚爱，而当此之时，它们在语言艺术作品——只有语言艺术作品对立于科学二元论，保存了词语与实事的统一性——中一度径直沉溺于审美批评，这样的词语现在显然是无力的。因此，审美批评的构成性意义让位于认识。也就是说，真正的艺术如今不再具有形而上之物的特征；相反地，它转而以非中介的方式来表现真实的存在内涵。在哲学中，语言批判的意义日益增长，它表达为艺术与认识开始合流。当哲学转向这种迄今仍只是在美学层面上被思考的、非中介的语言与真理的统一体时，当哲学必须紧靠语言来辩证地衡量其真理时，艺术便获得认识特征：它的语言是审美的，而只有当其为"真"时，亦即当它的词语按照客观的历史状况而实存时，才是和谐的。

10. 一部哲学作品的实质结构，如果不与它的语言结构恰好重合的话，那么至少也可能与之处于一种成形的张力关系中。比如，有一种思考，借声称要给出存在论的内涵而登场，却利用着综合逻辑定义、观念论－系统论演绎、抽象的表面关联的形式。这种思考不仅有着非相即的语言形式，事实上也是不真实的。因为这些被断言的存在论结果没有力量让思想的行列向自身看齐；相反地，它们作为自由悬浮的意图，仍对立于思考方式，仍然是超验的。这种思考，可以追踪到语言行为的最微小的细胞：语言被赋予正义（rechtsausweisend）的意义。比如就舍勒而言，或许便可以这么批判，他首先忽视了一切"含有实事性"，由此可以指出，虽然他教导说，诸理念在存在论上是彼此限定的，但这种限定性与其表现程序自相矛盾，这种表现程序始终借助演绎和三段论的逻辑手段来进行，"构成"理念之间的抽象悖谬，特别是在整个质料研究中，它所使用的恰恰是这种唯名论学术已然耗损的语言，可他却在哲学上自视为唯名论学术的死敌。通过对舍勒进行某种语言分析，可以指出，他的存在论意图并不相称于他事实上具有的认识水平，或者，较少心理学意味地说，这种不相称性便是通过解放的"ratio"（理性）来构造一种纯粹存在秩序的不可能性。在语言批判中，一切欺骗性的存在论尤其会被戳穿。

二、五人谈

汪尧翀：2020 年 7 月 1 日，中国社会科学院文学所马克思主义文学理论与文学批评研究室以"批判理论与语言哲学"为主题，举办了第 1 期跨学科青年工作坊，采取的形式是经典文本的对读与讨论。所研讨的文本一个是维特根斯坦《哲学研究》前 20 节，另一个是今天要谈的阿多诺《关于哲学家语言的提纲》。我想抛砖引玉，简要介绍下这篇文章的"发现历程"以及重要性。

有一次阅读哈贝马斯的访谈录，我留意到他对自己求学生涯的回忆。

据哈贝马斯说，20世纪50年代他刚到法兰克福时，发现阿多诺对同时代哲学十分漠然，令人震惊。转眼近20年，他在阿多诺去世之后，读到阿多诺的法兰克福大学就职演讲稿及自然史论文，方才领悟了阿多诺年轻时的所思所想。这则逸事，可以成为观察批判理论范式争辩的绝佳窗口。于是，我找来了蒂德曼（Rolf Tiedemann）主编的《阿多诺文集》第一卷。这一卷上半部分收录了阿多诺早年的胡塞尔研究，下半部分则以"演讲与论文"为题，汇入三篇文章，分别是：《哲学的现实性》《自然历史观念》及《关于哲学家语言的提纲》。前两篇便是上述就职演讲稿及自然史论文，已有中译版本——张一兵老师主编的《社会批判理论纪事（第2辑）》（2007）为之开辟了专栏，名曰《社会批判理论经典拾遗：阿多诺》。看来，唯独第三篇成了"遗珠"。从形式上说，这篇文章仅有10个片段，算不得标准论文。"演讲与论文"这组文章仿佛一出三联剧，这第三幕恰恰最短、最精悍、最先锋，虽然最易被忽略，但也最具阐释空间。

不消说，蒂德曼如此编排，着力点显然是主题相关性。读他的编后记，果然如此！蒂德曼认为，这三篇文章不仅主题一致，而且具有方法论意义。众所周知，阿多诺的声誉，往往建立在他的难读的"大部头"之上：《启蒙辩证法》《否定辩证法》《美学理论》等。如果按思想分期来说，这些"大部头"恰恰是阿多诺晚期作品。一个思想家——哪怕苛刻地按海德格尔的标准，即终其一生只思考一个问题——其早期思想对于一生之所思，仍具决定性意义。但是，西方学界对阿多诺早期思想的研究实际起步也相对较晚。《关于哲学家语言的提纲》直到2006年才有了英译本，并陆续有了专论。

接下来，我还想多涉及一点思想背景。首先，从大背景来说，这涉及思考所谓的"语言学转向"（linguistic turn）。"语言学转向"的说法，最早来自贝格曼（Gustav Bergmann），此公也是维也纳逻辑实证小组成员。罗蒂（Richard Rorty）借此术语，编了一部论文集，就叫《语言学转向：哲学方法新论》。在序言中，罗蒂认为语言学转向无非一种信念，即哲学问题能够通过理解、使用和处理"语言"得以解决或消解。关于这股强有力的思潮，哈贝马斯认为有两个版本。第一个版本源自解释学传统，最初滥觞于反对观念论的德意志"铁三角"：洪堡、赫尔德以及哈曼，当时就以语言哲学来批评康德的先验哲学。不过，长期以来，从康德到黑格尔的德国古典哲学占据要津，洪堡这脉传统比较弱势。海德格尔是认识洪堡及其语言哲学价值的第一人。他深受启发，在德罗伊森、狄尔泰等精神科学先驱那里锻造了其解释学的基本要件，开启了"哲学解释学"的思想漩涡。与此同时，维特根斯坦离开了维也纳文化圈，先是在弗雷格那里，后来在罗素那里，找到了一种全新的哲学范式，即"分析哲学"。这被公认为第二个版本的语言学转向。维特根斯坦，尤其他的晚期思想在德国当代哲学中不乏传人，前有图根哈特等人，后有阿佩尔、哈贝马斯等。这些思想家长期倡导英美分析传统与大陆观念论传统进行对话、融合。因此，虽然一开始语言学转向运行于两种迥异的传统，但逐渐地从对峙、交流走向"互补"（哈贝马斯语）。

从小背景来说，语言学转向的议题进入法兰克福学派内部，孕育了标志性的"范式转型"。简言之，哈贝马斯借助当代语言哲学成果，为批判理论重新奠定了哲学基础。他认为经典批判理论的哲学基础仍然是先验哲学或意识哲学。到此也就能明白，为何哈贝马斯如此在意阿多诺对同时代哲学的漠然。但这不过是阿多诺在 20 世纪 50 年代的刻板学术形象。哈贝马斯发现，30 年代的阿多诺与其同时代哲学（主要是现象学）的关系非常密切。我们知道，阿多诺虽是哈贝马斯的老师，但哈贝马斯的批判已然成为当代哲学史的经典。我有一个朋友刚从法兰克福大学归来，告诉我说，现在那儿已被叫作"哈贝马斯研究所"，可见其影响。但反过来，这也意味着对阿多诺思想的接受，完全是由哈贝马斯的批判路径所决定的。这在思想史上很常见。高度说服力的决定性视野的出现，往往会引导后来的学者重审之前的思想，产生新解释。但是，这个决定性视野，一定是在与同时代思想的竞争中产生的。一个学派如此，一个大传统也是如此，无不依赖这种开放性的视域结构。这也表明为什么一种学术传统能够永葆活力。就我所知，现今阿多诺研究在西方学界仍然盛行，魅力十足。例如，国内比较熟知的维尔默，就在哈贝马斯的批判前提下重思阿多诺的思想遗产。有趣的是，历来被认为思想上更近于哈贝马斯的维尔默，早在 80 年代就注意到了阿多诺的语言哲学问题，写过比较阿多诺与维特根斯坦思想的文章。他认为，阿多诺也提出了类似维特根斯坦的观点，即哲学批判必须是语言批判。当然，阿多诺的语言哲学可谓仍隐匿着，有待系统性的反思。这个例子表明，学派内部的反思是非常有效的，虽然，哈贝马斯似乎从来没有过关于"阿多诺语言哲学"的只言片语。当然，强调这一点，并非为了挑衅性地证明哈贝马斯的批判是独断且无效的。恰恰相反，我认为这种转型不仅必要，而且成功。如果没有范式更迭，也许今天我们不会"意识"到阿多诺语言哲学的意义，不会试图"看清"其早期思想的定位。这种思想史"绕行"使批判理论转型基础所面临的挑战复杂化了，也更精彩了。

总之，琢磨竞争视域中语言哲学问题的细部肌理，有助于从知识谱系上积累对批判理论的新理解。其当下意义更可延伸至对现代社会规范基础的思考：语言学转向提供了很多行之有效的分析方法，同样也提供了对这些方法限度的反思。阿多诺的这篇语言哲学文献带来的启发是，我们得以观察语言批判在社会哲学或社会批判中究竟扮演了什么角色，这个角色又如何与不同的语言哲学传统相勾连；在这种关联视域中，有关"社会"理解的理论知识与命题知识相互缠绕，从而成为理解现代社会的一个立足点。对于理解当前中国的社会转型及规范建设而言，这也许是不可或缺的。

在此，承蒙华东师范大学中文系黄金城老师首次从德文移译这篇重要文献，又承蒙中国社科院文学所金惠敏老师（按：现已入职四川大学）慷慨允诺发表这篇谈话。当然，必须说明，这篇谈话仅仅具有"导读"的性质，算不上专门、系统的研究。不过，这仍是个好机会，让我们能够进一步介绍这份文献，作为更深入理解和研究阿多诺思想的开端。

黄金城：《关于哲学家语言的提纲》（以下简称《提纲》）的具体写作时间并不明确，但无疑是 20 世纪 30 年代早期的作品。按照蒂德曼的说法，《提纲》与《论哲学的现实性》《自然历史理念》一道，构成阿多诺早期思想的纲领性文献。在其中，阿多诺所构想的历史图像母题、自然历史理念和构型性语言等观念，都预演着后来的《否定的辩证法》。在阿多诺的思想生涯中，这三篇文献乃是他逐渐出离科尔内留斯（Hans Cornelius），并趋近于本雅明的思想产物。更明确地说，它们标志着阿多诺思想从先验观念论向唯物主义的转型。

这个思想历程便折叠在标题当中。首先，"关于哲学家语言的提纲"（"Thesen über die Sprache des Philosophen"），这个标题很容易让人联想起青年马克思的纲领性文献《关于费尔巴哈的提纲》（"Thesen über Feuerbach"）。其次，标题的措辞略显怪异，颇耐人寻味——阿多诺不说"哲学语言"（die philosophische Sprache），而着意表达为"哲学家（的）语言"（die Sprache des Philosophen）。这个特别的表述已经反映出阿多诺对先验观念论的不满。先验观念论的哲学理解在于，预设一个先验的主体，即笛卡尔和康德所谓的"我思"，由此将哲学语言隶属于思维主体之透明的意识状态。这种观念论进路，必然从根本上取缔哲学的语言问题。而当阿多诺言及"哲学家语言"时，他所属意的是一个置身于特定的社会历史条件之下而从事哲学思考的人，这是具体化的、情境化的、经验性的主体，而非先验的主体。在这个意义上，哲学本身便是社会历史实践的一种形式，而哲学家所操持的语言，不再具有先验哲学所设想的透明意识状态的自明性；相反地，它必然取决于特定的历史、社会和文化语境。由此而言，这个标题传达出两层含义：第一，哲学家无法对自行生成的思想进行思考，因为他必须通过某种语言表述思想；第二，哲学家的语言在社会历史层面上是不纯粹的，因而也无法豁免于语言批判。

阿多诺的哲学思考，始终建立在这个时代诊断之上：物化的资产阶级社会导致现代文化的衰颓、贫乏乃至灾难。而关于哲学家（和作家）的语言处境，阿多诺在第七条提纲中论断道："如今哲学家面对着已经崩解的语言。他的材料乃是词语的废墟，历史将他缔结于此。"语言之沦为"废墟"，是本雅明对堕落的人类语言的著名判词。在《论语言本身和人的语言》中，本雅明速写了一幅人类语言的蜕化图景：原初的或神圣的语言是纯粹的名称语言，其中不存在词语与事物的分别；但由于原罪，天堂的语言沦为嘈杂的人类语言；现在，词语意指对象，却无法捕捉由名称所规定的个别事物的具体知识，词语因而丧失其之于内容的相即性，无法充分地表达事物，从而陷入表意危机，最终沦为"废墟"。《提纲》显然挪用了这种基本理解模式，只不过，阿多诺淡化了其中的犹太教神秘主义背景，并试图将这种理解模式转化到马克思主义框架当中。《提纲》的问题意识是：在晚期资产阶级社会中，当词语由于物化意识而成为偶像（fetisch）时，哲学语言乃至于哲学本身如何可能？阿多诺始终遵循着本雅明和霍克海默的基本立场，即哲学的任务就在于给事物找到正确的名称，从而让真理得以自行表现

（darstellung）。所以，在《提纲》中，阿多诺所属意的，乃词语与事物的相即性（adäquation），更确切地说，是词语与事物的辩证的、历史的统一。因而，《提纲》的主导动机便是，重建语言的客观性导向和真理性内涵。这就是他在文中用构型性语言（konfigurative sprache）来克服符号性语言（signifikative sprache）的思想旨归。这也构成了《提纲》的基本论辩思路。

第一条提纲是对符号性语言的内在批判。阿多诺认为，符号性语言的症候是仅仅把词语当成"在其中被思考之物的符号"（《提纲》2），换言之，语言形态被简单化地把握为形式－内容的二元论结构；而其症结则在于观念论认识论，以及由此衍生出来的自然科学知识体系。观念论首先把语言简单化为概念或概念化的语言，并进而将其消融在主观的意识活动中。从而，语言的形式－内容问题被轻易地置换为认识的形式－内容问题。在观念论中，自我意识首先是意识的形式，但同时也构成了意识的内容。由于这种机制，实事本身被设想为主观意识的产物，相应地，认识的"主观"形式与"客观"内容之间的可分性也被掩盖了。但是，"在语言领域中，这种可分性则无处可藏"（我们已经见惯了语言中辞不达意、名不符实乃至指鹿为马的现象！）。因而，通过观念论意识而形成的知识，虽然自称具有客观性或普遍必然性，但只是实事本身的抽象形态，它把具体的实事性内容消融到抽象的意识形式中，即所谓的"物化"。简单地说，物化意识抽象掉客体的个体性，因此，概念或概念化的语言根本无法"占有"个别事物的具体知识。所以，如果我们把语言理解为事物的真正名称或事物的自行表现，就会发现，我们的语言在根本上是贫乏和空洞的。词语与事物之间的实事性关系瓦解了，事物无法被正确地命名，而是被随意地命名。这也意味着，名称和它们所集合的对象一样，不再是独特的或唯一的，而是可互相交换的。所以，在存在者层面，立足于观念论意识的命名终究无法摆脱偶然性，这成为物化意识的根本标志。

作为物化意识的产物，符号性语言在历史现实中也执行着相应的社会职能。第四条提纲进而对符号性语言展开社会批判或意识形态批判。由于物化意识，语言被设定为可分离于对象，语言作为自足的符号系统承担着"可理解性"（verständlichkeit）或"可沟通性"（kommunizierbarkeit）的要求。哲学语言必须具有可理解性，这本不成其为问题，否则哲学语言便成为痴人说梦。问题在于，在物化的社会中，语言已经贫困化乃至拜物化了。这也就是阿多诺所说的，词语被设定为"在先给予的"和"通用的"（《提纲》5），甚至获得了"存在论约束力地位"，但是，"通过语言，对象根本并未相即被给予"。（《提纲》4）词语与事物的非相即性，为意识形态的操纵提供了空间。当沟通性语言作为符号性语言不仅代表着而且完全取代了实事时，便很可能成为欺骗的语言，成为服务于既存现实的工具化手段。也就是说，当社会客观上变得不真实时，当社会首先应该被视为批判的对象时，哲学倘若还以物化的语言作为客观标准，那么，哲学必将丧失其社会批判的可能性。

在阿多诺看来，符号性或交往性语言的根本问题就在于观念论意识。它高估了语言中的主观意向性，忽视了语言中的"含有实事性"（sachhaltigkeit），或者说，它的意向仅仅在于作为符号而指涉对象，而不在于表达真理。在阿多诺看来，哲学语言如果还葆有真理旨趣的话，那么，就必须严肃思考历史和词语的关系。因为，历史分有词语，"历史突入词语，并塑造其真理特征"（《提纲》2）。同时，决定哲学家所采用的语言形态的，恰恰是词语中的历史力量以及词语的既存历史状况。相比于这种唯物论语言观，在观念论语言观中，主观自由的意向性无法规定具体的语言形态（《提纲》1），只能虚构语言的"无历史的通用性"（《提纲》5），并满足于语言的"可理解性"。

在哲学语言中重新引入历史维度，是克服语言之物化的基本进路。但这并不一定导向词语与事物的辩证统一。海德格尔同样不满于物化的语言，试图重新发明古代哲学概念，将日常语言转换为高级的哲学语言。但在阿多诺看来，这种存在论的哲学语言存在两个弊病。首先，在意向层面上，它虽然承认历史力量高于词语，但实际上意图到本真性的内在领域中去逃避历史。其次，在实事层面上，由于物化状况，"客观上现成的哲学词语已被掏空了存在"（《提纲》8），旧词新用（neologismus）的存在论进路，最终也受制于形式-内容的二元论结构，从而丧失其表达真理的力量。所以，存在论的哲学语言也不足为训。

基于这一批判框架，第八条提纲指出了克服观念论和存在论的第三种哲学语言进路，即"构型性语言"。"构型"（konfiguration）和"星丛"

（konstellation）一样，是典型的本雅明－阿多诺式措辞。阿多诺用"构型"来解释语言应当如何运作，就是"将词语置于它们与事物以及它们与自身的历史内容的张力中，借此试图间接地达成哲学语言再无法贸然地直接实现的东西"。阿多诺说，这种新的哲学语言是"不经由中介的"第三种语言形态，也就是说，不同于通过旧语词来传达新内涵的存在论哲学语言，也不同于通过概念的中介来认识对象的观念论哲学语言，它是词语与事物的非中介性统一。

由此，第九条提纲提出重要论断："所有哲学批判，现在作为语言批判，成为可能。"哲学批判作为语言批判，其标准就在于词语与实事的"相即性"。而这种语言特征，在审美经验中，尤其是在语言艺术作品中——"只有语言艺术作品对立于科学二元论，保存了词语与实事的统一性"——有着自明的表现。艺术语言造就了词语与实事的直接统一，并以此顽强地抵抗物化意识。词语的存在论约束力是虚假的（《提纲》4、8），而"词语的美学尊严"却是真实的，因为它贮存着词语的历史状况和存在内涵，而这才构成审美经验的核心契机。所以，审美批评不应停留在情感的层面上，而应该深入认识的层面中。在阿多诺看来，在审美经验中引入语言批判，必然导向艺术与认识的合流，并使真理问题凸显出来。第十条提纲沿着这一题旨，进而申说：倘若哲学仍葆有真理旨趣，就必须努力赋予真理以一种特别的语言形态。在哲学语言中，核心的契机不在于正义（rechtsausweisend, a proper identification of meaning）的意义，而在于将构型性语言作为哲学本身的思考方式。由此，语言批判可以揭示一切存在论的欺骗，即"通过解放的'ratio'（理性）来构造一种纯粹存在秩序的不可能性"。

阿多诺后来并没有完成这个提纲的构想，未能发展出系统的语言哲学。我们知道，"语言学转向"在很大程度上决定了20世纪哲学的思想范式。在法兰克福学派中，哈贝马斯的重要贡献就在于完成了批判理论的"语言学转向"。在哈贝马斯看来，阿多诺仍然滞留在"意识哲学范式"或其"生产范式"的变体中，游离于"语言学转向"这一哲学主流之外。但在晚近的研究中，包括詹姆逊、维尔默在内的若干理论家都表明，阿多诺对于语言问题有着细致入微的反思，而哈贝马斯的笼统概括，无疑是具有误导性的。尧翀刚才说到，他是从哈贝马斯的某种"盲视"中，发现了这篇《提纲》的。这体现出他一流的学术眼光。应该说，这篇《提纲》反映出阿多诺对于"语言学转向"的理论敏感。而这篇《提纲》的"发现"，无疑也有助于我们进一步理解批判理论在应对"语言学转向"时的自我理解。

匡宇：金城的导读讲得细致，对阿多诺这个文本的梳理、概括以及观点提炼是比较到位的。尤其是他指出，在这个文本中，阿多诺批判了传统的观念论语言观和海德格尔的语言观，从而提出了阿多诺自己的"构型性语言观"。这个要点，是对这篇文本的一个很好的总结。

今天我们的主题是"批判理论与语言哲学"，那么除了研读阿多诺语言哲学文本，还要考虑：批判理论意味着什么？阿多诺的语言哲学是如何与批判理论发生关系的？这种语言观及其批判理论的话语，在什么意义上是需要得到检验、反思和批判的？

因此，我想接着金城的导读，再进行一些补充和扩展。批判理论，既是现代社会的病理学分析，也是认识、语言、活动、行为、系统与经验的统一。社会批判理论如何展开自我理解，如何为以批判为手段的社会学奠基，并进行认识论和语言哲学层面的辩护，就是阿多诺所关切的问题所在。他诉诸历史、语言的历史意义联系、词语与实事性的相应，指出语言按客观的历史状况而实存，才可能达到哲学语言与真理方面的关联。所有这些内容，实际上可以看成是阿多诺对哲学语言所提出的有效性、真实性和正当性等方面的要求。

阿多诺认为，哲学语言中形式与内容的区分，对应于观念论中认识的形式与认识的内容的区分。概念是诸特性之多样性的简略形式，意识仅仅构成这些特性的统一性。名称是意识的自由设定，在本体论上具有偶然性。而在观念论中，名称与意指物处于表征性关系而非具体的实事性关系。

在 20 世纪语言哲学中，有一种比较明确的分野。其中一个传统受到数学和逻辑学的启发，代表人物是弗雷格、罗素、塔斯基、卡尔纳普等。他们关注形式语义学，试图把解释项以系统化的方式勾连起来。根据这种思路，我们如果知道了简单的解释项，就可以通过这些简单的解释项构造出复杂的表达式。而另一个传统，以美国实用主义者、早期海德格尔、后期维特根斯坦等为代表，注重从自然历史的角度理解语言，强调语言的实践性、生活性和具体的行动。并且，他们不大对形式语义学感兴趣，认为语言并非一种形式结构，而是我们所从事的东西。

阿多诺文本所传递出来的语言哲学的基本思想倾向，较明确地侧重于第二个阵营。但是，在具体的问题环节和思想诉求上，又与实用主义者、海德格尔等有着很大的不同。比如，在全文第 6 段，阿多诺提到了海德格尔。阿多诺在此其实是在处理不同于观念论的哲学语言，即解释学的哲学语言。

如果按照哈贝马斯在《认识与人类兴趣》中的看法，则解释学或海德格尔式的形式所显示的实际性解释学"着眼于事物所具有的意义的传统之上下联系。这种语言区别于理论命题所要求的独自的思想理解"。杰姆逊曾指出，在海德格尔的思想工作中，他所进行的语言－术语游戏，意味着"一个具有原创性的哲学文本总是一种语言实验，一种结构的发明，它并不仅仅是关于某一新思想的术语性作品。考察这样的作品，从形式而非观念与真理出发或许是更好的方式"。这样一种关于思想概念的符码转译，又与海德格尔的实际性现象阐释学相结合。海德格尔并非仅仅以某些语汇对传统的思想命题进行符码转译，而是以存在与无之间的同等设置或关联性分析，来对否定与生成的奠基性结构加以解析或解蔽。

对海德格尔的语言游戏，罗蒂曾提出过他的解释。在《偶然、团结与反讽》中，海德格尔是罗蒂的反讽主义的理论英雄。而反讽主义者的一个特征就在于，由于深受他人或文本所使用的终极语汇（final vocabulary）的刺激，反讽主义者对自己目前所使用的终极语汇抱有一种彻底的持续性怀疑。所谓终极语汇，是指每个个体总处身于一套语词系统中，个体利用这套语词系统来为自身的行动、信念、爱憎、怀疑、期待提供证成的理据；通过使用终极语汇，个体最终实现的是对自身生命价值和生存抉择的表达、确证与辩护。反讽主义者一旦意识到了自身所持的终极语汇有限，对之进行怀疑和否定，并对他者的终极语汇进行接纳、吸收与征用，也就意味着反讽主义者对自身的语言系统和生存理据进行了一种语境式的理解；而这种对语境的理解，又对反讽主义者提出了一种新的要求，即对融入自身的他者终极语汇同样持有一种语境式的理解。

回到阿多诺。阿多诺关于哲学语言的思考以及这种思考所具有的意图，很明显地标示出批判理论所关切的问题。在这种关切中，人文学科的语言学转向与批判理论的社会学品质交融在一起，并进一步激化了对知识和社会的批判。这种激化，意味着要在社会生活和历史状况的再生产过程中，对知识功能进行反思，并且对知识主体历史形成的客观条件进行反思。这就是阿多诺所谓的"哲学语言具有可理解性，即其社会可沟通性……哲学语言中唯一正当的可理解性乃在于，它忠实地与被意指的实事协调一致，并且根据词语中真理的历史状况忠实地使用词语。任何被有意追求的东西，从根本上面临着语言批判"。

于是，对知识和社会的批判，与对哲学语言本身的批判结合到一起，并对一切欺骗性的本体论（存在论）进行揭露、诊断和批判。被激化的语言批判，一方面要解决哲学语言或知识话语之先验条件的难题，但这种先验条件，不是先验意识，不是先验自我，而是在经验条件和历史状况条件下的实事性（实质化的社会逻辑结构）；另一方面，批判理论的语言批判，必须扎根于人类实际生活和公共生活的结构中，而不是从任何私人化经验的"具体性"中，来实现对语言的更新。

正是在这个意义上，语言问题取代了传统的意识问题；语言的先验批判取代了意识批判。从所有形式的不必要控制下解放而出的生活形式，就此成为批判理论的目标，并内化于经过了语言批判洗礼的真理观念和哲学话语。

汪尧翀：金城谈及了哲学语言的"物化"，匡宇揭示了阿多诺这篇文献中的"批判理论"因素，我想接着他们的思路，就阿多诺社会哲学的基本取径再说几句。阿多诺这篇文献，透露出了他用语言批判来改造意识形态批判的萌芽。在《提纲》的一个关键表述中，阿多诺诊断了哲学语言与社会实在的同构关系："在一个同质化的社会中，哲学语言的可理解性从未被要求，然而处处是在先被给予的……"阿多诺这个表述，令人想起了格奥尔格（Stefan George）的著名诗句："词语破碎处，无物存在。"这就是说，词语的完整和谐，对应着事物的完整和谐。同质化社会即以主客关系强行"同一"事物的社会，此时，事物之于其自身之所是，乃是破碎的。一个破碎的社会，却装配了一套具有"可理解性"的"完整"语言，这便是意识形态的欺骗。正是观念论所捍卫的名称与意指物之间的任意关系，给意识形态诡计留下了操作空间。因此，意识形态批判或者说社会批判即语言批判。与之对应的是，唯有哲学语言的"不可理解性"，或者说哲学家以"词语的废墟"为材料，按照词语中的历史真理而进行"词语构型"，才能构成对同质化社会的批判。换言之，正是在意识形态批判所动用语言的"晦涩""断裂"之处，非同一性才作为蕴含了历史真理的可能性凸显为旧本体论根基处的裂隙，并作为"词语的审美尊严"凌厉地揭示了同一性的强制。我想，阿多诺在此《提纲》中所展现的批判的语言观念，也成为他自己的哲学语言的理念。显而易见，阿多诺的语言批判仍带着社会总体批判的色彩。

徐文贵：我想从这篇《提纲》中的现象学要素出发，谈一下自己的看法。如果我们要梳理批判理论如何寻求与现象学对话的历程，至少可从两方面着手。首先，从外部事实看，批判理论在20世纪20年代，通过两条不同的线索与现象学建立起直接联系：一是霍克海默与阿多诺二人在共同的导师科尔内留斯的指导下，对现象学萌发强烈的兴趣。霍克海默在导师建议下，于1921年去弗莱堡参加胡塞尔与海德格尔的课堂。而阿多诺1924年提交的博士学位论文，即以胡塞尔为题。二是通过马尔库塞，他曾在1928年担任海德格尔的助手，并试图将海德格尔的思想嫁接在马克思主义上。

此外也可从思想的承继与批判方面，内在地把握批判理论对现象学的吸纳与批判。前面尧翀谈到，20世纪30年代的阿多诺与其同时代的哲学，尤其是现象学的关系十分密切。大家知道，阿多诺学术研究的起点即其博士论文《胡塞尔现象学对物体与意识的超越》。在这篇论文中，阿多诺尚站在导师立场上，为内在性的纯粹哲学摇旗呐喊，反对胡塞尔《观念I》的先验唯心论转向。当时，阿多诺认为，事物既不是超越的实体，也不是直接的体验，而是由意识的连续性构造出来的诸直接体验之法则。他批评胡塞尔的"意向对象"（noema）概念，认为他假定事物拥有其自身之中的意义，因此错失了先验观念论的真正意义。

到20世纪30年代中期，阿多诺采取了意识形态批评和认识论批判立场，从而更新了对胡塞尔哲学的认识。1937年的《认识论的元批判》再度批评了胡塞尔未能接近实事本身，但这次的结论不是他未能走近唯心主义；相反，是过于紧跟唯心主义。《关于哲学家语言的提纲》的具体写作日期尚不能确定，但应与1931年《哲学现实性》及1932年《自然历史的观念》

为同一时期作品。从内容上看，三者关系也很紧密，构成一出短小紧凑的"哲学三联剧"。流亡牛津大学期间（1934—1937），阿多诺还写了一部关于胡塞尔的手稿，其中一篇后来以英文发表，即《胡塞尔与唯心主义问题》。以上这些文章，是理解阿多诺语言批判不可或缺的背景材料。阿多诺认为，其所处时代的哲学探讨正是在胡塞尔现象学尤其是后胡塞尔现象学语境中展开的。他所谓的后胡塞尔现象学，指的主要是舍勒和海德格尔对现象学本体论的改造和推进。在《哲学的现实性》与《自然历史的观念》中，阿多诺对这一现象学语境有过简洁的梳理。

他将胡塞尔视为唯心主义哲学体系精神的继承者，即试图沿"自主理性"（autonome ratio）的思路，通过后笛卡尔式主体性悖论式地获得客观性。阿多诺认为先验自我的理想的起点是先验唯心主义，它力图摆脱一切事实而在自身之中达到完全的自足。与此同时，超越主体的"实事本身"只不过被胡塞尔设定为意识的封面画，最终可被还原为先验意识的某种权能。阿多诺指出，尽管胡塞尔给出了"被给予性""范畴直观"和"意向性"等新的操作手段，但最终他还是将存在还原为意识内在的直接经验，其理性的裁断（rechtsrechnung der vernuft）仍是先验唯心主义的货色。胡塞尔的功劳在于，将唯心主义从过度的思辨中拯救出来，以现象学操作方法使之达到其所能抵达的最高实在性。但这种试图在唯心主义内部突破唯心主义的计划，注定是失败的，它反映出现代本体论一个无法克服的矛盾：试图让超主观的存在消融于理性的自主性和自发性之中。

如果说胡塞尔最终错失了"实事本身"而倒向了主体性，那么舍勒则促成了现象学从形式的唯心主义转向质料的客观领域，努力克服主观主义。舍勒构建了某种质料形而上学，似乎完成了在永恒观念与实在之间的转渡。但问题是，这种从形式倒向质料的操作，仍无法摆脱第一阶段现象学的危机，即理性仍不得不面对基础本体论范畴的不确定性。借用海德格尔对本体论所做的一个基本区分，即存在者范畴与存在论的差异，可认为舍勒的基本范畴不是从存在，而是从存在者中推导出来的。存在者自身的不确定性，仍是一个致命的疑难。质料本体论固然可摆脱胡塞尔形式化、主体化的色彩，但它仍未能回答存在与意识、超主观之物与主体性如何"相应地"关联这个问题。并且，在阿多诺看来，这一虚假的"客观"指向与胡塞尔一样，完全是非历史性的。在现象学源头中就存在的自然与历史的二元性，不但未得到弥缝，反而一直保持断裂。

在这种情况下，海德格尔拓宽了对现象学的理解，提出新的本体论计划，即"基础存在论"。通过对某种特殊存在者即"此在"的拷问，海德格尔试图重新赢获存在的本真意义，展露存在的真理。这意味着，舍勒的质料本体论又被替换成主观性领域，尽管这是一种特别的主观性。海德格尔使得存在者自身变成了意义，用一种历史性的存在筹划（entwurf）取代胡塞尔和舍勒超历史的存在。阿多诺指出，这种新本体论已摒弃某种柏拉图式的理念王国，同时又将存在体视为活生生地在场。海德格尔意欲以此打破形式化和静态化的现象学本体论，将时间本体论化，将时间性与历史性指认为此在的生存论本质。海德格尔重新退回到主体性深处，退回到克尔凯郭尔的存在哲学，改变了前期现象学对客观观念和客观存在的追寻方向。但海氏所津津乐道的"上手状态"，本质上仍是非辩证法的、前辩证法的，而其对历史维度的引入也是虚假的。海氏貌似非形式化的某些范畴，如"被抛""操心"等，仍无法抵达存在的丰富性，仍摆脱不了抽象化嫌疑。可惜的是，海氏对现象学的改造与拓展，已耗尽现象学自身的可能性，导致其解体。依阿多诺的解读，海氏的此在现象学仍与胡塞尔一样，未能脱离唯心主义本体论的基本思路。

总的来说，阿多诺对现象学的本体论计划是拒斥的，认为它并未跳出传统唯心主义的窠臼。现象学本体论的一般特征被他归结为：以自主理性及其语言为手段，为主观之外的存在提供最终依据。但其根源处的自然与历史的割裂，使之要么完全忽视历史维度，要么以非辩证的虚假历史观摆脱历史。阿多诺认为，应将历史视为如自然一般的本体性存在，历史与自然二者间存在辩证的交错关系。应引入一种历史哲学的本体论，以便能将历史还原为辩证的自然。而现象学对内在性的沉迷，使之像守财奴困守家产般足不出户，无法真正抵达事物和客观性。由于必须借助某种主观的建构，又使得现象学欠缺社会批判的能力。现象学未能意识到，理性（意识）与存在、主观与客观，始终是一种非同一的辩证关系，无法还原为其中的任何一方。任何还原的企图，都是对历史维度的忽略或遗忘。

如果说哲学批判就是对哲学语言的批判，那么这篇文章主要批判了以胡塞尔和海德格尔为代表的哲学语言：前者致力于形式化的符号语言，它最终可被还原为无言的主观意图；后者则试图利用和改造传统语言，以此"解释"其所谓真理。这两种语言共同的错误是：它们都是中介性的，即都不直接展示概念与实事之间的关联；它们都是还原性的，即作为某种表征手段，它们最终都可被消解。真正的哲学语言应该取"第三条道路"，即致力于构型性语言：它既不属于逻辑范畴，也不能被形式化。对于这种真正的哲学语言，无法抽象地命名，只能辩证地思考。在后形而上学时代，我们面对的是已然崩解的形而上学语言，必须拒斥任何在先给予性。但我们并没有传统之外的语言资源，亦无必要重新发明新的哲学语言，而只能以之前哲学语言的废墟为材料，按照词语中的真理强制实施词语构型。与海德格尔不同的是，这种构型性语言是一种"概念与实事在辩证意义上彼此交叠以及阐释意义上不可消解"的、统一体，而非海氏"解构"意义上的语言。

在这篇文章中，阿多诺不仅消极地解析现象学本体论及其语言观，同时也积极指出语言批判的任务及其构型性语言观。不仅如此，他在批评非历史的、中介性的传统语言观的同时，也成功实施了其哲学语言策略。正如他并未将传统本体论问题完全抛弃，而是以认识论补充它，让二者在保持差异的同时相互渗透；他也并未一味拒斥现象学哲学语言，而是在采用传统哲学用语的同时对之进行构型化处理，使之成为逃离了还原论的新型语言。我们不妨举几个具体的例子，看看他如何构型性地使用现象学术语，以达到其语言分析和哲学批判的目的。第一组术语是：实事/含实事性/含实事的（sache/sachhaltigkeit/sachhaltig），第二组术语是：相即/相即的（adäquation/adäquat），第三组术语是：存在者状态的/存在论的（ontisch/ontologisch）。第一、二组源自胡塞尔，第三组则源于海德格尔。

众所周知，胡塞尔现象学的口号是"面向实事本身！"（Zur Sache selbst！）胡塞尔语境中的"实事"，一是指被给予之物、直观之物，二是指以自身被给予方式显示出来的问题。在《观念 I》中，胡塞尔还赋予"实事"以特定的"基质"（substrat）含义。而"含有实事的"一词，当它指意向相关项一侧时意为"可感知的"，指意向活动一侧时意为"质料的"。"相即"本是传统认识论的一个术语，如阿奎那就将真理定义为"事物与思想之间的相即"。在胡塞尔那里，"相即"有两层含义：狭义的"相即"意味着绝对的被给予性，即"相即的明见性"，亦即一个意向在直观中得到最终的、完全的充实，所被意指的东西就是被给予的东西。此外，还存在着"不相即的明见性"。通过前面对胡塞尔和舍勒的本体论批判可见，阿多诺显然不会在原本的意义上使用这两组术语。

在拒绝了胡塞尔的纯粹意识和先验主体性后，以及在重新评判其明见性和意向性概念后，阿多诺显然改造和转换了这两组术语的内涵。取一种介乎本体论与认识论之间的立场，通过辩证的批判，阿多诺保留了"实事/含实事性/含实事的"，使之既成为与主观性相异的维度，又避免了在质料本体论的意义上使用它们。而"相即/相即的"不仅仅在认识论意义上得到理解，也为事物与思想之间的辩证差异与交错提供了一种构型性的理解。对"存在者状态的/存在论（本体论）的"术语的保留和运用，也应依照构型性语言之策略来理解。他既不同意海氏的生存本体论，也不同意舍勒从存在者状态方面解释"实事"。阿多诺认为，我们有可能，也必须在摧毁传统本体论的前提下对哲学语言进行重新构型。

林云柯：当我们讨论一个思想家对"语言学转向"的理解和批评时，我们首先要分辨的就是他到底指向哪一种语言哲学传统。实际上，当提到"语言学转向"这个概念的时候，大多数人首先想到的并不是"语言分析哲学"或者"日常语言哲学"，而是索绪尔传统下的结构主义语义学。因此，在面对关于语言学转向的批评时，要解决的一个根本问题就是辨析两种语言学转向之间的关系。

事实上，对这两个传统的混淆在相关批评和解读中是常见的，这主要是由于日常语言哲学和结构主义语义学似乎都在凸显自己的"任意性"。"任意性"这个概念对于批判理论来说有着巨大的诱惑，它动摇了一切固有话语的天然合法性。在理论自身的辨析层面，论证"任意性"自身的合法性就被树立为首要的任务，似乎达了"任意性"，我们的理论任务就完成了。但这里往往被忽略的是，这种"任意性"并非一个需要论证的东西，它仅仅是语言学的一个发现，但是这也就意味着我们需要对"任意性"自身进行研究和剖析。从这个层面来说，无论哪一种语言学转向的传统，就理论层面而言，对于语言的研究也就是对这种"任意性"的研究，即要去研究"任意性"和有其规则的"语法"如何相反相成，以至于形成了我们能够确定表意的语言。

因此，我们需要继续追问的是："任意性"对于语言来说为什么是必不可少的？它进一步意味着什么？这主要引出了语言正反两个方面的属性。首先，与批判理论直接相关的是，"任意性"说明了语言本身的表意是非中介性的，而这种非中介性使得语言学很自然地发展为我们通常所说的"诗学"。在《结构主义诗学》中，乔纳森·卡勒认为所谓诗学，就是不依赖于"赋意"，而是确立其产生条件，词典不能帮助我们获得更深刻的关于诗的解说。此外，卡勒也提到了"语法"和"规则"，他认为对于两者的检验所需要的是一种"心照不宣的知识参照"，即一种语言能力。可以说，这一层面的看法与后期维特根斯坦的观点是一致的。但更重要的关系在于第二个方面，即"任意性"同时意味着表达和认识的"直接性"，而正是在这一层面，两种语言学转向显露出了重要的差异。

我想从大家都知道的很基础的层面来解释这个问题。我们都知道，在索绪尔的结构语言学中有两个非常重要的层面，一个是"任意性"，这种任意性是指发生在"能指"和"所指"之间的任意联系；另一个则是"差异性"原则，这一原则简单地说就是我们在一个对象的"其所不是"之中把握这个对象。怎么理解这两个层面的关系是很重要的：如果我们认为"任意性"前在于"差异性"，就会走向一种建构主义，即我们似乎是通过指称任意性来实现某种差异性系统；但如果认为"差异性"前在于"任意性"，那么"差异性"就是我们能够直观到的，而"任意性"则是我们依据差异直观所做的事情，我们的语言所表征的就是差异性本身。因此，无论是在法国结构主义还是在俄国形式主义文论中，我们都能够看到一种无限细化的趋向，从语言走向音位甚至指号，因为差异性在理论上是无穷无尽的。但是这种无穷尽性又必须被限制在人类的识别与表达能力之内，比如说我们能够接收和发出的声音频率是有限度的，我们听不到蝙蝠能听到的声音，也发不出次声波。于是这就形成了一种辩证关系，我们在语言上所能做的与我们所能直观到的是互相钳制的。

因此，阿多诺这样的哲学家所批评的"语言哲学"更多的应该是指索绪尔传统下的哲学，而且其理由是可想而知的，因为这种直观差异性实际上将语言塑造为一种辩证法的本体论范畴，这与黑格尔的逻辑学基础非常相近。在《逻辑学》中，黑格尔谈到一个问题，即自笛卡尔以降的传统哲学认为理想的哲学系统必须具有无预设的开端，有预设就意味着我需要不断地以此为中介，因此我们必须找到某种"直接知识"以摆脱中介。但黑格尔则指出，如果我们使用"知识"这个词，那么我们就必须认识到在知识中"直接性"和"中介性"总是共存的。正如我们在卡勒的表述中看到的，虽然可以不依赖于赋意，但是仍然需要意义呈现的条件，这仍然是某种"中介性"。这种辩证关系本身作为本体论的视角也就暗示了所有的直接性背后都有一个概念系统。从这个角度说，索绪尔式的语言学转向会引导研究者最终发现语言背后的某种前在系统，比如索绪尔本人就强调语言的民族性特征，语言本身是否具有自发性和创造性，在这一传统中其实是无法真正触及的问题。而语言分析哲学传统下的语言学转向，则正是要直面这个问题。

想要理解这个问题，我们就必须跳出主流的"后期维特根斯坦特异论"的看法，即认为我们能够脱离语言分析哲学自身的发展史来理解日常语言哲学。英国著名分析哲学家达米特在其关于弗雷格的研究著作中下过这样一个论断，即弗雷格的哲学史意义在于对德国唯心论哲学的彻底推翻。但是，另一位弗雷格研究者斯格鲁则指出，达米特误解了19世纪末德国思想界的具体情况。斯鲁格指出，实际上在19世纪30年代，观念论的影响就已经落潮，也正是从30年代到20世纪末这一时期，一种以心理学为基础的科学建构开始大行其道。这一历史事实往往被忽略了，即语言分析哲学实际上最初是在批判"心理主义"的论争中发展起来的。简单地说，所谓"心理主义"是指一种以心理学为基础，但以逻辑思维为方法的思想流派，其本质上是希望通过我们提到的黑格尔式的辩证本体论，逆向发展出一套具有自发性和创造性的学说，其中最广为人知的就是迈农的"金山悖论"。"金山悖论"的提出本身说明了一个很重要的问题，即如果我们的语言具有自发性和创造性，就意味着我们的语言能够呈现某些具体的对象，而非仅仅停留在对于某种抽象关系的直观上。迈农认为我们可以通过逻辑构想而呈现具体的对象，这种对象在迈农的定义里，用较为通俗的话来说就是"在某种程度上存在的"，也就是一种"准存在"（pseudo-existence）。迈农还给出了关于这一"准存在"的一套正面说明。简单地说，这些"准存在"是在一系列关系中构成的，并且在这种构成中有着逻辑上的先后关系："低阶"（inferiora）在逻辑上先于"高阶"（superior），并为其奠基。比如说"金山"就被视为一种"金—山"这样的在"低阶存在"的关系性奠基中呈现出的"高阶存在"。迈农认为这样的高阶存在本身是"可能存在"的，并且能够通过命题呈现（presentation）出来。

实际上迈农的问题就在于，他颠倒了我们前面所说的"任意性"与"直观性"之间的奠基关系。比如在罗素看来，如果一个对象无法在命题中被表述，那么它自身的逻辑优先性也就无法被理解，一个对象之所以是可能的，这种可能性是命题，或者更简单地说，是我们能够直接说出的话语所具有的，而不是对象自身内部的某种逻辑构造。正因为如此，语言才不是中介性的，它不是逻辑虚拟物向现实物的跃迁中介，我们的知识直接性总是出现在我们能够直接说出的语言之中。这是语言分析哲学传统中"语言转向"的开端，即所谓直接性知识不是关于某物存在或者不存在的问题，而是关于已知和未知的问题，是已然和可然的问题。罗素指出，实际上直接的知识表述，比如说主谓形式或者说直言陈述是少之又少的，面对纷繁复杂的世界，人们的日常语言中更多充满推论、假设和猜测，而无论什么样的主谓形式都可以被转化成一种推论的形式。从这个角度说，描述或者说摹状词就是一种直言的假言转化。这种转化将知识秩序融入一种存在秩序当中，即有物存在的世界应当或者可能如何，而非仅仅是物存在的合理性所依凭的那个前在的世界实际是怎样的。实际上，语言分析哲学的转向才更符合我们对于文学尤其是文学虚构问题的常规理解，更贴近文论的语言学转向。

因此，语言分析哲学传统下的"转向"实际上并不是从后期维特根斯坦才开始的，这个转向从语言分析哲学最初的问题意识中就已经开始了。而它要解决的，恰恰是索绪尔式转向中的观念论阴影所带来的问题，它带来了前面我们说到的那些内在矛盾。而我相信阿多诺对于语言哲学家的批评更多指向索绪尔传统，因为他在其中看到了黑格尔哲学的影子。从这个角度来说，我们也就能够理解为什么维特根斯坦认为他的后期作品是在纠正其前期作品中的某种错误，简单地说是因为他的前期作品中仍然保留这种观念论倾向。虽然他在前期试图彻底超越黑格尔式的"直接性"和"中介性"的内在矛盾，比如说他强烈反对罗素和弗雷格仍然在形式逻辑表达式中保留逻辑常项，而是追求语言与事实的直接同构关系。但他也仅仅是提出了这个超越的意识，而没有摆脱观念论最终的指向，也没有发掘出语言自身的创造性。在《哲学研究》中，维特根斯坦则转变了解决这一内在矛盾的思路，即不再试图摆脱"中介性"，而是指出"语法"作为"中介性"在我们直接的语言行为中变动不居，克服这一内在矛盾的方法不是我们否认它的事实存在，而是将其作为一种可创造和改变的认同性规则接受下来，让它在我们的语言学习中，在每一次语言交流中都受到事实上的挑战。由此我们才能够理解为什么说后期维特根斯坦彻底地摆脱了传统"哲学"。

匡宇：同意云柯的看法。这个问题是一个很关键的点，对于我们反思、批判和超越阿多诺的语言哲学及其批判理论，具有极为重要的意义。

在这篇文献的多个段落中，值得思考和追问的地方很多。比如，阿多诺在最开始的段落中说："对于一种不愿再承认自律性和自发性为认识之正当理由的思考而言，语言与实事之符号性指归的偶然性彻底成为疑难"，那么，思考的正当理由何在？显然不是自律性和自发性，而是"意在真理……通过语言，历史分有真理……历史突入词语，并塑造其真理特征……历史与真理在词语中汇合"。在这里，值得追问的是，阿多诺所谓的真理，是何种真理？或者说，对于真理观念的限定和理解是什么？

另一个更为关键的展开点，与上述问题相关。阿多诺把哲学语言形式与内容的区分，同观念论的认识形式与认识内容的区分关联起来，并且将名称在本体论层面的"偶然性"、名称与意指物之间的表征性关系（非实事性关系）判定为自律性和自发性，从而宣判了在这种前提下得以开展的思考是不具备正当性的，即"语言与实事之符号性指归的偶然性，彻底成为疑难"。

但问题在于，非实事性关系的表征关系，真的就仅仅是偶然性的吗？在意义和指称之间，存在着一种关键的区分。恰当地表征对象，这是处于推论（inferring）的层次之上；而是否成功地进行了表征，则与指称相关。布兰顿说，我们以某些表征行为（representing）表征了什么东西（被表征者），而开始思考表征与指称这两个概念。我们运用某种关于诸表象行为的正确性根据（authority）来思考表象和指称这两个概念。表征行为的正确性根据，决定了某个表征正确与否。所以，为了能够理解指称和表征，我们必须明白，承认关于某物的根据，以及承认关于某物的根据是我们言语正确与否的标准，这意味着什么；必须明白，什么使得我们对那种事物负责，并把它转换成评价我们言语正确性的标准。（显然，阿多诺是将这种标准判给了历史与实事性，而不是表征关系本身的标准）所以，谈论表征与被表征的关系，实际就是在谈论关于表征对于被表征物的责任。这就触及表征关系的规范性问题，而根据和责任的规范性问题，就是社会问题，人们总是在一个社会中谈论表征问题。所以，为了能够赋予某物以规范性的重要意义，并把获得的规范性当作评估我们或他人言语的正确性的标准，问题的关键就是我们应当做什么。

请注意，这里所引申出来的规范性、责任、根据等问题，以及从而可能进行的语言批判和社会批判，是从语言的指称与表征之表征性关系内部引发的，而不是阿多诺所认定的"语言与实事之符号性指归的偶然性，彻底成为疑难"。这是因为，阿多诺对语言与实事之符号性的偶然性或表征关系的理解，是基于意识哲学与主体哲学的背景，面对指称与概念之间的关系，他试图通过表征内容来理解意义的生成和真理的揭示。

虽然他也说"哲学的语言是由含有实事性在先规定的"，并且"哲学语言中唯一正当的可理解性，乃在于它忠实地与被意指的实事协调一致，并且根据词语中真理的历史状况忠实地使用词语。任何被有意追求的东西，从根本上面临着语言批判"，但是由于他把在先规定判给了实事性，并把偶然性关系判给了表征关系，所以就无视了表征关系本身所具有的规范性特征。

除此之外，在哲学语言或语言游戏中，以表征的方式思考内容，与以推论的方式思考内容是完全不同的。从表征开始，与从推论开始，它们之间的区别在于，推论行为（inferring）是我们在实践上可以做的事情，它可以在语言游戏中走出一步。而表征行为（representing），并不是我们实际上能够做的事情，不能在语言游戏中走出一步，不是一种实践行为。那么，处于推论层次之上的恰当地表征对象，实际上并非语义学的环节，而是语用学的问题。

也就是说，哲学语言的语言先验批判，不能像阿多诺的这个文本一样，仅仅将思想视野局限于主流语言学的语义学对象领域。正是在这个关节点上，哈贝马斯的普遍语用学（以及阿佩尔的对话理性概念）对之前的批判理论的语言批判进行了极为有力的拓展。普遍语用学的思想，建立在这样的意图之上，即不仅句子的语音、句法和语义的特征，而且特定的话语的语用特征，是可以用普遍的术语予以重构的。如果说批判理论的目标是将主体和共同体从现代社会的诸种限制、剥夺与控制下解放出来，那么，这种理论话语或哲学语言，就应该在社会行为和主体交互行动中加以期待和把握。

汪尧翀：谢谢大家的精彩发言。我想最后补充一点。就目前而言，这场关于"阿多诺语言哲学"的讨论注定是一次思想"绕行"。但与其说是形势所迫，不如说是方法所依：为了让问题恰切地呈现出来，我们需要绕行到问题的背后，去捕捉其历史语境中的不同要件。也许，比起"单刀直入"文本而言，"绕圈子"会产生许多龃龉，令人生厌。可是，绕行也迫使我们作为谈话主体，卷入对各自诠释视角的扩展之中。虽然，这种扩展带着不可避免的理想色彩，但我坚信，唯有这种扩大了的且不断修正的视角，才能帮助我们在某个时刻恰当地、充分地与文本本身再次交谈。

学术对话

"我们要成为虚无的准因": 与贝尔纳·斯蒂格勒的一场对话

朱迪斯·万巴克（根特大学，比利时），丹尼尔·罗斯（雅榭科技大学，厄瓜多尔），巴特·布赛因（比利时国家图书馆，比利时）①

韩周琨　译②

---

①　对话者简介：1. 贝尔纳·斯蒂格勒（Bernard Stiegler），法国哲学家，出版著作三十余部，于巴黎社会科学高等研究院获博士学位，Ars Industrialis 协会主席，创新研究所（Institut de Recherche et d'Innovation，创立于蓬皮杜中心）所长；现为柏林洪堡大学客座教授、南京大学特聘教授、贡比涅技术大学副教授；曾任教于金斯密斯学院、伦敦大学、剑桥大学、瑞士联邦理工学院、吕讷堡大学、柏林洪堡大学、芝加哥西北大学；创建在线哲学学校 pharmakon. fr，担任哲学国际学院（Collège international de philosophie）项目负责人、贡比涅大学"知识、组织与系统技术"研究中心主任、国家视听研究院（Institut National de l'Audiovisuel）副主任、声学和音乐研究协调中心主任、蓬皮杜艺术文化中心发展部主任。2. 朱迪斯·万巴克（Judith Wambacq），出版有专著《德勒兹与梅洛·庞蒂之间的思考》（*Thinking Between Seleuze & Merleau-Ponty*，Ohio University Press，2017）；与巴特·布赛因将斯蒂格勒的《采取行动》（*Passer à l'acte*）合译成荷兰语；发表与斯蒂格勒哲学思想相关论文数篇。现供职于根特大学哲学系和根特艺术学院。3. 丹尼尔·罗斯（Daniel Ross），2002 年于莫纳什大学获政治学博士学位，博士学位论文与海德格尔思想相关；2004 年与他人合作导演三小时纪录片《伊斯忒耳》并获奖；同年出版《暴力的民主》（*Violent Democracy*，Cambridge University Press）；2015—2016 年在雅榭科技大学（Yachay Tech University）担任普罗米修斯（Prometeo）研究员。发表与斯蒂格勒相关的著作、论文多篇，翻译过八部斯蒂格勒的专著，外加大量论文和讲稿等。4. 巴特·布赛因（Bart Buseyne），曾在鲁汶大学和巴黎高等社会科学研究院攻读哲学，与朱迪斯·万巴克合作将斯蒂格勒的作品翻译成荷兰语，现供职于布鲁塞尔的比利时国家图书馆。

②　译者简介：韩周琨，四川农业大学人文学院讲师。

绪　论

　　法国哲学家贝尔纳·斯蒂格勒于1994年出版了《技术与时间》系列的第一卷。在开篇序言中，他提出了两个论点：技术是所有未来的起点，并且技术在整个哲学史中一直受到压抑。由此可见，"技术"这一术语在斯蒂格勒思想中的中心地位从一开始便已确立。这种确立的方式与海德格尔的观点——"哲学从未思及的乃是存在本身"产生了共鸣（亦即偏离）。然而，从技术的中心地位来看，我们还不足以将斯蒂格勒的著作归为"技术的哲学"（philosophy of technology），更不必说将他本人看作某种"技术决定论者"（determinist）。对他而言，"人化"（hominization）不能和"技术化"（technicization）相分离，"谁"和"什么"以一种判无定法的优先等级共现于他所谓的"原始缺陷"中。

　　如果从"原始缺陷"的概念中能看到某些德里达的痕迹，那么这绝不是偶然：虽然斯蒂格勒的著作本身是一种深刻的批判，但它们同时也贯穿了一种延异的谱系。① 直到十多年后，当斯蒂格勒将德里达对《斐德罗篇》的解读，置于他对技术与资本主义之间的关系演变研究的中心位置时，这两种哲学之间的关联才得到强化。正如德里达所强调的那样，对于苏格拉底来说，药理学（pharmakon）这个词指涉的是书写的技术，它承载有记忆的辅助和记忆的威胁双重含义。过去的十年间，斯蒂格勒一直在以药理学的方式探寻这个词在人造物方面的意义。按照这种方式，哲学－政治的基本概念被"无产阶级化"：无论是写作中的演说词、工业革命中机器的手势标记，还是消费资本主义中视听技术的可感性刻印，所有这些都表明，药理学时代的每一个阶段都导向一种知识迷失的新趋势。在消费资本主义时代，正是工业对这种趋势的助推，方才铸就了消费资本主义这一核心概念的生成。

　　然而，这还表明：斯蒂格勒非常着意于让他的思想区别于德里达，并

---

① D. Ross, "Pharmacology and Critique After Deconstruction", in G. Moore and C. Howells (eds.), *Stiegler and Technics*. Edinburgh: Edinburgh University Press, 2013, pp. 243 –258.

且回溯到海德格尔和西蒙栋及至德勒兹。我们甚至可以说，斯蒂格勒乃是在德里达的生成（devenir）和未来（avenir）之辩中增加了一个德勒兹式的变体，不过这同时意味着他与德勒兹哲学和政治学的背离：此次对话的效果之一便是给斯蒂格勒提供了一个机会，使他得以经由"准因性"概念来澄清他与前列思想家之间的联系。对斯蒂格勒来说，"准因性"总是药理学本身的准因性。

斯蒂格勒新近思想中的准德勒兹主义倾向还引出了他与虚无主义的对抗问题，以及虚无主义与资本主义的关联问题。这些问题在其思想中并非第一次出现①，但他在解读伯恩斯和鲁夫鲁瓦（2013）（依照福柯和德勒兹）所谓的"算法治理"（algorithimic governmentality）时指出，数字化和高效的计算机信息处理技术加速了荒漠化的进程。② 斯蒂格勒进一步强调，计算机技术的促逼所带来的威胁不仅仅是控制、监管和理性化的问题，更是它如何促使了非理性（unreason）和愚昧的产生（关于后者，斯蒂格勒赞同德勒兹而反对德里达③）。斯蒂格勒的技术分析因此也总是"症候式"（symptomatological）的分析（相关论述在 Vignola，2016 中亦有发挥④）：因此从多方面而言，这种非理性并不单是愚昧的表现，而且是疯狂的举动，甚至可以说是恐怖的行为。在此对话中，斯蒂格勒开始将这些线索整合，这可能意味着他的思想中出现了某种新的动向；即便在此他没有挑明，我们也可知他在忧虑着毁灭（disruption）的危险。在今天，未来的问题便是为应对这种严重的虚无主义状况而寻找准因替代物的问题。

这场与斯蒂格勒的对话由朱迪斯·万巴克（Judith Wambacq）和巴特·布赛因（Bart Buseyne）发起，时间是 2015 年 1 月 28 日，地点在巴黎研究与创新学院。对话文稿起初以荷兰语译文发表于哲学期刊 De uil van

---

① B. Stiegler, *The Decadence of Industrial Deomcracies*：*Disbelief and Discredit*, 1. Cambridge：Polity，2011a.

② B. Stiegler, *Automatic Society*，*Volume 1*：*The Future of Work*. Cambridge：Polity，2016.

③ B. Stiegler, *States of Shock*：*Stupidity and Knowledge in the 21st Century*, Cambridge：Polity，2015.

④ P. Vignola, "Symptoms and Speed of *vous*：Toward a Critical Invention of the Future", *London Journal of Critical Thought 1*：*forthcoming*,2016.

Minerva. Tijdschrift voor geschiedenis en wijsbegeerte van de culture 28 （4）
（2015）。此次以英文刊发，我们还要感谢苏菲·梅思曼（Sofie Messeman）
提供的技术支持和编辑建议。

普遍器官学

UM①：贝尔纳·斯蒂格勒，您出版了大约三十本著作，其中《技术与
时间》三卷本（1998；2009b；2011b）被普遍认为是您的代表作（magnum
opus）。不足为奇的是，许多人据此界定您为"技术哲学家"，而非政治或
科学哲学家。不过这种界定尚有失偏颇，如您自己所言，技术问题并非仅
是一个局部性的问题。我们可以说，技术就如吉思·拉普朗虚（Jean
Laplanche）在精神分析领域所说的"性"：技术就算不是一切，那它的存在
也是贯穿于人类各领域的；技术与存在同延。②

BS③：我完全认同这种呈现问题的方式，对我来说，这个比方很有意
思，因为我认为性在精神分析中的地位是一个非常重要的问题，准确地说，
性的表达也有赖于技术。

过去的 15 年来，我提出了一个兼具理论性和实践性的命题，我称之为
"普遍器官学"。很多人把普遍器官学理解为将一切屈从于技术，普遍器官
学的目标同样如此。现在我想说明的是，器官学并不仅仅指技术，它也指
器官和组织。认知器官，即"认知灵魂"（noetic soul）的器官，既非仅是
技术性的，也非仅是组织性的。但是在此意义上，每个认知器官和认知组
织既是技术，又是组织，也就是说，它们绝非单是器官性的，也非单是组

---

① 本文原刊于荷兰刊物 *De uil van Minerva*（意为"密涅瓦的猫头鹰"），采访者乃
代表刊物对斯蒂格勒进行访问，因此，UM 代指该期刊。

② "'泛性'并不是说性就是一切，或者一切都可以用性来解释，而且只能通过性
来解释。但是在精神分析中的潜意识探究这一特殊领域，'泛性论'便是一次理论突破，
几乎所有的探究路径都绕不开与性表征的频繁交叉。性就算不是一切，那么它的存在也
贯穿于精神分析各领域：性与潜意识是同延的。"（Jean Laplanche, "Introduction",
pp. 1 - 4, in S. Freud, *La vie sexuelle*, Paris: Presses Universitaires de France, 1997, p. 1.）

③ BS 即受访者 Bernard Stiegler.

织性的。

器官学是一种组织的理论与实践，它包含了各种非技术的现实。这种理论虽冠之以"普遍"二字，却不宣扬要吸收所有的理论。不过所有的理论都与它有关。我不禁要指出，它与所有的理论相关联，因为它是一种可能性条件以及理论局限性下的话语，也即一种实践必要性的话语。

尽管它同样是"理论性"的，但我倾向于视其为一种方式（approach），而不是一种理论，甚或是一种方法（method）。这种方式不单指提出问题的方式，更是指（通过技术、器官、组织、融合及形成转换关系）融入德勒兹所说的问题，以及解决这种问题的方式。这种方式还存在于此论断中：一旦我们探索人性之维——经济学的、阐释学的、美学的、精神分析的，等等，我们总是会在某些地方发现技术的影子。技术已渗入普遍器官学的其他维度中。

例如，倘若我们要研究人的大脑、眼睛和手指，我们就无法对这些器官的周边物件避而不谈。手指所持之物是技术性的，且它们可能是由手指自身所造。既非技术性也非生物性的社会组织记录了手指持握这些物件的方式，并为其创造条件。因此，技术虽无处不在，却无物可还原为技术。这就是为什么我把自己定位到拉普朗虚的命题（我深切赞同他的精神分析观点）和你的比方中。

技术的本质（constitutivity）

UM：技术不仅仅是我们在世界上所能看到的工具或系统。在成为呈现给意识的对象之前，技术本身就建构（constitutes）了人的意识。您是如何理解"建构"（constitution）这个词的呢？康德对建构性做过区分，您的"建构"一词是以康德的区分观点为参照的吗？①

BS：建构性和调控性之间的关系问题显然很重要，它引出了康德传统

---

① 伊恩·詹姆斯认为斯蒂格勒参照了康德的区分观点。［James Ian，"Le temps de la technique"，pp. 301 – 12，in B. Dillet and A. Jugnon（eds.），*Technologiques：La pharmacie de Bernard Stiegler*，Nantes：Cécile Defaut，2013，p. 308.］

和谢林与费希特之间的"理想主义体系"问题。我所说的一致性（consistences）乃是一种对康德调控概念的重复，我把他的概念置于我所说的理念文本的核心位置，并以之阐发现象学的预持问题和弗洛伊德的欲望问题。不过这种关联本身是不存在的，因为它们已经超乎存在，并将存在置于生存之外。这种调控理念为哲学开创了一种全新的、值得期待的可能性。但若要充分假定这一点，我们必须变换康德的立宪（constitutive）地位。在《技术与时间》第三卷（2011b）中，我曾试图表明：《纯粹理性批判》第一版中的图式主义是通过第四种综合——一种技术逻辑的综合才得以实现的，这与康德的思想显然是完全相悖的。

调控理念（与图式主义一样）以第四种综合为前提。这种论断还需进一步阐发，在此我不便深入：我需要再作思考，不想做过早的说明。

技术的建构性不是先验的，因为已经完成的建构事实上可能还在建构中——缺陷（destituting）亦如此。如此般，这种药理学就是一种生成的哲学或"延异"的哲学，在生成的过程中，它敞开了一种未来（即规约或权利），因而这种可能性的建构或条件同时又是一种不可能性的虚无状况（在其间，规约总是会归溯至一种新的事实状态）。

技术之建构也即缺陷之建构。技术可以建构可能性，以同样的方式阻碍可能性。因此，技术乃是作用于我们的政治、伦理、美学和宗教之物——简言之，即所有生成关爱、牵挂和慰藉之物。如若建构真实存在，那么它也不是超验的建构，而是一种缺陷的建构。那是一种超越本构（a-transcendental）的建构。技术仍然具有康德和胡塞尔哲学中的先验性功能——建构性，但它又不再只是先验性的：它最初是经验性的（及偶然性的）。同时，技术又不是"本构的经验主义"（a-transcendental empiricism），譬如，德勒兹主义。德勒兹和瓜塔里（Guattari）从来没有思考过人造物的问题，在这方面，他们的整个思想仍然苑囿于柏拉图主义的域界。

德勒兹的准因果

UM：但是您这种矛盾的思想是内在的，而不是超验的，这不是很接近德勒兹吗？

BS：您说得对——我是在不断接近德勒兹。不过我在德勒兹的思想中发现了一个根本性的问题，瓜塔里那里这个问题要少一些——但是我在他的思想中发现了一些其他问题。瓜塔里也许更愿意接受生命器官学的理论；德勒兹则是一个柏格森主义者，并且他的柏格森主义立场在这一层面上是非常坚定的。

对我来说，德勒兹思想中最关键的是他的准因思想。① 那是一种关于生命的立场，它假定那些伤害我、削弱我的东西——如果没有杀死我——同时也成就了我的机遇。我的机遇仅在于此，它不是那种可以拯救我的上天之旨意——超验之物或超然之物。从来不存在救赎，这也不是一个被拯救的问题，而是一个成就价值意义的问题。德勒兹思想的可贵之处正在于此。

事实上，这总归是一个技术的意义问题，也即偶然性问题，包括当技术让我变成缺陷之物时。去接受技术给予我的力量很容易，但是去适应技术从我身上拿走东西后的境况是个真正的考验。这种自我的削弱如何转化成自我的增强，将不再只关乎我自身，更关乎我——他者。这便是德勒兹激起我兴趣的地方。

UM：所以，尊严与被动、接受和顺从无关；相反，它是关于行动的尊严吗？

BS：是的，这就是尊严一点也不泰然任之（gelassenbeit）的原因所在：它与个性化和转化有关，与西蒙栋之后我所说的"发明"有关。德勒兹在差异和重复（difference and repetition）方面开启了一个"药理学逻辑"（parmacological）视角，他把重复称为"致人于死之物"，以及"拯救人和治愈人之物"——重复即药理②。其后，他和瓜塔里一样专注于一些其他非严格意义上的德勒兹式内容，并在此道路上渐行渐远。我认为在 1990 年的

---

① B. Stiegler, *Uncontrollable Societies of Disaffected Individuals：Disbelief and Discredit*, 2, Cambridge：Polity, 2013a.

② 德勒兹："如果我们死于重复，那么也就从重复中得到了拯救和治愈。"（Gilles Deleuze, *Difference and Repetition*, New York：Columbia University Press, 1994, p. 6）"如果重复致人生病，那么重复也治人之病；如果重复带来羁绊和破坏，那么重复也促成解脱。"（Gilles Deleuze, *Difference and Repetition*, New York：Columbia University Press, 1994, p. 19）

时候，他意识到了这个问题：我相信他在与托尼·内格里（Toni Negri）关于控制社会的谈话中，开始批判自己和瓜塔里在《反俄狄浦斯》《千高原》以及其他许多文本中所揭示的东西。从那时起，他往后退了一小步。他已经年迈，可能也意识到他对资本主义"欲望机器"的肯定存在局限性。现在看来，他的这个转变愈加像是一种态度，而非一种思想。

在我看来，德勒兹自认为是第一个受到极端自由主义影响的人。他是一位政治思想家。从某种程度上说，这是他第一次做出这种自我否定。从1990年开始，他把目光转向分隔的主题，我认为他是受到了瓜塔里的影响，但他自己很难承认这点，并且他的想法可能与后来托马斯·伯恩斯（Thomas Berns）和安托瓦内特·鲁夫罗伊（Antoinette Rouvroy）的分析比较接近，即德勒兹和瓜塔里的思想恰好契合于他们所谓的"算法治理"①。但是这样的话，这种契合的结果则与德勒兹和瓜塔里的预期相反了［我在 *Automatic Society*（2016）中对伯恩斯和鲁夫罗伊的观点做了详细评论］。

然而，这却是德勒兹的错误转向的一个开端。当他开始谈论反抗的时候，他就不再是我充分认同的德勒兹了。而今，确切地说，我的怀疑产生于当他声称"有否定之物"，我们不该抗拒而要发明的时候。他认为意义不在于被动和抗拒（即德勒兹经常提及的"被动反应"），而在于发明，如德勒兹和瓜塔里所言，意义在于倡导由技术发明本身促生的器官性（agencement），以及从我们死亡和留存之处重复事实。

我的志趣是要在先验哲学（康德、胡塞尔、海德格尔的存在分析）、德里达方式及德勒兹式准因之间建立一种三角联系。我试图在这三个维度——外加精神分析——的基础上，创造一种21世纪的新思想。

精神贫困

UM：我们想就最近发生的事件，包括2015年1月7日的巴黎恐怖袭击事件，以及世界各地伊斯兰激进主义者所做出的暴力行为，向您提出一些

---

① T. Berns, A. Rouvroy, "Gouvernementalité algorithmique et perspectives d'émancipation", *Réseaux*, 2013（177），pp. 163 – 196.

问题。您认为那些被指控为伊斯兰激进主义者的恐怖袭击，是否可以理解为是对新自由资本主义所宣扬的"生活方式"（lifestyle）的对抗性批判行为？激进主义的批判对象有西方文化的唯物主义、精神和家庭价值观的缺失等，这种批判是否可以理解为对西方缺乏责任感和关怀心的批判呢？

BS：在回答您的问题之前，我想先说明两点。第一，在此之前，我是一直拒绝就这个话题接受采访的。在恐怖袭击发生后的数小时内，有些精神技术工业政治国际联合会（Ars Industrialis）①的成员想就此展开讨论，我没有同意。这是我作为该联合会主席第一次做出这种专断的决定。本质上说，尽管我希望我们每个人知晓彼此的看法，但这当然仅限于以个人名义公开表达观点，而不代表我们整个组织的立场。

这是一次事态严重的恐怖袭击，花时间去反思它绝对是很有必要的。"媒体－恐怖袭击"这一系统的建立就是为了挑起情绪，妨碍人们思考（类似于有些学者所说的"功能性愚昧"②）。对您所提问题的回答是我第一次就此发表见解——我对此也保持审慎，希望人们明白这仅代表我个人的见解。我不想陈述过多，只想点到为止。

第二，我不认为巴黎的恐怖袭击是伊斯兰激进主义者所为。如果不是全部的话，我们所说的"圣战"分子中的绝大多数都是最近皈依的人，而且他们并非都是北非或非洲人。在法国的"圣战"分子中，有25%是欧洲血统的法国人。有些甚至不是来自城郊的贫民区，而是来自所谓的"法国逃兵"（la France désertée），他们生活在包括诺曼底和布列塔尼海岸这些被摧毁的小镇上，他们中的有些人，比方说那些年过五十的退役水手，整天漫无目的、无所事事。这类"圣战"分子不是一般的穆斯林：他们声称伊斯兰教是他们的灵魂信仰，但他们未曾接受过任何宗教熏陶。这其实是一种精神上的身份声明（claiming of spiritual identity）。这种身份具有突兀、狂

---

① 精神技术工业政治国际联合会是一个奉行"工业政治的精神技术"的国际协会组织，创立于2005年6月18日，发起人包括乔治·柯林斯（George Collins）、马克·克黑朋（Marc Crépon）、凯瑟琳·佩雷（Catherine Perret）、贝尔纳·斯蒂格勒、卡罗琳·斯蒂格勒（Caroline Stiegler）。协会网址：arsindustrialis. org/。

② M. Alvesson, A. Spicer, "A Stupidity-Based Theory of Management", in *Journal of Management Studies*, 2012（7），pp. 1194 – 1220.

傲、极端的特征，通常很快就会让人走向极端暴力，而这与宗教已不相关。我说这些不代表这些"圣战"分子中就没有穆斯林，但他们中有很多例外，也不代表说他们背后就没有伊斯兰国家在操控。

我做以上两点说明也不意味伊斯兰教就没有什么问题。即便我们可能无法将这两个问题完全区分，但这上升到了另外一个问题。伊斯兰教问题一般也是激进主义的问题，即其与犹太以色列激进主义和美国福音派激进主义的问题，甚或是一个西方激进主义的问题（在法国，天主教激进主义似乎不那么重要，教皇方济各有可能开启了一个新的纪元）。激进主义问题在今天以各种各样的形式（包括世俗激进主义）所呈现出的特殊情况，其原因正在于我所说的"精神贫困"①。

从"Aimer, s'aimer, nous aimer"（"爱、爱我、爱我们：从9·11到4·21"②）这篇文章开始，我一直在尝试解析各种形式的认知贫困——符号的、情感的、知识的、精神的、性的等，简言之，便是由于存在感丧失而引发的痛苦和贫困。理查德·德恩（Richard Durn）不是恐怖分子，而是个杀人狂魔，他在实施屠杀前数周就曾公开表达他的杀戮动机。我在我的书里分析过他，在分析的结尾处指出：世界上有成千上万个德恩，只要时机合适，他们就会出来实施杀戮。德恩在南泰尔的屠杀、马德里的连环爆炸以及安德斯·贝林·布雷维克在奥斯陆的行凶，所有这些都是一种犯罪行为，凶手均是因为丧失存在感而走向了疯狂。（在这次对话之后，也就是当我在回顾和校正这个对话文本的时候，我们又看到了一个飞行员驾驶一架客机撞山的新闻，报道描述说凶手杀害一百多人的原因仅仅是一种自杀行为——然而这种解释的理由充分吗？）

消极升华

BS：此外，这个问题还以一种非常奇特的方式呈现在年轻人身上。昨

---

① B. Stiegler, *Uncontrollable Societies of Disaffected Individuals: Disbelief and Discredit*, 2. Cambridge: Polity. 2013b.

② B. Stiegler, *Acting Out*. Stanford: Stanford University Press. 2009a.

天上午，法国文化广播电台对一位社会学家做了一期专访，该社会学家刚刚出版了一本关于法国年轻人现状的书。在节目中，他谈到了在年轻群体中出现的前所未有的高自杀率，以及大范围弥漫的绝望气息。有些年轻人即便有着优越的条件，也看不到职业前景；他们缺乏对父母、对英雄乃至对任何事物的认同感。那么，对于年轻群体，尤其处于青春期的这个群体，这种现状将会带来什么后果呢？答案就是我所说的"消极升华"①。消极升华通常出现在青少年时期，处在这一阶段的人难免会经历一些消极的时刻，出现反叛的倾向。这种反叛可能会针对自己（自我伤害），针对传统（蓄长发等），或者是针对亲人（摔门、出走）。他们认为若要成年，首先就要打破常规，殊不知这是一种迂腐的认知。反因循守旧还算是一种非常和缓（soft）的反叛状况，但这种反叛状况可能会升级到，比如说，弑父的程度。

在青少年的正常成长过程中，这种反因循守旧的心态会导致他们在面对成年人时，表现出自己才是道德上更正确的一方（ethically more correct）的模样。这样的话，他们反而成了错误一方的有理者。他们可能会转而质问自己的父亲："你在战争期间做过什么？你站起来反抗了吗？——并没有，你和其他人一样，只是一个懦夫，是一只任人宰割的羔羊。"

总有那么些时候，青少年会把自己变成错误一方的有理者，乃至变成一个成年人，因为他们能够通晓成年人的做法，扮演这种比方说大人对小孩的规约者角色。如果这种纠正错误的方法不是通过对父母之外的人的积极认同过程来实现，那么这注定会引起并发症。

如今的青少年不会去认同任何一个人。谁会去认同弗朗索瓦·奥朗德？恐怕只有叙利亚人了吧，他们被阿萨德屠杀，却没有得到足够的支援——媒体有时候把他们说成是阿萨德政权统治的反抗者和受害者，有时候又把他们说成是伊斯兰帮派，是这个"帮派"系统培育出来的魔鬼——这确然居心叵测。如此这般，假使媒体的这种宣扬渗透到缺乏经验、没有接受过宗教和政治教育，甚至是没有接受过任何教育的年轻一代，那么这无疑将会给他们制造一种令人困惑的消极认同景象。

---

① B. Stiegler, *Uncontrollable Societies of Disaffected Individuals： Disbelief and Discredit*, 2. Cambridge：Polity. 2013b. p. 48.

衰退

UM：您为什么说他们缺乏教育呢？是说他们没有上学吗？

BS：在这次恐怖袭击的三周前，我在巴黎著名的马赛北部区剧院做过一场主题为"大衰退"（La désintégration）的讲座。① 那里是法国最贫困的社区：失业率高，暴力、毒品横行。我的讲座面向的是这个社区包括民族阵线的选民在内的群体，因为我相信：辱骂那些投票支持民族阵线的人毫无意义，那种做法在政治上也是不合法的。我们需要的是政治建议，而不是言论攻击。当时讲座的重心不是民族阵线，也不是这个地区的暴力现象，而是聚焦于一个更加宏远的视角，所以我谈的是其他内容，尤其是与教育相关的方面。

在今天，教育已经不管用了。在公共教育的意义上，费里（Jules Ferry）认为教育的目的有两个。

第一，一般来说，教育是孔多塞项目的一个部分，其目的是通过建立公民行为的相对理性来确立公民身份，而这种理性的建立途径则是理性文化的持续灌输（如符合批评规则的数学、自然科学、历史、地理、文学等学科的教育）。

第二，教育的另一个目的是促生民族归属感。费里有一句名言："没有人生来就是法国人，而是后来变成了法国人。"意为我们任何一个人都可以在法国被容纳，这就确保了一个不是出生在法国的人也可以变成法国人。那么，怎样才能变成法国人呢？答案就是学校教育。学校是一架制造个性化的机器，需要有身份认同才能让它运转起来。而身份认同的获得，又需要理想和升华的作用。虽然我有德国人的血统，但是我被培育成了法国人。我的名字是斯蒂格勒，我外祖父的名字是陶德曼（Trautmann），所以我算不

① 该讲座由 Planète Emergences 和精神技术工业政治国际联合会为庆祝"马赛回到北方"节日而举办。B. Stiegler："La désintégration", lecture delivered at the Théâtre du Merlan, Marseille, URL（consulted March 2016）：http：//arsindustrialis. org/conférences - de - bernard - stiegler - à - aix - enprovence - et - marseille，2014.

上是纯正的法国人，但我将自己界定为长裤汉（Sans-culottes）——我的祖先可能还和长裤汉在战场上兵戎相见过。在小时候，我认同的是法国历史上的人物：路易十四、罗伯斯庇尔、拿破仑。我不是一个民族主义者，但我为自己是个法国人而自豪。我喜欢法国历史，我知晓它，也宣扬它。我之所以说这些，是因为今天的情况已经截然不同了，这种认同的过程在今天已经失效了。

通过语言的个性化转化

BS：在一次演讲中，我提到了一位佛兰德斯市市长①，他曾因拒绝为不会说荷兰语的人提供住房而出名。当时所有的法国报纸，尤其是左派报纸都在谴责这一决定。于我个人，我则试图去理解他的立场——我认为这首先反映了这样一种事实，即在我们生活的社会中，已经不再以个性化过程为参照来进行群体区分了。②

中世纪时，法国的布列塔尼、奥西塔尼亚、普罗旺斯、萨瓦等地区都曾有过本地的社会团体。总体来说，它们那时候都是些或多或少相互对峙的邦国和地方政权，不存在什么国家统一和民族团结。集体的个性化过程于是就发生在了封建主义和神圣律法之间的不同层面上，在语言层面发挥作用的是拉丁文，而在主体层面发挥作用的则是神职人员。

社会上存在纷繁的集体个性化现象，它们因为层次不同而处在不同的层级上，当发生纠纷的时候，它们需要有一根可供参照的准绳。从中世纪到大革命爆发这段历史区间的法国，这根准绳是神圣的正义，而在这之后起作用的是政治正义。整个国家通过语言（法语）的强制整一而实现政治的统一，这种强制性做法的最终结果是其他语言的消亡。

佛兰德斯市市长的决定反映的是这样一个事实，即每一种参照系的个性化过程已被市场摧毁殆尽。参照系的个性化转化是一个升华和理想化的

---

① 即马克·凡·阿希（Marc Van Asch），他于2007—2012年担任佛兰德斯市市长。

② B. Stiegler, "La Télécratie contre la démocratie", *Lettre ouverte aux représentants politiques*. Paris：Flammarion. 2008. p. 112.

境界，它和那种会在消费中耗损完的商品是不一样的。耶稣的生命、英雄的典范以及国家都是可以建构的升华和理想化对象，它们是一种使知识的传播成为可能的"必要的虚构"。它们构成了皮埃尔·勒让德（Pierre Legendre）所谓的"知识的教条"，成为金科玉律。① 例如，尽管我们常用布列塔尼语等语言，但我们同时也都通晓法语，信奉上帝，愿为法国的领土完整而抗争。如今，这种升华和理想化的境界已荡然无存，取而代之的是市场的个性化转化②，所以那位佛兰德斯市市长才想通过语言来重新发现个性化转化。

虚无主义

BS：资本主义一直在系统地追踪和操控所有与个性化和个性化转化有关的动态，并破坏了参照系的个性化转化过程，导致这种转化尝试在悲观失落和精疲力竭中被迫放弃。市场所激发出的品牌认同、品牌渗透以及各种"实践"，迟早会显现它们的空洞性，引起认同的缺失和精神的失落，落入尼采所说的虚无主义——体验过后的自我虚无感。一无所是即为存在感的缺失，这便是理查德·德恩的遭遇，同时也是所有其他各种自杀式谋杀犯（包括 2001 年 9 月 11 日—2015 年 3 月 24 日期间的穆罕默德·阿塔、安德烈亚斯·卢比茨、德恩、库瓦奇兄弟及许多其他人）的共同遭遇。

那些十三四岁的青少年，不论他们来自法国哪所高中，成长于何种家庭环境，已经越来越少会将他们的老师当作典范来学习了。以生物学老师为例（在法国教授生命和地球科学的老师），当前的生物学知识中有很多疑惑，但今天课程中所讲授的东西不能帮助老师们解决这些疑惑，因为当前的生物学知识对现今课程所讲内容均提出了质疑。这些高中生物老师原来接受的是分子生物学的古典教育，但是这些理论在今天已饱受质疑，其结

---

① Pierre Legendre, *Sur la question dogmatique en Occident：aspects théoriques*, Paris：Fayard, 1999；Pierre Legendre, *Sur la question dogmatique en Occident.* Ⅱ, *Nomenclator*, Paris：Fayard, 2006.

② B. Stiegler, *La Télécratie contre la démocratie. Lettre ouverte aux représentants politiques.* Paris：Flammarion. 2008. p. 107ff.

果便是生物技术缺乏令人满意的理论支撑，与此同时，弗朗索瓦·雅各布（François Jacob）在《生命的逻辑》一书中置于新达尔文主义的核心论断，即"（基因）程序无法从经历中获得经验"①，也在某种方式上被无意义化了。

今天，技术指导着所有的科学活动，从而造就了现在所指的"技术科学"（technoscience）——科学成为一种制造创新的机器，它所生产的是效率，而非真理。实际上，我也认为那确是在"生产真理"（producing truth），因为这是理性的作用——如同人们在审判中为自己制造证据，真理在这种情况下有表演性的成分。科学在为创新服务的过程中不再产生定理，而产生效率，甚或是"有效"的理据，也即功效——在这种整体的功效作用下，问题得到解决：这种科学是纯分析性的，它回避了建构理性思想和怀特海德（Whitehead）所谓的理性功能②的综合问题。但是我们不知道这种有效的因果律如何起"作用"，以及这种"作用"能持续多久。例如，我们不知道如何以一种令人信服的理论方式，来解释转基因生物在整个生命体系中为何物。对此问题，科学界尚未形成共识。生物老师们无法回避这个问题，因为学生经常在媒体或有关代理孕母的讨论中听到转基因这个词。面对这个问题，老师的权威被去合法化（de-legitimated）了。他们缺乏权威感是因为他们没有接受过这类尚未形成知识的问题（甚或可以确切地说是非知识性问题）的训练。他们无法教授当下的热点知识，就不会被学生看成是理想的化身，于是在学生身上，认同和升华的过程也就不会发生。结果便是学生的拒斥感和痛苦意识与日俱增，加之来源于经济前景的黯淡和（对部分学生而言不可避免的）失业的威胁困扰，他们定会感到窒息和绝望。

假如这些学生与瓦哈比派伊斯兰武装分子接触，并得到沙特阿拉伯国王的赞助（沙特阿拉伯国王在法国城郊投入了大量资金），那么，当他们被这些极端分子灌输极端激进的反现代主义的伊斯兰教义——瓦哈比主义的时候，就会对这种意识形态产生认同感，又因为以弗朗西斯·奥朗德带头

---

① F. Jacob, *The Logic of Life*：*A History of Heredity*，New York：Pantheon Books，p. 3. 翻译时有改动。

② A. Whitehead, *The Function of Reason*，Princeton：Princeton University Press，1929.

的整个西方对沙特王室的讨好，这种认同就变得更加简易。

在年轻人找不到认同对象的情况下，他们怎么可能不迷失方向呢？任何一个民粹主义者——无论是右翼民粹主义者还是圣战主义者，都可能把他们引向消极升华的歧途。一颗年轻的心灵如果得不到升华，便不能获得成熟。如果他不能从他的父亲、老师、牧师或足球教练那里得到升华，那么他就会到其他地方去寻找答案。当行走在充满困苦的世界中时，他们会遇到各种各样的诱惑：极右主义、"圣战"主义、激进主义、传销、毒品等。由于升华常常建立在必要的虚幻之上，这些诱惑在今天也就变得更加奏效了。

伊斯兰教问题

BS：伊斯兰教中的性升华与犹太教和基督教一神论中的性升华有很大不同。犹太教和基督教的一神论本身就受到过伊斯兰教的改造，穆斯林赶在犹太人和基督徒很早之前就已经完成了一神论的现代化。那时的伊斯兰还不仅仅是一种宗教，也是一股极为重要的军事、经济和政治力量，其影响波及了几乎整个南欧地区。尽管有过分裂，伊斯兰帝国和当时的中国一样都是世界上最强盛的国家。15世纪以后，形势发生逆转，西方经过宗教改革和反宗教改革，殖民主义和资本主义得到发展，而奥斯曼帝国则逐渐走向衰落，伊斯兰教的统治力下降。基督教在经历过许多大的冲突和重要转变之后，它的现代化转向了犹太－基督教。（这些冲突中最严重的是反犹主义）

犹太－基督教的现代化是通过马克斯·韦伯（Max Weber）意义上的资本主义实现的，转化的结果便是世俗化的产生，这反过来又导致了许多尤其与性和饮食相关的禁忌（包括与归正教会的牧师的婚姻）的去神化。① 伊斯兰教的现代化则没有经历这种过程。自15世纪或16世纪以来，伊斯兰教为了免受犹太－基督教的现代性破坏，便树立了边界以保护自身的文明。

---

① M. Weber, *The Protestant Ethic and the Spirit of Capitalism*, London and New York: Routledge, 1992.

我们永远都不该忘记的是，和伊斯兰教起源时的情形相似的是，犹太－基督徒首先是征服者、战士和刽子手。犹太教的情况则相反，它确实融入了基督教盛行的欧洲，代价却是犹太人遭到一次又一次的屠杀，最近一次，也是最严重的一次，便是奥斯维辛集中营。在资本主义引发的世俗化过程中，犹太教一直处于最前沿——许多欧洲顶尖的科学家都是犹太人。弗洛伊德是其中的典型代表。在弗洛伊德时代，弗洛伊德是最受到解放的欧洲人，关键是他还是个犹太人。他不是一个信徒，但他认同马赛克文化。

在这种情况下，仍有一些问题悬而未决，它们被隐藏得很深，比如在法国哲学中，关于神性和宗教的问题一直都语焉不详。哲学界涉及世界宗教信仰问题、西方历史上的上帝地位问题以及"宗教回归"问题的文本少之又少。直到近代，上帝才成为哲学关切的话题，到 19 世纪下半叶时，只有那些对上帝问题做出回答的思想家才会被称为哲学家。即便是一个无神论者，也不能绕开上帝问题。正如亚里士多德所证明的那样，这是自柏拉图之后构成哲学的问题。今天，关于上帝和上帝之死的问题，除了从韦伯和弗洛伊德那里了解到的回答，我们还能说些什么呢？既然我们对于参照系的个性化转化经验是因市场经济而来，那么这其中究竟是什么问题为韦伯和弗洛伊德的理论所不能解释的呢？

启示录

BS：如果我们必须面对尼采所说的"虚无主义的充实"，也即"上帝之死"的具体化，那么我们就必须思考上帝的问题，而这显然不等同于让上帝复活。今天，虚无主义以"我什么都不是"的经验形式出现，让我们深受困扰。

在很长一段时间里，虚无主义并非以无物形式呈现出来，而是"无所不是""无所不包""无所不能"。此时，我还能辨识（recognize）出它吗？我的生活为何？我的经验为何？那便是克尔凯郭尔所形容的绝望之体验。①

---

① S. Kierkegaard, *The Sickness Unto Death：A Christian Psychological Exposition for Upbuilding and Awakening*, Princeton：Princeton University Press, 1980.

当绝望成为一种普遍性的体验时，我们就无法对上帝之死这一特殊问题视而不见了。我敢说，这个问题值得我们像思考上帝之死那样重视它。我们正处在宗教上说的虚无主义"启示录"（apocalypse）阶段，我们不得不承受虚无主义之苦。尼采说："我等待着你们真正面对虚无主义的那一刻，当我述说此的时候，你们自认为领会了我的本意，但事实上你们根本就没明白。你们之所以在不清楚我的本意的情况下，自认为理解了它，原因就是，你真正领会到此的那一刻，说明你正在经历启示录的阶段。"尼采的这段话意味着他很早就感知到了虚无主义。如今，我们来到了这一阶段，这考验着我们成为虚无的准因的能力，我们必须"设想"当前境况下这种药理学的极限在哪里。让我感兴趣的首先就是这种境况在器官学意义上的显而易见性和不可约减性。我们有必要去追问使这成为可能的一切器官学条件，寻找这些条件下不可约减的器官学特征。这些特征便是我们应对有限和无限的新方法。

虚无主义的考验

UM：您是否认为每个人都是绝对的虚无主义者呢？比方说，中国人也是吗？虚无主义是否已经遍布世界各地？

BS：这是一个很基础又很难回答的问题。是的，我认为虚无主义在包括中国在内的世界各地均有表现，只不过表现出来的方式有所不同。中国人也感受到了虚无主义，我之所以这么说是因为有相当一部分我的著作已经被翻译成中文，中国人也从那些书中看到了自身的影子。

UM：中国人感兴趣的不是其中的异域情调吗？

BS：不，我不这么认为。2006 年，有 15% 的中国人被认为患有抑郁症。考虑到中国人对西方生活方式的接纳，我认为这个数字还会大大上升。不过这并不意味着其他地方也会出现像中国这样的情况。

20 世纪 80 年代末，我在拉巴特的棚户区看到那里的人们收看《香榭丽舍大道》（*Champs Elyseés*），这是一档流行却又很粗俗的节目，它展示的是一个完全扭曲的法国形象。因而，摩洛哥的穷人是通过法国电视广播而受到了虚无主义的侵蚀。技术的出口过程是一个参照系的个性化转化的清算过程，这是虚无主义主要且具体的现实，它反过来又激起了尼采意义上的"反应性"（reactivity），即抵触（ressentiment）和逆反。反虚无主义之过程即为湮灭之过程，很明显，对虚无主义的抵触性反应本质上即为虚无主义的表现（如激进主义）。这便是保罗·维尼奥拉（Paul Vignola）的症状学所探究的对象①。（2013；2014）在我看来，激进主义即为虚无主义对虚无主义的一种反应，它是虚无主义的一种表现（expression），而绝非"宗教的回归"。

因果倒置

UM：所以您将此归因为科技而不是消费主义吗？您可以举例陈述吗？

BS：不，我没这么说。一般情况下，当发生像 1 月 7 日那样严重的悲剧性事件时，这类事件容易被人们因果倒置，让结果变成了原因，原因变成了结果。我曾试图在《国民阵线药理学》 （*Pharmacologie du Front national*）（2013a）中说明这一点：那些国民阵线的支持者饱受这种负面影响之苦，但是他们把原因和结果倒置了——他们认为外来移民是造成这些困扰的原因，而实际上这些外来移民同样是受害者，甚至受困更甚。这类因果倒置于是构成了药理学的基本特征：当药物（pharmakon）发挥出毒性作用的时候，我们转而去分析药效（pharmakos），把药效当成替罪羊，而不是从总体上探究我们的躯体和药物的关系，殊不知药效乃是躯体和药物共同作用的结果。如要系统分析药物的毒性作用，当力图避免这种倒置做法。但是在分析"圣战"主义的案例中，我们并没有那样做。

技术不会导致因果倒置，它只是被资本主义利用。现今的资本主义已

---

① P. Vignola, "Symptomatologies du désir entre le XXe et XXIe siècle", lecture delivered at the summer school of pharmakon. fr, Épineuil‐le‐Fleuriel, available on the La Deleuziana website, URL（consulted March 2016）：http：//www. ladeleuziana. org/symptomatologies‐dudesir‐entre‐xx‐et‐xxi‐siecle‐par‐paolo‐vignola/. 2013. P. Vignola：Per una sintomatologia sociale della creatività", La Deleuziana. 2014：5‐24, URL（consulted March 2016）：http：//www. ladeleuziana. org/wp‐content/uploads/2014/05/5‐24‐PDF. pdf.

经变得极端暴力、致命，完全没有责任心，它给社会结构、心理结构以及自然环境带来了巨大的破坏。资本主义对社会结构的破坏不是它的次级后果，而是它的主要目的。它意在摧毁家庭、民众健康以及教育结构等，目的就是让它们完全服从于其模型，即市场的"理性"——这实质上是一种非理性的计算合理化，它排斥一切无法测算的东西，即每一种奇异之物。

资本主义认为，只有市场才是理性的，其他一切都是非理性的，因此市场拥有一切权利：它可以决定一切，甚至包括儿童教育。市场对儿童的教育要比他们的父母、老师和牧师做得更好。

很显然，资本主义是依靠技术来实现它的统治目的的——这种极具侵略性的消费主义通过不断地研究更新来适应技术的创新。技术的发展要求它能及时服务于社会化模型，而这种社会化模型本质上却是一种去社会化的模型。

我认为，所有那些灾难（1月7日的事件、法国极右派分子掌控话语权等）的原因最终都可以归结到这样一个事实，即没有任何公共权力能够将技术的力量导向真正的社会化。我们需要正确发挥这些技术力量的作用，避免让它们被利用于去个性化和对个体的摧残，而是要让它们被用于个性化和理想化的再塑，以及政治空间和有偿付能力的经济体的重构。

人们总会从历史、外交、政治以及神学上去寻找可以解释这些灾难的原因，但重要的是要记住，不论是《古兰经》还是《圣经》，都包含有大量关于征服的文本，这些与战争有关的文本成为十字军东征和宗教审判等的理据。我们还需注意到，一方面我们看到了大英帝国的去殖民化，另一方面又出现了美国对中东和近东地区的新殖民主义行径。这些牵扯到伊拉克、科威特、伊朗、以色列、黎巴嫩、叙利亚等国家的灾难都与西方的干涉主义政策脱离不了干系，且不管这种干涉主义政策是出自英国、美国、法国还是这几个国家的联合，甚或是世界贸易组织，它们的确对那些受害国家的社会造成了破坏。

以伊拉克为例，沙特阿拉伯和美国以一种绝对蓄意的方式造成了近日之伊拉克危机。美国大使唆使萨达姆·侯赛因攻击科威特。萨达姆控制的复兴党与苏联、印度及一些中立国家结成同盟，尽管复兴党没有招到多少好感，但他们建立起了一个现代化国家，有学校、医院、法律系统，且形成自身的伊斯兰派系。

现在那里的一切都已化为废墟，全民陷入了一种集体疯狂，而这都是我们西方人造成的。在阿富汗，美国支持艾哈迈德·沙赫·马苏德（Ahmad Shah Massoud）对抗苏联，他后来为瓦哈比人献出了生命。所有这些都是西方人的劣迹。西方国家制造了这种局面，导致那些地区绝望气息弥漫。这一问题不是塞缪尔·亨廷顿（Samuel Huntington）所说的"文明的冲突"①问题，而是西方国家在伊斯兰文明国家中的犯罪问题。西方人让整个地区陷入了疯狂，这种疯狂现象不仅仅出现在伊斯兰国家，在以色列，也有些民众及士兵说他们自己变成了疯狂的极端分子。不幸的是，西方在这一切中收获了他们种下的恶果。

然而，所有这些事实都迫使我们面对这样一个境况：我们这些"知识分子"，我们这些自称有思想的人，却没能运用当代技术来创造一些不同于消费主义的模式。这是第一个问题。假如我们有能力做到这一点，那么所有那些有自杀倾向的孩子，以及在叙利亚等地区有暴力倾向的人们，就会得到其他的有益导向，并激发出新的价值理想。可问题是，我们还没能提供给他们这种价值导向。这是我们当前遇到的问题，也是我们义不容辞的责任。

---

① S. Huntington, *The Clash of Civilizations and the Remaking of World Order*, New York：Simon & Schuster，1996.

学术动态

钩深致远　正本清源

——"诠释学的德国起源"学术研讨会暨国家社科基金重大项目"德国早期诠释学关键文本翻译与研究"开题报告会综述

赵华飞①

在当下中国，诠释学已不仅仅是一门学院体制内的纯知识型学问。由于近年"强制阐释论""公共阐释论""间性（对话）解释学"的提出和持续推进，诠释学直接介入了本土理论的生产和发明，在海内外引发重大反响与关注。

2020年7月19日，"诠释学的德国起源"学术研讨会暨国家社科基金重大项目"德国早期诠释学关键文本翻译与研究"开题报告会在四川大学举行。来自中国社会科学院大学、山东大学、北京大学、中国人民大学、北京师范大学、香港城市大学、四川大学、《中国社会科学》杂志编辑部等多家单位的二十余位专家、学者参与会议，并就开题报告进行了评议与讨论。

四川大学金惠敏教授作为该课题的首席专家首先进行汇报。开宗明义，金教授首先向专家组汇报了该课题的重要学术价值。他指出中国是注经大国，中国诠释学在实践上可谓源远流长。然而，正如汤一介先生所说，如果从理论自觉这方面看，中国诠释学则是一门有待建立的学科。汤先生尤其指出："真正的'中国解释学理论'应是在充分了解西方解释学，并运用

---

① 作者简介：赵华飞，四川大学文学与新闻学院博士研究生，研究方向为文化与文论。

西方解释学理论与方法对中国历史上注释经典的问题做系统的研究，又对中国注释经典的历史（丰富的注释经典的资源）进行系统梳理之后，发现与西方解释学理论与方法有重大的甚至是根本性的不同，并自觉地把中国解释问题作为研究对象，这样也许才有可能成为一门有中国特点的解释学理论（即与西方解释学有相当大的不同的以研究中国对经典问题解释的理论体系）。"① 诚如汤先生所言，如果不对西方诠释学传统做系统性的了解与研究，中国诠释学的建立便失去了参照。既然要创建"中国解释学"，那么它一定是相对于"西方解释学"而言的，因而于中国的西方诠释学研究者而言，其工作具有双重意义，一是在西方学术传统内部的意义（不要认为中国学者的西学研究对西方学界无关痛痒），二是对于中国诠释学之建构的意义，任何在中国或中国语境中进行的外国研究，都可能是或成为中国学术的一个有机部分。这也是季羡林先生晚年所称的"大国学"② 的意义。应该说，诠释学的学科意识在中国的觉醒是西方诠释学引入的一个结果。西方诠释学于20世纪60年代初便传入中国了，但那时只是一些简单的动态性介绍，其真正起步应该是在20世纪80年代。

近四十年来，诠释学研究一方面表现为对中国传统诠释学的发掘、整理和体系化，代表性人物有李幼蒸、周钰锴、李咏吟、杨乃乔、赖贤宗、成中英（美国）等，其中成中英侧重于理论体系的建构；另一方面是西方诠释学的翻译与研究，代表性人物有洪汉鼎、潘德荣、何卫平、金元浦、张隆溪（侧重于中西比较研究）等，其中尤以洪汉鼎贡献最为突出。在中外两条路线上，诠释学研究一直在水波不兴地推进着，很少形成大是大非的争辩。但从2014年开始，张江教授先后以其阐释学二论（"强制阐释"和"公共阐释"③）的介入，将一直不温不火的诠释学研究推进到国内当代哲学与文艺学研究的关注前沿，并在国际上产生了积极的反响。张江先生的阐释二论抓住了19世纪以来直至当代西方阐释学的论争核心：是要客观主义的阐释，还是要主观主义的阐释？例如，正是在对客观主义诠释学进

---

① 汤一介：《论创建中国解释学问题》，载《社会科学战线》，2001年第1期。

② 参见季羡林：《季羡林说国学》，北京：中国书店，2007年，第3－4页。

③ 二论可分别参见张江：《强制阐释论》，载《文学评论》，2014年第6期；张江：《公共阐释论纲》，载《学术研究》，2017年第6期。

行批判的意义上，接受美学康斯坦茨学派的代表人物伊瑟尔宣告了传统诠释学的终结和接受美学的出场。伊瑟尔称："从科学史的角度看，六十年代标志着文学研究中幼稚阐释学的终结。"[①] 在他看来，传统阐释学无视对文本的不同解释，更谈不上对阐释差异的包容。这种对客观主义阐释的批判是上承其师伽达默尔而来的。而伽达默尔正是在对以施莱尔马赫为代表的传统诠释学展开批判的基础上，发展出了自身的新诠释学思想。传统诠释学的要义在于强调返回文本或作者，是一种避免误解"原意"的技艺。而伽达默尔的新诠释学则将理解作为与文本的对话，强调意义在对话中生成。也就是说，文本的意义因而总是处于一种不确定性之中。那么，这种新诠释学思想究竟是对传统诠释学的背离，还是其合理的推进、创新性发展？要回答这样的问题以及许多同类的问题，就必须返回传统诠释学文本自身。这样一来，对于德国早期诠释学历史和关键文本的翻译与研究，便显得尤为急迫与必要了。从学科史角度而言，对早期关键文本的翻译与研究，不仅是对诠释学理论史的正本清源，而且就更大的学术史背景来说，与诠释学关联紧密的德国哲学史，也将借由诠释学理论脉络的系统清理而呈现出更为完整、连续的理论网络。由此，德国早期诠释学在完整的德国哲学史中的含义与地位也将得到廓清。正是在这个意义上，该课题的研究开展不仅将有助于中国本土（传统）诠释学（如儒家诠释学、道家诠释学）的学术研究及其当代形态的理论建构，而且德国早期诠释学通过其语法阐释（或理解）所开启的对话维度，将为当今全球化时代的文化对话、文明互鉴，为人文科学的对话性（巴赫金视其为人文科学区别于自然科学的特征），提供具有历史纵深性的理论支持。

随后，金惠敏教授又就课题研究内容、研究方法、预期成果等方面进行了汇报。他认为该课题的特殊性在于既是理论研究，又是理论史研究，因此理论研究的意义便不单取决于对具体问题的梳理，更重要的方面在于对相关理论问题的历史性透视。这一点在子课题研究内容的组织上体现明显：前四个子课题依序呈现为一条相对明晰的学科"史"路线，第五个子

[①] 沃·伊瑟尔：《阅读行为》，金惠敏、张云鹏、张颖等译，长沙：湖南文艺出版社，1991年，第18-19页。

课题是对当代国际学界暨英美学界德国早期诠释学研究的研究，是对前四个子课题的翻译和研究的扩大、深化和当代化。五个子课题具体分别是"阿斯特诠释学关键文本翻译与研究""施莱尔马赫诠释学关键文本翻译与研究""伯克和德罗伊森诠释学关键文本翻译与研究""狄尔泰诠释学关键文本翻译与研究""英美学界德国早期诠释学研究概论"。其后，子课题负责人依次进行了项目汇报。评议专家们一致肯定了该项目的重大理论意义，并主要就以下三个方面向课题组进行了提问与建议。

一、关键术语的翻译标准问题

"诠释学"一词是舶来品，取自希腊神话中一位信使的名字赫尔墨斯（Hermes）。其作为学科名称，德语为"Hermeneutik"，英语为"hermeneutics"；在西方语境中，它既表示一种实践，又是一种理论：作为前者就是对经典的注释与转译，作为后者，经由施莱尔马赫和狄尔泰的方法论阶段，在海德格尔和伽达默尔手上发展成一种关于理解的本体论哲学。关于其语义史基本没有多少争议，但将其翻译为中文时就有了困难：到底是"解释学""诠释学""阐释学"，还是"释义学"？学者们各执一词，迄今不相统一。西语不存在这个问题，原因是"Hermes"本身是有待说明与界定的对象，即是说，这一名字本身并无意义，其意义需要由其他词来给予，如"解释"（explain）、"阐释"（interpretation）、"诠释"（interpretation）、"注解"（exegesis）等。而在中文中，如果不把"Hermeneutik"直译为"赫尔墨斯学"，而是解释性地翻译为用来说明"Hermes"含义的几个中文词，如"阐释""解释""诠释""注解"，并后缀以"学"字，那么结果将是哪个术语都没有充足的理由代表或等同于"赫尔墨斯学"。在西语中，"赫尔墨斯学"是高一级别的概念，因此在理论名称上也自然保持了统一，但转译为汉语，比如"阐释"时，它便不再是高一级别概念，"阐""诠"之争便由此而来。关于何以择此而弃彼，解释学派、阐释学派和诠释学派各自都有深入和颇具说服力的学术论证。

就以上关键术语的翻译问题，专家组成员洪汉鼎教授（山东大学）倡言课题组不仅应在翻译实践中统一术语输出，对部分关键语词的甄别与选择，也须有更深入的考量。他指出，自张江教授提出"强制阐释"与"公共阐释"问题后，一个核心问题出现了：我们怎样区分"interpretation"的两种含义："Erklärung"（explanation）和"Auslegung"（explication）。从"Hermeneutik"发展的三阶段，即古典诠释学（神学与法学诠释学），浪漫诠释学与哲学诠释学之发展历程可看出，在对解释一词之含义的侧重上经历过一个正反合过程。古典诠释学强调"Auslegung"（explication），即应用的阐释，只不过它是一种教会独断论的解释；浪漫主义诠释学受启蒙运动影响，偏重"Erklärung"（explanation），即科学的解释；哲学诠释学（自狄尔泰）又强调"Auslegung"（explication），既把浪漫主义诠释学排除出去的应用含义拉回到解释，又扬弃了古典诠释学的独断论，强调理解、解释与应用的三位一体。按照张江教授的分析，在中国语言中有"诠正"而没有"阐正"，有"阐扬"而没有"诠扬"，有"阐悟"而没有"诠悟"，显然"Auslegung"（explication）可以译成阐释，同时，只有当代哲学诠释学是一种更高层次的阐释学。反之，早期浪漫主义诠释学家阿斯特的"Hermeneutik"，就不能称之为阐释学，因为他只侧重使用"Erklärung"（explanation）。同样，施莱尔马赫著作里虽然也出现了"Auslegung"（explication），但他是从新教神学诠释学借来的，他的"Hermeneutik"仍强调作者意图，强调心理学和语法学解释，我们仍不能称其"Hermeneutik"是阐释学。洪汉鼎教授认为此次课题的译介工作关键而必要，并希望课题的研究开展能为学界提供诠释学概念史研究的重要材料。专家组成员张政文教授（中国社会科学院大学）也指出，在翻译实践上，课题组应注意在中、英、德等多语言材料比较中，确定关键概念、范畴的输出标准。他以朱光潜翻译《美学》为例子说明多语言比较、参看之于术语翻译的优点及必要性。特邀嘉宾张隆溪教授（香港城市大学）也就翻译问题提出了自己的意见。他认为课题组成员在具体的翻译实践中，既要发挥自身的主动性，"叩开"古典文献之门，同时也应该小心求证，仔细甄别汉译术语的差别。专家组组长张江教授（《中国社会科学》杂志）认为课题组不仅应该力求术语翻译的精确与统一，同时应该注意使翻译用语既能让译者自身明晰，也让读者了然。他以何兆武先生的译著语言为例，倡言课题组精心译介。

二、早期诠释学关键文本研究的历史语境问题

对于国际学术界，包括中国学术界来说，以德国早期诠释学诸家为主
要代表的传统诠释学，其主要文本要么是没有被完整地发掘和整理出来
（如施莱尔马赫、狄尔泰、伯克和德罗伊森），要么是尘封在德语世界而没
有被翻译为国际语言（英语）或中文，再要么是被人遗忘，好像从未存在
过一样。就中国哲学界的情况说，过去我们的主要精力都放在黑格尔、康
德以及费西特和谢林等人身上，在他们之后，我们的关注点有叔本华和尼
采，对狄尔泰也有一些研究，但在叔本华到胡塞尔之间的时段存在"知识
的缺环"。或者说，在德国古典哲学与20世纪现当代哲学之间，似乎没有
过渡与衔接，我们可以从黑格尔一下子就跳跃到胡塞尔或海德格尔。因此，
一个完整、连贯、清晰的德国哲学史因为这个缺环而没有建构起来。而诠
释学作为哲学及知识的一个部分，我们对它的了解也将严重地受制于这段
知识史的断缺。以此为背景，对德国早期关键诠释学文本及思想脉络的爬
梳便从实际上凸显出两个重要的学科史意义：首先即表现为对诠释学学科
史的整理。在有关诠释史的多种论著中，德国早期诠释学并没有被自觉地、
十分彻底地、完全地作为一种哲学潮流。诠释学之作为哲学在黑格尔以后
哲学史上的作用，不是被忽视、低估，就是被误解、扭曲。其次，与之相
关，一旦这些早期诠释学文本被系统地整理与评价，一条更为清晰、完整
的德国哲学思想路线也将呈现。也就是说，从"德国早期诠释学"这一视
角出发，在德国古典哲学与现当代哲学之间的断裂有望被填补。然而，以
上问题之解决的关键在于：我们能否同时挖掘出诠释学早期关键文本的思
想及历史意义，因之不单单是对某一专门思想的探讨，更需要对该思想之
所以然有十分的洞悉，即是说对所有早期关键文本的清理也必须伴随着对
其由之产生的历史语境的体会与还原。

有鉴于此，与会专家、嘉宾对此进行了深入、热烈的探讨。张江教授
向课题组建言，在挖掘、整理理论文本时应充分关注两个重要问题。其一，
在阐释学早期阶段，理论家为何要进行"阐释"？换言之，"阐释"的本质
在此时期如何界定？这一特定历史时期内的概念界定既要我们回到历史现

场，也显然关切早期文本的筛选、翻译与梳理问题。其二，争辩日久的所谓阐释究竟要主观还是客观的话题，在早期阐释学文本中有无文献说明？能否借助于对系列文献的具体梳理，看到关于阐释标准其分野与合流的历史脉络？应该说，20世纪西方主流阐释学的主要特征是以反理性、反逻各斯中心主义为总基调的，有非常强烈的相对主义趋向。伽达默尔的本体论阐释学的基础也遭受了诸多磋磨，以致出现瓦解的裂痕。那么，20世纪的现当代阐释学究竟是对伽达默尔的继承还是反动？或者说，就阐释学自身的历史而言，在它的理论发源处究竟如何理解其"自我争辩"的趋向？这一系列问题都有待于回到历史进行探勘与整理。专家组成员张政文教授同样认为课题组在具体研究工作中应尤其注意德国早期诠释学的历史语境，不仅要强调文本，更要强调文本的"发生现场"，只有捋清该"发生现场"对于具体文本产生的影响，才能真正把握相关文本的"关键性"。专家组成员张跣教授（中国社会科学院大学）认为正是由于对德国早期诠释学文本的研究具有理论及理论史的双重性质，故此，研究者应不断地回到历史并回应历史。对德国早期诠释学的研究只有在注意其历史环境的基础上，才有可能真正廓清诠释学理论历史，也才有机会考察早期诠释学思想在诠释学整体历史中的位置与作用。这一努力不仅对诠释学自身意义重大，对于学界从诠释学的角度重新思考德国哲学也尤为重要。特邀嘉宾曹卫东教授（北京体育大学）建议课题组在具体理论文本的选择上一定要突出"关键性"。他指出，有的文本只具有历史意义但理论意义不足，需精密筛选。这也就意味着，研究者必须潜入历史，对相关文本做细密而精确的考量与定位。早期阐释学得以产生的历史文化背景十分复杂，兼涉历史学、法学、语言学等诸多领域与学科，因此研究者在做历史判断与还原工作时应予注意。

三、早期诠释学关键文本研究对于国内诠释学发展的推动问题

诠释学在中国的蓬勃发展离不开学界对国外诠释学及其历史的了解和研究，而且愈往前愈需要更深入、更全面的知识支撑。德国诠释学"史"研究就是在这一大的学术语境中被提上议事日程的。过去中国诠释学研究

和构建的理论资源基本上局限在海德格尔、伽达默尔以及美国的一些相关发展上面，对狄尔泰、施莱尔马赫有了解但不够深入，对阿斯特、德罗伊森等人几乎就是闻所未闻。这一点同样也表现在英美学术界。比较而言，早期的或传统的诠释学主要以科学、客观为取向，追求"真理性"阐释，而20世纪的诠释学则具有较强的主观主义和相对主义色彩，两者形成鲜明的对照，代表着两条不同的哲学路线。中国诠释学理论的当代建构，不可避免地要与西方诠释学历史传统展开深入对话。就中西诠释学比较与对话问题，与会专家、学者进行了集中讨论。

张江教授指出，中国文化传统内的阐释实践异常丰富，这一点与西方类似。那么，比如中国阐释传统中的"六经注我，我注六经"①　与阐释学的早期形态有无可以互相参看之处，或者说，以何种共同视域为参照来展开此方面的比较，值得课题组注意。专家组成员李红岩教授（《中国社会科学》杂志）指出，作为国家社科基金重大招标项目一定要立意高远。近年来，阐释学理论在中国的兴起实则呼应了以中国理论阐释中国实践，以中国实践说明中国理论的宏大时代背景，因此本项目的历史意义、现实意义与理论意义十分突出。他希望课题组在融合三种意义的前提下提炼出中西阐释学的内在统一性，以此为基础构建中国阐释学的知识论，从而更好地对中西阐释学历史进行表达与说明。专家组成员曹顺庆教授（四川大学）也指出，课题组应在明晰课题研究目的的基础上统一协调各子课题的研究重心，同时应加强中外诠释学的对话与比较，不仅关注域外研究状况，也应有对国内研究情况的梳理，在中外比较的视野内展开研究，强化课题的历史与现实意义。曹顺庆教授认为项目科研的成功开展不仅会呈现一批重要的研究成果，更希望以本项目为依托培育出一支精心于阐释学研究的人才队伍，从而为中国阐释学发展提供源源不绝的现实力量。特邀嘉宾谢地坤教授（中国人民大学）认为，对于诠释学早期关键文本的清理与研究一定要深入历史关键处，只有如此，项目的研究价值才不仅呈现为"照着讲"的状态，更体现出"接着讲"的品质。也只有"接着讲"，才能够真正为当下的中国阐释学发展提供更具生命力的对话与参照。谢地坤教授认为就诠

---

①　参见陆九渊：《陆九渊集》，钟哲点校，北京：中华书局，1980年，第399页。

释学自身的发展来看，狄尔泰的思想显然标志着诠释学由认识论形态向本体论形态转换的第一步。其后海德格尔以"理解"作为此在存在方式的哲学阐释便一举实现了阐释的本体论转换。但海氏语言是存在之家的观点，实际表明了存在既在语言中现身，亦于语言中退场的意见，而其后伽达默尔正是在这个问题上以走向文本的生命之无限性反驳了海德格尔。伽达默尔十分注重从历史与艺术的角度来强调"阐释"的本体形态与意义，但他对"文本"推崇备至，是后现代哲学家比如德里达所无法容忍的。那么，无论对于中国学界还是西方学界而言，在当前后形而下的时代背景下，我们究竟如何重新看待阐释学便成为一个问题。同时，这也成为本课题以彰显现实价值为目标而必须考量的理论问题。特邀嘉宾张隆溪教授认为，作为一项基础研究工作，对于诠释学早期关键文本的译介与研究，仅就其文献价值而言便无有代者。但这一工作的另一关键处在于将中国声音传播于国际学术界，为中国理论融于世界学术共同体提供路径参考，这一点与诠释学理想在精神上也正若合符契。专家组成员张跣教授认为之所以展开对德国早期诠释学关键文本的翻译与研究，乃是因其继承了德意志浪漫主义精神，这一研究便使得我们有可能对西方启蒙运动所提倡的科学理性价值观展开反思与批判。他认为，诠释学最大的历史贡献在于为人文科学奠定了历史的、系统的基础，而关于这一点的深入认识，对于中国诠释学理论的摸索与发展而言同样是十分关键的参照。既要进行文本与理论的历史还原，又要兼顾这一历史还原的现实意义，这便体现出了本项目的复杂维度。特邀嘉宾曹卫东教授便指出了这一点，他认为本项目存在一个"双重语境化"的问题，在对具体理论所得以生发的历史场景予以高度重视的前提下，本课题更要关注这一探索之于当前中国阐释学发展乃至中国现实的意义。特邀嘉宾李超杰教授（北京大学）在谈及自己于 20 世纪 80 年代开展狄尔泰研究却受哲学同行质疑的往事后，认为当前的阐释学研究正当其时。他建议课题组同仁应将诠释学研究当作事业与使命一直做下去，发挥其真正的价值与作用。阎嘉教授（四川大学）在补充发言中认为文本与历史的互动关系值得课题组成员高度重视，以中西对话的思路展开特定历史视域下的比较研究，会大大强化文本自身的可靠性与权威性，从而为国内诠释学研究提供文献依据与思想资源。

　　最后，曹顺庆教授代表主办平台对本次开题会进行了总结。他指出，阐释学研究的开放性保证了中西研究工作深入对话的可能，对诠释学的溯源式探讨，既是重新理解诠释学历史的第一步，也是向世界介绍中国诠释学研究、中国文艺理论研究的重要一步。曹顺庆教授寄望海内外同行加强学术交流，在充分对话的基础上，共同推动中国诠释学研究迈上新征程。

诗心会通

——国家社科基金重大项目子课题"日本古代文艺理论重要范畴、话语体系研究与资料整理"研讨会综述

李　甡①

2020 年 6 月 28 日，由四川大学曹顺庆教授领衔的国家社科基金重大项目"东方古代文艺理论重要范畴、话语体系研究与资料整理"（19ZDA289）的子课题——"日本古代文艺理论重要范畴、话语体系研究与资料整理"研讨会以线上会议的方式成功举行。参加会议的主要专家有国家社科基金重大项目首席专家、欧洲科学与艺术院院士、教育部长江学者特聘教授、四川大学文科杰出教授曹顺庆，教育部长江学者特聘教授、四川大学金惠敏教授，广东外语外贸大学日语语言文化学院暨亚非语言文化学院院长、博士生导师陈多友教授，复旦大学外文学院博士生导师王升远教授；来自全国各地的 100 余名学者参加了会议。研讨会由日本古代文论子课题负责人、四川大学文学与新闻学院寇淑婷副研究员主持。重大项目科研秘书杨清博士，日本文论子课题成员靳明全教授，青年学者李甡、王熙靓等也参加了此次研讨会。

曹顺庆教授在开幕致辞中重申了东方古代文艺理论重要范畴、话语体系研究的重大意义，指出这一重大项目与 20 世纪 90 年代他所提出的中国文论"失语症"问题以及中国文论话语重建问题一脉相承，而将中国文论的

①　作者简介：李甡，四川大学文学与新闻学院博士研究生，研究方向为东方文学与文论。

问题扩大至整个东方文论则具有更加重大的意义。他强调，东方古代文论自成体系，和西方文论相比更胜一筹。在今天，在人类命运共同体的视野下重新审视人类不同文明，通过对东方古代文论的研究，总结东方古代文艺理论的独特特征，梳理东方古代文艺理论的重要范畴，重建"东方"，构建起真正全球视野下的东方文论话语体系，对于促进东西文明互鉴，"夯实共建亚洲命运共同体、人类命运共同体的人文基础"具有重大意义。然而，曹顺庆教授也敏锐地观察到，目前，中国学界对东方古代文论的资料整理还不充分，对其重要范畴和话语体系的认识还有待加深，因此该重大项目的学术意义是开拓性的，当然这也就决定了该项目的难度。曹顺庆教授希望通过此次会议，能够将日本文论子课题研究的问题更加细化、更加完善，并促进各子课题之间的互相联系，协同推进课题进展，把重大项目的具体工作落到实处。

子课题负责人寇淑婷向首席专家曹顺庆教授及与会的各位专家学者就课题进展做了学术报告，题目是《中国学者对日本古代文论特别是其范畴和话语体系的译介与研究——兼谈日本古代文论子课题进展》。寇淑婷副研究员梳理了中国学者在日本古代文论研究方面的三大成就，即对日本古代文论的译介，对日本古代文论史的研究和对日本古代文论及其范畴、话语的研究。同时，寇淑婷也对子课题的进展进行了汇报，指出子课题汇聚了中国学界在日本古代文论研究领域卓有成就的权威专家和学者，课题组有信心，也有能力胜任该课题，并顺利完成。

在专家讲座环节，广东外语外贸大学陈多友教授做了题为《日本〈文心雕龙〉研究史概略》的大会报告。陈多友教授指出，《文心雕龙》在日本的传播是中华文化走出去的有力证明，其在日本具有千年接受史，百年传播史。《文心雕龙》在日本近现代的研究概况，主要分为三类：一是校勘、版本研究；二是翻译；三是对《文心雕龙》文本自身的研究，包括文学思想、文艺理论、表现手法等。他还对《文心雕龙》在日本的传播进行了阶段划分，指出 19 世纪末至 20 世纪初是日本龙学的萌芽与兴起阶段，《文心雕龙》多现于日本学者的中国文学史类著作，这一时期的代表人物是铃木虎雄，他的研究贵古本而不盲从，多采用实证学方法；20 世纪 30 年代至 70 年代，是日本"龙学"的发展和繁荣阶段，经过青木正儿和近藤春雄等学者的铺垫，日本"龙学"在校勘考证、翻译、评论三个主要方面迎来鼎盛时期。1980 年之后，日本"龙学"进入持续发展时期，尤其是 21 世纪以来，日本"龙学"出现了一些新气象，表现为经典著作的国内外再版、中日比较研究的出现和中国"龙学"论著的日译。

复旦大学王升远教授在学术报告《"战败体验"意味着什么?》中，从"鱼缸"文学史和"江湖"文学史两种类型出发，重新审视日本的"日本性"和民族身份认同。在谈论"'战败体验'意味着什么?"这一问题时，王升远教授认为应该具有"跨战争"的文学史视野，所谓的"战争终结"只是表象，不应过分强调"8·15"的意义，因为只记住"败"却忘记"痛"是非常危险的。只有感知到侵略战争给个体生命带来的残酷历史，我们才能看得清当下的方向和未来的进路。王升远教授谈到，对抗失忆的宏大叙事，需要把沉默的、单数的巨大整体还原为复数的、鲜活的个体生命。作为世界公民的一员，我们唯有超越时空的阻隔，带着人类命运共同体的记忆，继承前人的苦难，共享他人的痛苦，才能在以战争和革命为主要特征的 20 世纪获得有效的历史经验，并以此为思想资源，理解当下问题，开启未来的进路。这是"战败体验"留给我们的文学史和思想史意义。

四川大学金惠敏教授的讲座题目为《从关键词到话语体系建构》，他从四个方面讨论了关键词的含义。一是语词的工具论或认识论，二是语词的本体论和现象学，三是语词的政治学和社会学，四是对经验和世界的反向建构。金惠敏教授认为，研究关键词的目的在于更好地理解我们人类自身的存在——我们作为核心概念或关键词的存在，并提升自我变革的自觉性和能动性，最终达到改变世界的目的。金惠敏教授谈道，研究话语的意义不仅在于政治方面，还在于话语构造了世界。话语指向了文化最深邃的方面，将文化最晦涩、幽暗的方面带出、展现，而且话语是构造生活的条件。研究日本的文论话语，就是把日本带给中国、带给世界，在这种展现之中，日本文论也参与了当代世界文化的建构。金惠敏教授认为差异就是要把特殊性展露出来，普遍性绝对不是同质性，世界文学也不是一个可以阅读的文本，而是一种关系性的存在。把东方、日本话语的特殊性展现出来，这种展现本身就创造了日本文论的普遍性特征，创造了一个和而不同的文化世界和观念世界。

专家讲座结束后，三位专家与线上学者展开了精彩讨论。曹顺庆教授高度评价了三位教授的精彩讲座，他认为这些讲座能够为课题的开展提供颇具启发性的思路，也希望东方古代文论重大项目能够获得学界更多的关注。会议在热烈的气氛中圆满结束。

编后记

《差异》作为国际性学术论丛，秉持纯粹的学术理念，欢迎对某一课题有专深和系统研究的原创成果和译作，不吝篇幅，旨在为学友们提供可充分交流学术思想的平台，推动学术进步，引领学术风潮，甚而推动社会进步。

《差异》2003 年出版第一辑，第一至第八辑均由河南大学出版社出版，得到了王刘纯先生、马小泉先生、张云鹏先生等历任社领导的鼎力支持，在此对他们表示由衷的感谢。由于我本人工作调动到了四川大学，为着该论丛编辑事务之方便，在四川大学文学与新闻学院的支持下，从第九辑开始由四川大学出版社继续出版，封面和内文版式会有一些调整，但学术初心不改。唯一重要的改变是明确每年出版两辑，以更及时地收录学友们的最新成果。

但愿在四川大学出版社的扶持下，我们的《差异》在各方面都能更上层楼！

金惠敏

2020 年 12 月 13 日星期日于北京西三旗